조앤 롤링

선생님도 놀란 인물뒤집기

조앤 롤링

콜린 섹스턴 지음 | 김명신 옮김

성우주니어

*

조앤 롤링이 창조한 세계는 어린이들이 상상의 세계를 마음껏 탐험하도록 인도한다. 그리하여 그녀는 수많은 사람들이 불가능하다고 여겼던 일을 이루어냈다. 책읽기가 재미있다는 사실을 깨닫게 해준 것이다.

| 본문 중에서 |

Joanne Rowling

조앤 롤링

차례

TIME
The MAGIC of
HARRY
POTTER

HARRY
POTTER
J.K. ROWLING

INTERNATIONAL FESTIVAL OF
AUTHORS
Harbourfront centre

| **머리말**

해리 포터의 창조자

2000년 가을 어느 날, 2만여 명의 군중이 캐나다 토론토의 스카이돔으로 쏟아져 들어왔다. 곧 그곳에서 벌어질 거대한 행사를 관람하기 위해서였다. 몇몇 관중은 망원경으로 무대를 살피며 행사가 시작되기를 기다렸다. 조명이 희미해지자 실내의 소음과 흥분이 더욱 고조되었다. 마침내, 그들 모두가 기다리던 순간이 온 것이다. 갑자기 우레와 같은 환호가 터져 나오더니, 이내 조용해졌다. 자그마한 몸집의 금발 머리 여성이 수줍어하

◀ **캐나다 토론토의 스카이돔에서 열린 책 낭독회에서 팬들을 향해 손을 흔들고 있는 해리 포터 시리즈의 저자, 조앤 롤링.**

며 무대 위로 올라와 자신이 쓴 책을 펼쳤다. 그녀는 자신이 창조해낸 마법 세계와, 거기에 나오는 친숙한 등장인물들에게 생명을 불어넣으며 책을 읽기 시작했다. 저자 낭독회 역사상 청중이 이렇게 많이 모인 것은 처음이었다. 이 열광과 흥분의 중심에 서 있는 사람은 바로 조앤 롤링이었다.

롤링은 그 행사에 참석하기 위해 영국의 자기 집에서 캐나다까지 먼 걸음을 한 것이었다. 영국에서 태어나고 자란 그녀의 삶은 늘 책으로 가득했다. 어린 소녀 때부터 책 속의 이야기가 그녀의 상상력을 키워주었다. 그녀는 손에 닿는 것이면 무엇이든 닥치는 대로 읽었고, 여섯 살 때는 첫 단편을 쓰기도 했다. 글쓰기는 그녀가 가장 좋아하는 취미이자 열정의 대상이었다. 학창시절에도 글 쓰는 일을 멈추지 않았다. 대학을 졸업하고 몇 년 후인 1990년에 그녀의 삶을 바꿔 놓을 아이디어가 갑자기 그녀의 머릿속에 떠올랐다. 바로 열한 살에야 자기가 마법사라는 사실을 알게 되는 고아 소년 해리 포터의 이야기였다.

그 소년 마법사가 롤링에게 영감을 주었다. 그 후 몇 년 동안, 롤링은 학생들을 가르치고, 결혼과 이혼을 하고, 혼자서 아이를 키우며 가난과 싸우는 힘든 생활을 하면서도 해리의 이야기가 될 소설 일곱 권의 줄거리를 구상했다. 1995년, 그녀는 첫 번째 이야기인 《해리 포터와 철학자의 돌》의 원고를 완성했다. 하지만 원고는 열두 번이나 퇴짜를 맞았으며, 열세 번째로 문을 두드린 출판사에서 겨우 승낙을 받았다. 1997년, 롤링의 꿈이 이루어졌다. 드디어 책을 출판한 작가가 된 것이다. 그녀는 서점에서 자신이 쓴 책을 발견하는 것만으로도 만족스러웠다.

하지만 그것은 단지 시작에 불과했다. 해리 포터의 이야기는 전 세계 사람들의 상상력에 불을 지폈다. 어린이들은 물론 어른들까지 해리를 따라 마법의 세계에 빠져들었다. 롤링은 2003년까지 네 권의 소설을 더 출판했으며 모두 어마어마한 성공을 거두었다. 전 세계 61개 언어로 번역되었고, 2004년 초까지 2억 5,000만 부 이상이 팔렸다. 그리고 롤링은 역사상 가장 돈을 많이 번 작가가 되었다. 그녀의 자산은 약 10억 달러(약 1조 원)에 이른다고 한다. 한때 자신의 책이 출판되기만 해도 더 바랄 것이 없던 이 수줍음 많고 열정적이며 재미있는 작가는 세계에서 가장 영향력 있는 사람들 가운데 한 명이 되었다.

롤링의 책은 갓 글을 깨우친 어린이들부터 롤링의 소설에 대해 학술 논문을 쓰고 토론회를 개최하는 학자들에 이르기까지 널리 영향을 미치고 있다.

그녀의 책들로 인해 아동 문학에 관심이 쏠렸다. 한편 해리 포터 시리즈가 어린이들에게 요술을 조장한다고 비난하는 사람들도 생겼다. 하지만 그보다 훨씬 많은 수의 부모와 교사가 친절함과 용기, 악을 이기는 선의 힘과 우정 등 롤링의 메시지에 찬사를 보낸다.

그러나 뭐니 뭐니 해도 롤링에게서 가장 큰 영향을 받은 사람은 어린이이다. 그들은 그녀가 쓴 해리 포터에 대한 이야기를 무척 사랑한다. 그녀는 자기가 어렸을 때 가졌던 생각과 느낌을 떠올리며 그것을 글로 쓴다. 어린이를 무척 좋아하는 롤링은 그들과 친구처럼 다정하게 대화를 나눈다. 아이들은 책이 아무리 두꺼워도 저걸 언제 다 읽나 하며 겁을 먹지 않는다. 사실, 전에는 책을 거들떠보지도 않던 수많은 어린이가 TV를 끄고 비디오 게임을 옆으로 밀쳐 두고 해리 포터의 모험담을 읽고 있다. 심지어 자야 할 시간이 지났는데도 이불 안에서 손전등을 켜고 책을 읽는 어린이까지 있을 정도다. 어린이들은 또 꼬깃꼬깃 모아둔 돈을 주머니에서 꺼내 책을 사곤 한다. 조앤 롤링이 창조한 세계는 어린이들이 상상의 세계를 마음껏 탐험하도록 인도한다. 그리하여 그녀는 수많은 사람들이 불가능하다고 여겼던 일을 이루어냈다. 책읽기가 재미있다는 사실을 깨닫게 해 준 것이다.

Joanne Rowling

01 타고난 이야기꾼

"엄마한테 그 소설을 보여드렸더니, 이렇게 말씀하셨죠. '정말 재미있구나. 굉장하다, 조. 아주 잘 썼어.'라고 말이에요."

1964년 여름, 검은 머리색을 한 두 사람이 런던 킹스크로스 역에서 열차에 올랐다. 한 명은 영국 해군 소속의 피트 롤링이었고, 다른 한 명은 해군 여군 부대 소속의 앤 볼란트였는데 그때

◀ 2006년 3월, 영국 런던에 있는 그로브너 하우스에서 열린 '2006년 올해의 책' 행사에 모습을 보인 조앤 롤링. 이 행사에서 2005년 출간된 해리 포터 시리즈 여섯 번째 이야기, 《해리 포터와 혼혈 왕자》가 독자들이 뽑은 '올해의 책' 상을 수상했다.

만 해도 둘은 서로 모르는 사이였다. 열여덟 동갑인 두 사람은 새로운 근무지인 스코틀랜드 동쪽 해안의 아브로스로 가는 중이었다. 피트는 앤의 옆자리에 앉았고, 그리하여 둘은 대화를 나누게 되었다. 앤이 날씨가 춥다고 투덜대자 피트는 자신의 외투를 함께 걸치자고 했다. 아홉 시간 뒤 피트와 앤이 열차에서 내릴 때 둘은 이미 사랑에 빠져 있었다.

얼마 지나지 않아 피트와 앤은 해군 생활이 자신들의 적성에 맞지 않는다는 판단을 내리고 군대를 떠났다. 그리고 그들은 결혼을 했다. 둘 다 런던에서 태어나 자랐기에 시끄럽고 혼잡한 도시 생활에 웬만큼 익숙했지만 결혼한 후에는 조용하고 평온한 시골에서 새 보금자리를 꾸미고 싶었다. 그들은 영국 남서부의 브리스틀 부근에 위치한 조그마한 농촌이자 광산촌인 예이트에서 마음에 그리던 집을 발견했다. 근처에 너른 들판이 있고 완만한 곡선을 이루며 이어지는 선드리지 파크 가에 위치한 단층 주택이었다. 그들은 그 집에서 결혼생활을 시작했다.

피트와 앤은 아직 십대였지만 한껏 기대에 부풀어 가정생활의 책임을 기꺼이 떠맡았다. 항상 활기가 넘치고 부지런한 피트는 기술직을 구했다. 그는 브리스틀에 위치한 항공기 엔진 제작업체인 브리스틀시들리사 생산 라인에서 견습 기술자로 일하기 시작했다. 한편 앤은 자신들의 새 보금자리를 아늑하고 편안하게 꾸몄다. 그녀는 정원을 가꾸고, 집안을 깨끗하게 쓸고 닦으며, 첫아기의 탄생을 준비했다.

조와 다이

1965년 7월 31일, 앤이 예이트의 코티지 병원에서 딸을 출산하자, 롤링 가족은 세 명이 되었다. 부모가 된 피트와 앤은 아기의 탄생을 기뻐하며, 금발의 토실토실한 딸에게 조앤이라는 이름을 지어 주었다. 그리고 조앤 롤링이라고 출생신고서에 올렸다. 얼마 후부터 조앤 롤링은 조앤을 짧게 줄인 '조'라는 애칭으로 불렸다.

조는 태어난 지 2년쯤 되던 어느 날(조가 기억할 수 있는 최초의 날이기도 하다)을 이렇게 떠올린다. "그날의 정경이 또렷이 기억나요. 전 부엌에서 고무찰흙을 만지작거리며 놀고 있었고 아버지는 안방을 들락날락하며 안절부절못하셨죠. 안방에서 어머니가 아기를 낳고 계셨거든요." 조는 세상에 갓 나온 자신의 여동생을 만난 일은 기억하지 못했지만 그날 자신이 고무찰흙을 먹은 사실은 기억했다. 조의 부모님은 다갈색 눈과 머리칼을 하고 태어난 그 아기에게 다이앤이라는 이름을 지어주었다. 다이앤은 얼마 지나지 않아 다이앤을 짧게 줄인 '다이'라는 애칭으로 불렸다.

롤링 부부가 예이트에서 사는 몇 년 동안 동네 모습은 굉장히 많이 바뀌었다. 애초에 그들의 마음을 매혹시켰던 마을의 너른 들판에는 새로이 집과 가게들이 들어섰다. 그들이 원했던 조그마한 마을의 고즈넉한 분위기가 점점 사라져 갔다. 그래서 조가 네 살이 되자, 롤링 가족은 방이 세 개 있는 현대식 주택으로 이사했다. 곳곳에 녹색 들판이 펼쳐진 교외 지역인 윈터본 인근의 니콜스 가에 위치한 집이었다.

소설에 대한 조의 사랑

롤링 가족은 차츰 윈터본에서의 생활에 익숙해져 갔다. 피트는 그 동네 사람들 대부분이 그러하듯 매일 브리스틀로 통근했다. 그가 다니던 항공기 엔진 제작업체는 노동자 수가 만여 명에 달했는데, 그 당시 다른 몇몇 회사와 함께 롤스로이스사에 합병되었다. 피트는 이른 아침부터 저녁 늦게까지 열심히 일한 덕분에 오래지 않아 조립 라인에서 관리직으로 승진했다.

롤링 가족이 새로 이사한 동네에는 아이들이 많았다. 아이들의 어머니는 자주 모여 차를 마시며 이런저런 이야기를 나누었다. 그 동안 아이들은 니콜스 가를 따라 쭉 이어진 마당에서 뛰어놀았다. 그때 함께 놀았던 소꿉친구들 중에는 이안 포터와 비키 포터라는 남매가 있었는데, 조는 특히 '포터'라는 그들의 성이 마음에 들었다. 하지만 조는 정작 자신의 성은 그다지 좋아하지 않았다. 그녀의 성 '롤링'은 '롤링스톤스'('구르는 돌'이라는 뜻. 1962년에 결성된 록밴드 이름이기도 하다)나 '롤링핀'(반죽을 미는 밀대) 같은 단어를 떠올리게 하는 바람에 친구들로부터 놀림을 받기 일쑤였기 때문이다. 조는 어려서부터 이름에 관심이 많았고, 마음에 드는 이름이 있을 때마다 기억의 창고에 잘 보관해 두었다.

앤은 정신없이 바쁜 일상에서도 늘 집안을 깨끗이 유지했을 뿐 아니라 활력이 넘치는 사람이었다. 틈틈이 수영을 하고, 기타를 연주하고, 비틀즈 음악에 맞춰 춤을 추고, 집에서 기르던 개 섬퍼를 데리고 여러 시간 산책을 하는 등 늘 활기차게 생활했다. 게다가 요리 솜씨도 뛰어나서 가족들은 식사시간이 되면 늘 함께 모여 즐겁게 식사하곤 했다. "어머니는 집안일을 마치고 난 뒤에는 언제나 책을 펼쳐 들곤 하셨어요."라고 조는 회상한다. "어머니는 고전작품에서부터 전기, 역사,

로맨스, 에어포트블록버스터, 스릴러, 추리소설에 이르기까지 거의 모든 장르에 걸쳐 안 좋아하는 책이 없으셨고, 읽는 속도도 어찌나 빠르셨던지 아버지는 어머니가 중간중간 건너뛰며 읽는 것 같다고 하셨죠." 앤의 책사랑은 딸들, 그 중에서도 조에게 가장 큰 영향을 미쳤다.

조가 기억하는 최초의 책은 케네스 그레이엄의 《버드나무 숲에 부는 바람》이었다. 네 살 난 조가 홍역에 걸려 몸져누웠을 때 조의 아버지는 침대 옆 의자에 앉아, 그 책에 등장하는 쥐와 두꺼비, 두더지, 오소리 등이 영국의 시골을 누비며 벌이는 모

험담을 읽어 주었다. 조는 그 이야기에 매료되었다. "저는 아픈 것도 잊고 그 이야기에 가만히 귀를 기울였지요." 하고 조는 그 때 일을 회상한다.

조는 얘기를 지어내 동생 다이에게 들려주곤 했다. "나는 다이보다 몸집이 훨씬 컸기 때문에 억지로라도 내 곁에 앉혀 놓고 얘기를 듣게 할 수 있었어요." 하고 훗날 조는 웃으며 말했다. 조와 다이는 애완동물로 토끼를 기르고 싶어 했다. 그래서 조의 첫 이야기들은 대부분이 토끼에 관한 것이었다. 그 중에는 다이가 구덩이에 빠지자 그 구덩이에 살고 있던 토끼 가족이 다이에게 딸기를 먹여주는 이야기도 있었다.

조와 다이는 '마치 아주 좁은 우리에 갇힌 두 마리의 살쾡이처럼' 아웅다웅 다투며 자랐다. 하지만 그들은 말다툼을 하거나 서로 물건을 던지며 싸우는 때를 제외하고는 둘도 없이 친한 친구처럼 지냈다. 조는 두목 행세를 하며 이래라저래라 하고 명령하기를 좋아했던 것 같다. 조는 무엇을 하고 놀 것인지를 정했고 자신이 지은 이야기를 바탕으로 연극을 연출하기도 했다. 조의 말에 따르면 주인공은 늘 다이가 맡았기 때문에 다이는 언니라고 으스대는 조의 태도를 잘 참아냈다고 한다. 다이는 상상력 넘치는 조의 이야기와 연극 놀이를 무척 좋아했고 즐거워했다.

이들 자매의 윈터본 집에는 계단이 있어서 그들이 가장 좋아하는 연극 놀이인 '벼랑 끝에 매달리기'를 할 수 있었다. "우리 중 한 명은 층계에 매달려 다른 한 명의 손을 부여잡고 제발 손을 놓지 말아달라고 애원하곤 했어요. 떨어져 '죽을' 때까지 갖은 회유와 협박을 동원했죠."

다섯 살이 되자 조는 학교에 다니기 시작했다. 등교 첫날, 조는 빨간색과 회색으로 디자인된 교복을 갖춰 입고는 엄마와 함께 걸어서 5분 거리에 있는 성 미가엘 영국 국교회 학교에 갔다. "점심시간에 엄마가 절 데리러 왔을 때 저는 학교 수업이 끝났으니 다시는 학교에 돌아올 필요가 없다고 생각했어요." 하고 조는 그때 일을 회상했다. 하지만 조는 차츰 그 아담한 학교를 좋아하게 되었고, 얼마 후 동생 다이도 학교에 갈 나이가 되자 언니와 함께 즐겁게 학교에 다녔다.

매일 오후 앤은 수업이 끝날 때쯤 학교에 와서 두 딸을 데리고 걸어서 집으로 돌아오곤 했다. 때로는 집에 돌아오는 길에 오리가 있는 연못에 들르거나 마을 축사에서 말과 당나귀를 구경하기도 했다.

학교에 다니는 동안에도, 소설에 대한 조의 사랑은 점점 깊어 갔다. 조는 특히 리처드 스캐리의 소설을 좋아했다. 스캐리는 주인공 동물의 우스꽝스런 일상을 재미있게 풀어내는 재주가 탁월했다. 조는 자신이 여섯 살 때 쓴 첫 소설을 두고 리처드 스캐리 소설의 '완전 모방작' 이라고 말했다. 그 첫 소설의 제목은 단순히 《토끼》였고, 거기에는 제목과 같은 이름을 가진 주인공이 등장했다. '토끼' 가 홍역에 걸리자, '벌 아가씨' 라 불리는 커다란 뒝벌을 비롯한 여러 친구들이 토끼에게 병문안을 가서 기운을 차리게 하는 내용이었다. "엄마한테 그 소설을 보여드렸더니, 제 자식이 쓴 글에 대해 어떤 어머니라도 그런 반응을 보였겠지만, 이렇게 말씀하셨죠. '정말 재미있구나. 굉장하다, 조. 아주 잘 썼어.' 라고 말이에요. 그때 저는 혼자 속으로 '그럼 출판해 주세요.' 하고 말했지 뭐예요."

우등생 자리로 옮겼으나 친구를 잃다

1974년, 조는 아홉 살이 되었다. 그 해에 조의 부모는 잉글랜드와 웨일즈 경계의 자그마한 마을인 텃실을 발견했다. 아버지 피트는 그전부터 늘 오래된 낡은 집을 수리해서 그곳에서 사는 게 꿈이었다. 그래서 그 마을 가장자리에서 팔려고 내놓은 석조 건물(처치 코티지)을 우연히 보았을 때 망설임 없이 바로 그 집을 사기로 결정했다. 브리스틀에서 자동차로 삼십 분밖에 안 걸리는 텃실 마을은 양 옆으로 와이 강과 세번 강이 흐르고, 느릅나무와 너도밤나무와 소나무가 많은 숲으로 둘러싸인 아름다운 마을이었다. 롤링 가족의 새 집에서 바라보는 전망은 정말이지 숨이 막힐 정도로 아름다웠다.

1848년에 세워진 처치 코티지('교회 별채' 라는 뜻임)는 나중에 큰 학교가 생기기 전까지 마을 학교로 사용되던 건물이었다. 그 옆에는 성 누가 교회와 교회에 딸린 공동묘지가 있었다. "친구들은 공동묘지 옆에 산다는 건 무서운 일일 거라며 우리를 걱정했죠. 하지만 우리는 공동묘지를 좋아했어요. 전 아직도 공동묘지를 좋아한답니다. 그곳에 가면 무수히 많은 이름을 볼 수 있잖아요." 집에서 고작 몇 미터 떨어진 곳에 조와 다이의 새 학교인 텃실 영국 국교회 초등학교가 있었다.

가을 학기가 시작되었을 때, 조는 빳빳한 파란색 교복을 입고 자그마한 구식 교실에 앉아 있었다. 조의 새 담임선생님인 실비아 모건은 아주 엄격한 분이었다. 조는 선생님이 무서웠다. 첫 시간에 모건 선생님은 학생들에게 수학 시험을 치르게 했다. 아직 분수를 배우지 못했던 조는 분수 문제는 한 문제도 맞히지 못했다. 모건 선생님은 시험 성적에 따라 학생들을 구분해서 앉혔다. 똑똑하다고 생각되는 학생들은 왼편에 앉히고 덜 똑똑하다고 생각되는 학생들은 오른편에 앉혔다. "며칠이 지나서야 내가 열등생 줄에 앉아 있다는 것을 알게 되었죠. 제 자리는 맨 오른쪽이었어요. 거기보다 더 오른쪽에는 운동장밖에 없었죠."

조가 새 생활에 적응하느라 힘겨운 나날을 보내고 있을 때 할머니 캐슬린 롤링이 갑자기 심장마비로 돌아가셨다. 조는 할머니를 무척 따랐었다. 할머니 캐슬린과 할아버지 어니 댁에 방문하는 것은 조와 다이에게 늘 신나고 기쁜 일이었다. 할아버지와 할머니는 식료품 가게를 하며 가게 위층에 살고 있었다. 조와 다이는 할머니 댁에 가면 음식이 든 진짜 캔과 진짜 돈으로 가게 놀이를 했다. 조는 가게 주인을, 다이는 손님 역할을 하곤 했다.

조와 다이의 외할아버지는 스탠리 볼런트, 외할머니는 프리다 볼런트였다. 조는 외할아버지 스탠리에 대해 이렇게 말했다. "외할아버지는 굉장한 공상가이셨어요. 그래서 늘 헛간에서 무언가를 만들고 계셨어요." 외할머니 프리다는 개를 무척 좋아했다. 어떤 때는 사람보다 개를 더 좋아하는 것 같을 정도였다.

조는 곧 텃실에서의 새로운 생활과 새 학교에 익숙해져 갔다. 조와 다이는 들판을 누비거나 와이 강변을 따라가며 탐험을 벌이곤 했다. 그리고 그들은 안전과 응급 처치 그리고 지역 사회 봉사에 대해 가르쳐 주는 브라우니(걸스카우트의 유년 단원)라는 클럽에 가입했다. 브라우니는 마을의 노인들을 위해 크리스마스나 할로윈 파티 같은 특별 행사를 마련하기도 했다. 결국 학교에서도 조는 자신이 모범학생임을 선생님께 보여 주었다. 학년 말이 가까워오자, 모건 선생님은 조의 자리를 교실 오른편에서 왼편으로 옮겨 주었다. 우등생 자리로 옮기는 것은 좋은 일이었다. 하지만 조의 경우는 꼭 그렇지만은 않았다. "모건 선생님은 가장 친한 친구와 자리를 바꾸게 하셨지요. 그래서 나는 교실을 가로질러 몇 걸음을 옮겨가는 것으로 총명하지만 인기 없는 학생이 되고 말았어요."라고 조는 그때 일을 떠올린다.

HAR
POTT
and the Goblet of

Joanne Rowling

02 불타는 야망

"저는 늘 작가가 되고 싶었어요. 하지만 그 타오르는 열정을 어느 누구에게도 말하지 않았죠."

조와 다이는 나이가 비슷해서 사람들은 자주 둘을 비교하곤 했다. 갈색 머리칼의 다이는 예쁘고 쾌활한 편이었다. 반면에 주근깨가 있는 얼굴에 두꺼운 안경을 걸친 데다 붉은빛이 도는 머리칼을 가진 조는 말수가 적고 진지하며 학구적인 아이였

◀ 조앤 롤링이 갓 출간된 해리 포터 시리즈의 네 번째 이야기, 《해리 포터와 불의 잔》을 들어 보이고 있다.

다. 게다가 조는 소심하고 늘 불안해했다. 하지만 그런 마음을 숨기려고 자신만만한 것처럼 행동했다. "저는 늘 무엇이든 잘 해야 하고, 항상 학급에서 손을 맨 먼저 들어야 하고, 늘 옳아야 한다고 생각했어요. 그건 내가 동생에 비해 못생겼다고 느꼈기 때문이었을 거예요. 아마 못난 외모를 실력으로 벌충하려했던 것 같아요."

처치 코티지에는 구석구석이 책으로 가득했고, 책은 여전히 조의 생활에서 중요한 부분을 차지했다. 조는 손에 닿는 책은 무엇이든 닥치는 대로 읽었고, 조의 부모님은 그런 조를 대견해하며 책을 계속 사주었다. 조가 가장 좋아했던 책은 엘리자베스 구지의 《작은 백마》였는데, 그 책은 부모님이 돌아가신 뒤 삼촌 댁에 가서 살게 되는, 평범하게 생긴 고아 소녀에 대한 이야기였다. 그밖에도 《검은 말 뷰티》, 《작은 아씨들》, 《아이 캡처 더 캐슬》, C. S. 루이스의 《나니아 연대기》 시리즈 등을 좋아했다. 아홉 살이 되자 조는 영국 스파이인 제임스 본드에 대해 쓴 이안 플레밍의 소설을 비롯한 성인용 책들을 열심히 읽기 시작했다.

수많은 책들을 읽고 난 조는 자신이 직접 이야기를 쓰고 싶었다. 그녀는 등장인물과 줄거리를 구상하며 보내는 시간이 점점 많아졌다. 초기 연습 작품들 중에는 '7개의 저주받은 다이아몬드' 라는 모험담이 있었다. "저는 늘 작가가 되고 싶었어요. 하지만 그 타오르는 열정을 어느 누구에게도 말하지 않았죠." 그녀는 작가가 되고 싶다는 자신의 꿈을 아무에게도 말하지 않은 채 가슴 속에 꼭꼭 숨겨 두었다. 그리고 자기가 쓴 이야기를 동생 다이에게 보여 주곤 했다. 다이는 조가 계속 글을 쓰도록 늘 격려해 주었다.

미트퍼드에게 받은 영향

열서너 살쯤 되자 조는 진지하고 조심스런 성격이 조금씩 사그라졌다. 이 무렵, 그녀와 다이는 둘 다 노란색과 갈색으로 디자인된 교복을 입고 옆 마을 세드베리에 있는 공립 중등학교인 와이딘 종합학교에 다녔다. 조는 똑똑하고 열심히 공부하는 편이었다. 친구들은 점심시간이 되면 조가 들려주는 이야기를 들으려 조의 주위로 모이곤 했다. "그 이야기들은 당시 공부만 아는 모범생이었던 우리들로서는 실제로 감행할 수 없는 영웅적이고 대담한 행동을 꿈꾸게 해 주었지요."

조는 금속공예나 목공예, 체육 같은 실용적인 과목에는 재능이 없었지만 영어 과목은 높은 점수를 받았다. 영어 선생님은 조의 풍부한 상상력과 독창적인 글을 높이 평가했다. 조가 가장 좋아했던 영어 선생님, 루시 셰퍼드는 조에게 많은 영감을 주었다. 셰퍼드 선생님은 학생들의 실력이 꾸준히 향상되도록 늘 신경을 썼고 학생들에 대한 기대가 컸다. "셰퍼드 선생님은 대단히 열정적으로 가르치셨어요. 그래서 저는 그분을 정말 존경했지요. 그분으로 인해서 저는 그때까지 제가 보아온 여성들과는 다른 부류의 여성이 있다는 사실을 처음으로 알게 되었던 것 같아요. 페미니스트이셨고 아주 똑똑하셨죠." 하고 조는 회상한다. 조는 셰퍼드 선생님으로부터 글의 구성과 이야기 전개가 중요하다는 것을 배웠다. 조는 그때부터 좀더 세밀하고 정교한 글을 쓰기 시작했다. "저는 그분에게서 정말 많은 걸 배웠답니다. 게다가 그분은 제가 마음속 이야기를 털어놓을 수 있었던 유일한 선생님이셨죠. 신뢰가 가는 분이셨어요."

책은 계속해서 조에게 많은 영향을 미쳤다. 조는 특히 19세기의 작가 제인 오스틴의 소설을 좋아했다. 제인 오스틴의 소설에는 주로 영국 상류 사회에서 여성에게 가해지는 구속과 기대에 대처해 나가는 자매가 주인공으로 등장했다. 조는 오스틴의 《에마》를 읽고 또 읽었다. 윌리엄 새커리의 《허영의 시장》도 읽었다. 그러나 뭐니 뭐니 해도 조에게 가장 깊은 감명을 준 책은 제시카 미트퍼드의 자서전인 《귀족과 반역자》였다. 조의 친척 할머니 아이비가 조에게 미트퍼드에 대한 이야기를 해 주었다. 미트퍼드는 부유한 귀족 집안에서 도망 나와 카메라를 들고 여행을 다녔다. 조는 사회의 인습을 온몸으로 거부한 미트퍼드의 저항정신과 그녀의 모험심에 깊은 감명을 받았다. "미트퍼드는 정말 도덕적으로 대단한 용기를 지닌 분이었고, 실제로 인권 운동가로서 용감한 활동을 하셨죠. 그분의 유머 감각과 독립심을 사랑합니다."라고 훗날 조는 말했다.

받아들이기 어려운 소식

두 딸 모두 와이딘 학교에 다니기 시작한 후, 앤 롤링은 그

제시카 미트퍼드

"당신은 세상을 바꿀 수 없을지도 모릅니다. 하지만 적어도 세상의 죄 지은 사람들을 당황하게 할 수는 있습니다."

| 제시카 미트퍼드

제시카 미트퍼드(사진)는 1917년에 영국의 귀족 가문에서 태어나 자랐다. 그녀의 오빠는 일류 학교에 다녔고, 그녀를 비롯한 다섯 자매는 집에서 어머니에게 교육을 받았다. 열아홉 살이 되자, 미트퍼드는 로밀리 에스먼드와 결혼하기 위해 집에서 도망쳐 나왔다. 그녀는 스페인 내전(1936~1939) 당시 스페인의 파시스트들과 싸운 로밀리 에스먼드를 몹시 사랑하고 존경했다.

미트퍼드는 무한한 권력을 가진 독재자가 지배하는 정부를 옹호하는 정치 운동인 파시즘에 격렬하게 반대했다. 그녀는 언니 다이애나가 영국 파시스트 운동 조직의 우두머리와 결혼하고 또 다른 언니 유너티가 독일의 독재자 아돌프 히틀러와 친척이 되자 경악을 금치 못했다. 이 무렵, 미트퍼드와 그녀의 남편은 영국에서 미국으로 이민을 갔다. 로밀리는 제2차 세계대전(1939~1945)에 참전하여 1941년에 전사했다.

미트퍼드는 정부 부서에서 일하기 시작했고, 미 연방 노동조합에서 활약했으며, 공산당에 가입했다. 공산당은 경제를 통제하여 모든 생산물을 사람들에게 골고루 나눠 주는 정부 형태를 옹호한다. 1943년 미트퍼드는 변호사 로버트 트레우하프트(그 역시 공산당원이었다)와 재혼하여 캘리포니아 오클랜드에 정착했다. ㅁ트퍼드는 남편과 함께 공산당의 인권 의회를 통해 인권을 옹호하는 일을 했다.

그 후, 미트퍼드는 1960년에 자서전, 《귀족과 반역자》를 집필하고 출판했다. 그 다음으로 장례 산업계의 사기 행위를 폭로한 책, 《미국식 죽음》이 나왔다. 그녀는 매력적이고 위트 넘치는 글로 곧 유명해졌고 저널리스트로서 명성을 얻게 되었다. 그 밖의 책에서, 그녀는 미국의 감옥 체제와 의료 조정기관을 파헤쳤다. 1996년 죽을 때까지 계속해서 글을 썼으며 용기를 주는 정치 운동가로 전 세계에서 널리 기억되고 있다.

학교의 화학과 실험 보조로 일하기 시작했다. 그녀는 비커와 화학약품을 다루는 것을 좋아했고 특히 학생들과 함께 지낼 수 있어서 기뻤다. 게다가 두 딸과 보내는 시간이 더욱 많아졌다. 두 딸과 엄마는 매일 학교에 함께 갔다가 함께 돌아오곤 했다.

이 무렵, 앤은 차 주전자를 들어 올리기가 힘들어졌고, 가끔 오른쪽 팔에 '바늘로 쿡쿡 찌르는 듯한 통증'을 느끼곤 했다. 또 간혹 감각을 느끼지 못하거나 힘이 약해지기도 했다. 처음에, 앤은 이런 증상들이 그냥 지나가는 통증이겠거니 하고 무시했다. 하지만 몇 년 동안 아픈 부위가 계속 늘어났다. 의사로부터 신경계를 교란시키는 난치병인 다발경화증 선고를 받았을 때 그녀의 나이는 서른다섯 살이었다. 그렇게 젊은 나이에 그런 심각한 병에 걸린다는 것은 예상치 못한 일이었다. 다발경화증에 걸린 사람들은 균형감각을 잃게 되고, 무감각과 쇠약, 피로와 시력 상실 등의 증상을 겪게 된다. 이 병에 걸린 환자들 대부분은 오랜 기간에 걸쳐 서서히 회복되곤 하지만, 간혹 짧은 시간 안에 심각한 장애자가 되는 경우도 있었다.

불행하게도 앤은 회복되지 않았고, 상태가 조금씩 나빠져 갔다. 어머니가 난치병에 걸렸다는 소식을 들었을 때 조의 나이는 열다섯 살이었다. "사람들은 대부분 자신의 어머니는 언제까지나 건강하실 거라고 마음속 깊이 믿고 있지요. 어머니가 난치병에 걸렸다는 소식은 정말 엄청난 충격이었어요. 사실 그때까지만 해도 저는 그 다발경화증이라는 병이 무엇을 의미하는지 제대로 알지 못했죠." 하고 조는 회상한다. 앤은 병에 걸린 사실을 알고 난 뒤에도 예전처럼 명랑하고 활발하게 계속 살림을 꾸려 갔다. 집을 늘 깨끗이 유지했고, 와이딘 종합학교에서의 실험 보조일도 계속했다.

앤이 이렇게 노력하는 데도 불구하고, 어쩔 수 없이 집안에는 슬픈 기운이 감돌았다. 조는 집에 있는 것이 부담스러워서 친구를 위안과 도피처로 삼았다. 그리고 공부에 더욱 몰두했다. 와이딘에서의 마지막 학년에는 영어와 프랑스어와 독일어 공부에 집중했다. 그리고 스트랫퍼드어폰에이번에 견학 갔을 때 윌리엄 셰익스피어의 《리어왕》을 연극으로 관람했다. 난생처음으로 본 연극 공연이었다.

조는 음악에도 더욱 흥미를 느꼈다. "난 어쿠스틱 기타를

치며 전자 기타로 독주곡을 연주하는 환상에 젖곤 했지요." 조는 그 시절을 떠올리며 말한다. 조는 비틀즈의 음악을 즐겨 들었고 클래시라는 펑크 밴드의 열렬한 팬이 되었다. 그녀는 검은색으로 짙고 두껍게 눈 화장을 하는 펑크스타일을 좋아했다. 그래서 그 후 십년 동안 그 스타일을 고수했다. 그녀는 그 지역의 십대들을 위해 열리는 댄스파티에 친구들과 함께 참여하기도 했다. 하지만 텃실 같은 시골 마을에는 신나는 일도, 활기도 없었기 때문에 따분하거나 불만족스러울 때가 많았다.

자유를 찾아서

조가 졸업반일 때 와이딘 학교로 전학 온 숀 해리스는 조의 따분함을 달래주는 친구가 되었다. 숀은 지중해의 섬 사이프러스에 주둔한 군대의 군인이었던 아버지를 따라 그곳에 가서 살다가 영국으로 이사 온 소년이었다. 숀과 조는 금방 친구가 되었고 그 우정은 두고두고 변치 않았다. 조와는 달리, 숀은 운전을 할 줄 알았고 청록색과 흰색으로 디자인된 포드 앵글리아 차를 가지고 있었다. 그 덕분에 그들은 따분한 시골 생활과 부

영국 크리스티 경매에 나온 《해리포터와 비밀의 방》의 표지 그림. 십대 시절 숀은 자신의 포드 앵글리아에 조를 태우고 나가 자유를 마음껏 누릴 수 있게 해 주었다.

모의 구속에서 벗어나 자유를 마음껏 누릴 수 있었다. 그들은 고속도로를 달려 브리스틀과 뉴포트 그리고 그 밖의 다른 큰 도시의 클럽과 디스코텍에 가서 재미있는 시간을 보냈다. “나의 십대 시절, 가장 행복했던 추억은 숀의 자동차를 타고 어둠 속으로 질주하던 것에서부터 비롯되었죠.”

그녀는 숀에게라면 자신의 희망과 꿈을 털어놓아도 좋을 것 같았다. “숀은 작가가 되고 싶은 내 진지한 열망을 함께 의논한 첫 번째 사람이었습니다. 그리고 그는 내가 틀림없이 훌륭한 작가가 될 거라고 믿어준 유일한 사람이었죠.”라고 조는 말한다.

와이딘의 졸업반 시절에도 조의 성적은 여전히 우수했고 친구들에게 인기도 많았다. 그래서 회장으로 선출되기도 했다. 회장은 학교를 대표하고 저학년 학생들의 규율을 바로잡는 역할을 했다. 이 무렵, 조는 진로를 결정하느라 생각이 많았다. 그녀의 가장 큰 꿈은 작가가 되는 것이었지만, 그녀의 우상인 제시카 미트퍼드처럼 사회 변혁을 위해 싸우고 싶다는 강한 열망도 있었다.

무엇보다 조는 좁디좁은 텃실 마을을 떠나 넓은 세상으로 나가고 싶었다. 조의 부모는 대학에서 외국어를 전공하면 두 언어에 능통한 비서처럼 안정적인 일자리를 얻을 수 있다고 조를 설득했다. 그래서 조는 1983년 와이딘 학교를 우등으로 졸업한 후, 처치 코티지에서의 조용한 생활을 마감하고 엑스터 대학으로 떠났다.

새로운 세계

잉글랜드 남부 해안에 위치한 엑스터 대학은 텃실에 있는 집에서 자동차로 두 시간만 가면 닿을 수 있는 거리에 있었지만, 대학 캠퍼스는 조에게 완전히 새로운 세계였다. 조가 들어가 살게 된 기숙사는 비좁았다. 그리고 조는 자기 말고도 각자의 고향 학교에서 똑똑하고 인기가 많던 학생들이 수없이 많다는 것을 알게 되었다. 갑자기 그녀는 신경이 예민해지고 자신감을 잃었다. "처음 엑스터에 갔을 때 조금 충격을 받았어요. 다들 비슷비슷할 거라고 생각했거든요……. 그런데 그렇지 않았어요. 하지만 일단 마음에 맞는 친구들을 사귀게 되자 학교생활이 즐거워졌지요."

조는 엑스터 대학의 학생 회관인 데본셔 하우스에서 많은 친구를 사귀었다. 그곳의 커피바는 대화를 나누기에 좋은 장소였기 때문에 조는 그 커피바의 단골이 되었다. 그리고 저녁이면 친구들과 함께 선술집에 가서 맥주를 마시곤 했다. 이렇게 친구들과 대학 생활의 자유를 마음껏 누리면서 수줍음 많던 조의 성격은 조금씩 적극적으로 바뀌어 갔다. 그녀는 데이트를 했고 곧 진지하게 사귀는 남자친구가 생겼지만, 여자친구들과의 우정도 소중히 여겼다. 조는 와이딘 종합학교에서처럼, 대학에서 새로 사귄 친구들에게도 그들이 주인공으로 등장하는 이야기들을 들려주었다. 그리고 계속해서 음악을 즐겨 들었다. 이 무렵, 조는 스미스라는 밴드를 알게 되었다. 곧 스미스는 조가 가장 좋아하는 밴드가 되었다. 그녀는 약간 슬픈 듯한 그 밴드의 멜로디를 기타로 퉁겨 보곤 했다.

조는 엑스터 대학에서 프랑스어를 전공했다. 하지만 나중에 그 결정을 크게 후회했다. "저는 영문학을 전공하고 싶었지만, 그러면 모두들 '뭐에 쓰려고?' 라며 한마디씩 할 것 같았어요. 작가가 되는 게 꿈이었지만, 그게 가능할 거라고는 생각해 본 적이 없었거든요. 그래서 그 꿈은 가까운 친구들에게만 말했어요."라고 조는 말한다. 그녀는 계속 소설을 썼고, 이따금씩 시도 끼적거렸다. 하지만 공부에는 그다지 열성을 보이지 않았다는 사실은 본인 스스로 인정했다. 조는 와이딘에서 누리던 우등생이라는 명예를 더 이상 유지할 수 없었다. 대신 대책 없는 몽상가로 불리며 그저 평범한 학생으로 지냈다.

하지만 엑스터에서 불문학을 전공하는 동안 얻은 것도 많았다. 먼저 고대 그리스와 로마의 고전 문학에 대해 배울 수 있었다. 이 시대의 신화와 역사는 조의 상상력에 불을 지폈다. 또 프랑스어를 전공하는 학생들은 프랑스 문화를 배우고 언어에 몰두하기 위해 일 년 동안 프랑스에 체류해야 했다. 그리고 학위를 따려면 프랑스어로 3,000 단어 분량의 논문도 반드시 써야 했다. 따라서 대학 시절에도, 조는 많은 책을 읽어 마음을 살찌웠다. 그중에는 찰스 디킨스의 《두 도시 이야기》와 J. R. R. 톨킨의 《반지의 제왕》 3부작도 있었다. 1987년 졸업할 무렵, 조가 대학 도서관에서 빌린 책에 붙은 연체료는 어마어마하게 불어나 있었다.

Joanne Rowling

03 소년 마법사

덜컹거리는 열차에서 갑자기 까만 머리를 한 소년의 모습이 마음 속에 떠올랐다. 소년은 마법사였지만 정작 본인은 아직 그 사실을 몰랐다.

엑스터 대학을 졸업한 롤링은 직업을 구하기 위해 런던으로 갔다. 그녀는 두 언어를 사용하는 비서가 되기 위한 강좌를 들었다. 그리고 제시카 미트퍼드의 용감하고 적극적인 사회 활동에 깊은 감명을 받아, 전 세계인의 인권을 보호하기 위해 활동하

◀ 워너브라더스사에서 영화화한 해리 포터 시리즈의 주인공을 맡은 영국 배우 대니얼 래드클리프. 조앤의 소설을 원작으로 한 이 시리즈는 현재까지 네 편이 제작되었다.

는 국제사면위원회(앰네스티인터내셔널)의 연구 보조로 일하기로 했다. 롤링은 프랑스어를 사용하는 아프리카 국가들에서 일어나는 인권 침해 사례를 연구하는 일을 도왔다. 그녀는 일에 흥미를 느꼈지만 자신이 일을 잘하는 직원이라고는 생각하지 않았다. 그녀는 조직적이거나 체계적이지 못했다. 그리고 글쓰기에 정신이 팔려 있어서 업무에 집중하지 못할 때가 잦았다. 소설을 쓰기 시작한 조는 틈이 날 때마다 소설을 썼다. 동료 직원이 함께 점심을 먹으러 가자고 해도 핑계를 대고는 카페로 달려가 원고를 쓰거나 줄거리를 구상했다. 카페는 그녀가 가장 좋아하는 글쓰기 장소가 되었다.

롤링은 국제사면위원회에서 일한 지 2년쯤 되었을 때, 실망과 좌절을 느꼈다. 무대 뒤에서만 일하는 데 싫증이 났던 것이다. 그녀는 일이 진행되는 현장이나 사회정의를 위해 싸우는 선두에 나서고 싶었다. 하지만 당시 그녀에게는 그럴 기회가 주어지지 않았다. 그녀는 사표를 낸 뒤 이곳저곳을 전전했다. 잠시 동안 출판사에서 원고에 퇴짜를 놓는 글을 타이핑하는 일을 하기도 했다. 그리고 그 무렵 쓰고 있던 소설을 그만두고, 다

1987년, 엑스터 대학을 졸업한 조앤 롤링은 런던으로 이주해서 국제사면위원회에서 일했다. 사진은 런던의 상징 타워 브리지.

른 소설을 쓰기 시작했다. 하지만 그녀는 두 편의 소설 모두 출판하기에는 부족하다는 것을 잘 알고 있었다.

롤링의 타이핑 속도는 점점 빨라졌다. 하지만 그것 말고는 잘하는 게 없는 '최악의 비서' 임이 드러나곤 했다. 조에게 있어, 비서로 일하는 것은 글쓰기를 하는 동안 생활비를 벌기 위한 하나의 수단에 지나지 않았다. "사무실에서 일하는 게 좋은 유일한 이유는 아무도 보지 않을 때 컴퓨터로 소설을 타자할 수 있다는 것이었어요. 저는 회의 시간에도 메모지 여백에 그 무렵 쓰고 있는 소설의 일부를 끼적거리곤 했기 때문에 회의에 집중할 수가 없었지요. 회의 내용을 기록하는 일을 맡은 사람에게는 문제가 아닐 수 없었죠."

열차 안에서 떠올린 소년 마법사

1990년, 롤링은 북부 잉글랜드의 공업 도시인 맨체스터로 남자친구를 따라가기로 했다. 그녀는 주말마다 맨체스터에서 머물며 아파트를 알아보았다. 6월의 어느 주말이 끝날 무렵, 그녀는 열차를 타고 런던의 집으로 돌아오고 있었다. 덜컹거리는 열차에서 창밖으로 스치는 시골 풍경을 바라보고 있는데, 갑자기 까만 머리를 한 소년의 모습이 마음속에 떠올랐다. 마른 체구에 동그란 안경을 쓴 그 소년은 눈은 초록색이었고 이마에는 번개 모양의 흉터가 있었다. 소년은 마법사였지만 정작 본인은 아직 그 사실을 몰랐다. 그는 마법학교에서 마법사가 되기 위한 수업을 배우게 될 것이었다. "그때까지 그토록 강렬한 영감을 받은 적이 없었어요." 하고 훗날 롤링은 말했다.

그녀는 즉시 펜과 종이를 찾아 가방을 뒤졌지만 가방 안에는 펜도 종이도 없었다. 수줍은 성격 탓에 다른 승객에게 빌릴 수도 없었다. 그 순간 롤링은 낭패감을 느꼈지만, 나중에 그녀는 그때 필기도구가 없었던 게 오히려 행운이었다고 말했다. 떠오른 생각을 곧바로 종이에 적는 대신 눈을 감고서 휙휙 지나가는 상상을 따라갔다. "만약 내가 종이에 옮겨 적느라 상상의 속도를 늦췄다면 그 중 일부는 어디론가 사라지고 말았을 거예요." 열차는 런던으로 가는 도중 고장이 났고, 그 덕분에 롤링은 나중에 해리 포터라고 이름 붙인 그 소년에 대해 내리 네 시간 동안 깊이 생각할 수 있었다.

우선 롤링은 소년이 가게 될 학교에 대해 생각했다. 웅장하고 신비로운 성이 적합할 거라고 생각했다. 성은 어린 마법사를 훈련시키기에 완벽한 장소가 될 것 같았다. 그녀는 마음속으로 이 학교(나중에 호그와트 마법학교라고 이름 붙여짐)는 마을과 떨어진 외딴 장소에 있는 게 어울릴 거라고 생각했다. 그래서 그녀는 그 학교의 배경으로 구릉지가 많은 북부 스코틀랜드의 풍경을 떠올렸다. 롤링은 자신이 살았던 텃실의 처치 코티지 근처에 있던 고성을 포함해 여러 고성을 알고 있었다. 하지만, "제가 상상해 낸 호그와트처럼 생긴 성은 어디에서도 본 적이 없었어요."라고 그녀는 말한다. 열차가 런던의 킹스크로스 역에 도착했을 때, 그녀는 소년 마법사가 호그와트 마법학교에 다니는 동안 한 해에 한 권씩 해서 총 일곱 권을 쓰게 되리라는 것을 알고 있었다. 롤링은 해리 포터 이외에도 그의 친구 론 위즐리, 학교의 사냥터지기 해그리드 그리고 학교에 사는 두 유령 피브스와 '목이 달랑달랑한 닉'을 만들어 냈다.

롤링은 바로 그날 밤부터, 열차에서 떠오른 영감을 바탕으로 자세한 줄거리를 구상하기 시작했다. "저는 마법 세계의 규

영화 〈해리 포터〉의 촬영지인 런던의 킹스크로스 역.

율을 고안하느라 오랜 시간을 고민했어요. 그 결과 어디까지가 마법의 한계인지를 정할 수 있었죠."라고 훗날 롤링은 말했다. "그 다음으로는 마법사들이 특정한 일을 해내는 다양한 방법들을 고안해야 했어요. 책에 등장하는 마술 가운데 일부는 사람들이 흔히 보아왔던 마술에 기초했지만, 대부분의 마술은 제가 만들어 낸 것들이죠." 롤링은 이 모든 구상을 차근차근 해 나갔다. 그녀는 해리 포터가 누구인지 알아내야 했다. 마법의 세계에 살던 그의 부모님이 어떻게 죽었는지, 그리고 자신이 마법사라는 사실을 왜 몰랐는지, 어떻게 해서 마법과는 무관한 이모네 가족과 살게 되었는지, 그리고 그 소년이 호그와트 마법학교에 다니는 몇 년 동안 어떤 일들이 벌어지는지……. 롤링이 이 질문들을 비롯한 많은 질문에 대한 답을 찾아내는 데에는 5년이라는 시간이 걸렸다.

해리, 론 그리고 헤르미온느

롤링은 맨 먼저 등장인물을 구상했고, 거의 모든 등장인물들의 세세한 삶의 역정을 기록했다. 그녀는 이 어마어마한 양의 정보를 모두 책에 담을 수 없다는 것을 알았지만, 소설을 쓰기 전에 각 등장인물에 대해 속속들이 알아야 한다고 생각했다. 그 다음으로 이름을 정했다. 여러 해 동안 특이한 이름을 모아 왔던 롤링은 등장인물에 맞는 이름을 고를 수 있을 만큼 꽤 많은 이름을 알고 있었지만, 더 적당한 이름을 찾아 여기저기를 기웃거렸다. 롤링은 이름 목록을 훑어보는 데 상당한 재미를 느꼈다. "제게 있어서 이름 목록 훑어보기는 포장을 뜯지 않

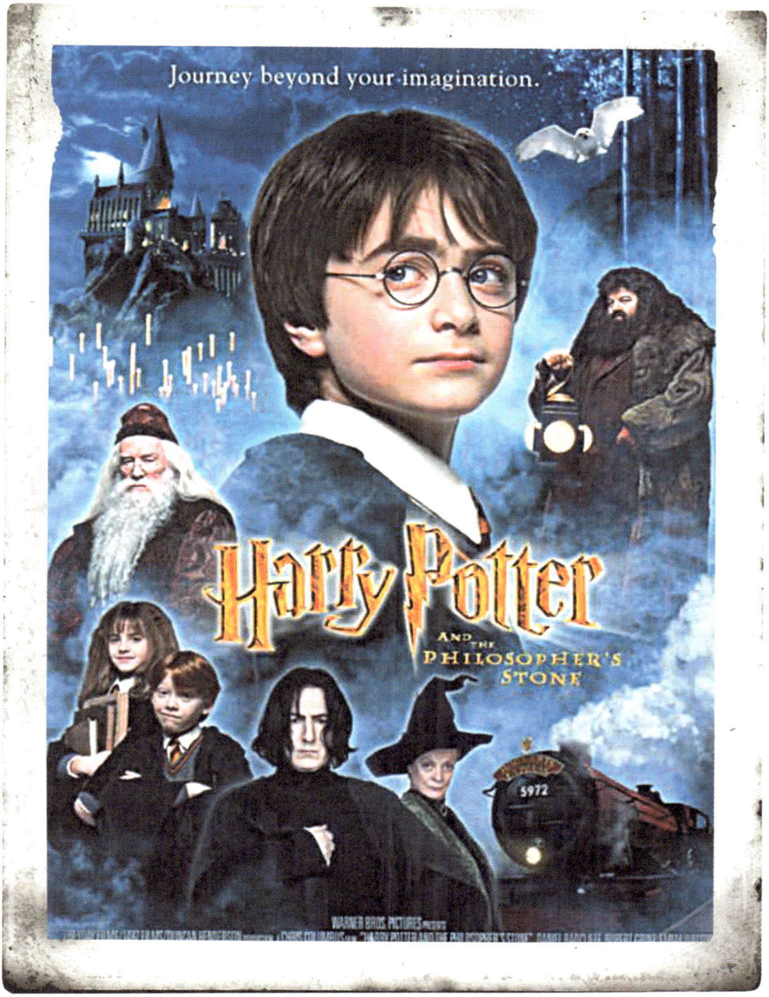

롤링은 이야기를 쓰기 전에 해리 포터 모험담의 배경과 등장인물을 자세히 구상했다.

은 선물더미를 바라보는 것과 같아요. 전 이름이 그 사람을 나타낸다고 생각해요. 전쟁기념비, 전화번호부, 가게 간판, 성인 명부, 범죄인 명부, 아기이름 작명부 등에는 이름이 많답니다!" 라고 훗날 롤링은 말했다.

주인공의 이름을 찾는 데에는 그리 오랜 시간이 걸리지 않았다. 평소에 롤링은 남자 이름 가운데 '해리' 라는 이름을 가장 좋아했다. 하지만 주인공의 성을 정하는 일은 이름을 정하는 것보다 시간이 조금 더 걸렸다. 그녀는 '해리' 라는 이름에 이런 저런 성을 붙여 보다가, 윈터본 시절 이웃에 살던 친구의 성을 따서 '포터' 로 정했다. 마법 세계에서 해리 포터는 '살아남은 소년' 으로 유명하다. 해리가 아기였을 때, 사악한 마법사 볼드모트는 해리의 집을 파괴하고 그의 부모님인 제임스와 릴리 포터를 살해했다. 그 와중에서도 해리는 살아남았다. 볼드모트는 해리를 죽이려고 했지만 힘이 떨어져서 그냥 물러갔다. 그 사건이 있었다는 것을 증명해 주는 유일한 증거는 볼드모트의 지팡이가 해리의 이마에 남긴 번개 모양의 상처이다. 해리는 자신의 과거와 마법의 세계에 대해 알게 되면서 명성으로 인한 부담에 시달리게 된다.

롤링은 해리라는 주인공에게 자신의 모습을 일부 투영했다. 둘은 생일(7월 31일)이 같다. 해리의 성격은 어렸을 때의 롤링처럼 말수가 적고 진지하다. 그녀는 해리를 또래에 비해 이해심이 깊고 지혜가 있는 조숙한 아이로 그렸다. 게다가 그는 현명할 뿐 아니라 의리를 지키는 친구이며, 매우 용감하다. 롤링은 여러 미덕 가운데 용기를 가장 높이 평가했다. 롤링과 달리 해리는 스포츠, 특히 마법 세계에서 인기 있는 게임인 퀴디치를 잘한다. 해리는 최선을 다해 열심히 공부하지 않기 때문에 호그와트 마법학교에서 뛰어나지 못한 평범한 학생에 불과하다. 그는 '어둠의 마법 방어술'을 비롯한 몇몇 과목에는 타고난 재능을 보이지만 '마법의 약' 같은 과목에는 굉장히 서투르다. 그리고 여느 사람들처럼 결점이 있는데, 매우 자존심이 강하고 고집도 세고 충동적이라는 점이다.

해리의 가장 친한 친구 론 위즐리는 해리가 감정에 휘둘리지 않도록 중심을 잡아 주는 역할을 한다. 롤링이 론에 대해 쓸 때 그녀는 론이 자신의 친구 숀 해리스와 무척 비슷하다는 것을 깨달았다. "숀을 염두에 두고 론을 묘사하지는 않았지만, 일단 론을 종이 위에 옮겨 놓고 보니 매우 재미있고 충직한 모습이 나의 가장 오랜 친구 숀과 아주 많이 닮아 있더라고요." 여러 면에서 론은 해리가 부러워하는 삶을 살고 있다. 론은 부모님 아서와 몰리 위즐리의 사랑을 받으며 자라는 전형적인 소년이다. 론에게는 여동생 지니와 다섯 명의 형들(빌, 찰리, 퍼시 그리고 장난꾸러기 쌍둥이 프레드와 조지)이 있다. 위즐리 집안 아이들에게는 한 가지 공통점이 있는데, 바로 머리 색이 붉다는 것이다. 여섯 형제 가운데 막내인 론은 형들의 재능에 기가 죽을 때가 많다. 무슨 일에나 평범한 그는 자기가 다른 형제들보다 잘할 수 있는 한 가지 재능을 찾기 위해 애를 쓴다. 위즐리 가족은 풍족하지 못했기 때문에 론은 늘 형들에게서 물려받은 옷과 물건을 사용해야 한다. 하지만 론에게는 사랑과 웃음, 행복한 북적거림이 있는 가족이 있다. 해리는 늘 그 점을 부러워한다.

이 이야기는 세 명의 친구를 중심으로 펼쳐지는데, 세 친구 중 마지막 한 명은 헤르미온느 그레인저(원음에 가장 가까운 한글로 바꾸는 것을 원칙으로 하는 외국어 표기법에 의하면 '허마이

나중에 롤링의 책을 바탕으로 영화가 만들어졌다. 왼쪽부터 헤르미온느, 해리, 론.

어니'로 번역하는 것이 맞으나 해리포터 한글 번역본에 '헤르미온느'라고 되어 있어 가독성을 위해 헤르미온느로 표기함)이다. 헤르미온느라는 이름은 롤링이 셰익스피어의 희곡 《겨울 이야기》에서 그 이름을 처음 보았을 때부터 줄곧 기억해 두었던 이름이다. 처음에 롤링은 헤르미온느의 성을 퍼클로 정했지만 그토록 지적이고 야심이 큰 소녀에게는 퍼클이라는 성이 어울리지 않는 것 같아서 그녀의 진지한 성격에 더 어울리는 성을 찾았다. 헤르미온느는 갈색 눈과 갈색 머리를 가진 평범한 외모의 소녀다. 그리고 마법과 무관한 집안의 무남독녀로 사랑과 기대를 한 몸에 받으며 자란다. 헤르미온느는 실패에 대해 커다란 두려움을 갖고 있다. 그래서 공부를 열심히 하고, 늘 최고가 되고 싶어 하며, 실제로 호그와트에서 가장 우수한 학생이다. 하지만 걸핏하면 친구들을 가르치려 들고 친구들이 잘못했을 때 노골적으로 비난하기 때문에 친구들을 화나게 하기도 한다. 하지만 헤르미온느 역시 마음이 따뜻하고 영리하며 의리 있는 친구다. 모든 등장인물 가운데 롤링 자신과 가장 비슷한 등장인물은 헤르미온느일 것이다. "헤르미온느는 저를 닮았어요. 어릴 때 제 모습과 정말 비슷하죠. 난 헤르미온느처럼 그렇게 영리하지는 못했어요. 하지만 가끔 잘난 척을 해서 주위 사람들을 화나게 했던 건 그 아이랑 꼭 닮았답니다."

해리가 주인공이지만, 론과 헤르미온느의 도움과 뒷받침이 없었다면 해리는 몇 해 동안 호그와트에서 잘 지낼 수 없었을 것이다. 이 세 명의 돈독한 우정이야말로 이 이야기에서 가장 중요한 요소라고 할 수 있다. 그리고 그들의 용기, 서로에 대한 믿음, 악을 이기는 선의 힘 등도 이 이야기의 중요한 주제다.

해리의 두 세계

얼마 후, 이 이야기를 적은 공책들로 상자가 가득 채워지고 나날이 그 분량이 늘어 갔다. 롤링은 맨체스터로 이사하고 새 일을 시작했기 때문에 롤링의 공책들도 그녀와 함께 맨체스터로 옮겨 왔다. 그녀는 맨체스터 상공회의소에서 비서로 일했다.

일을 하고 남자친구를 만나고 새 도시에 적응하느라 롤링은 글쓰기에 전념할 수 없었다. 하지만 그녀는 틈이 날 때마다 해리 포터의 세계를 창조해 나갔다. 해리 포터는 두 세계, 즉 마법 세계와 롤링이 보통 사람들에게 붙여 준 이름인 머글 세계를 넘나든다. 고아 소년 해리는 그의 머글 이모, 페투니아 더즐리와 이모부, 버논 더즐리 아래서 열한 살까지 자란다. 머글 세계는 모든 것이 깨끗하고 질서정연하다. 잘 관리된 집들과 잘 가꾸어진 잔디가 조용한 거리를 따라 일렬로 늘어서 있다.

머글들은 매일 반복되는, 판에 박힌 일에 좀처럼 변화를 주지 않는다. 그들은 겉모습이나 행동이 보통에서 벗어난 사람을 보면 눈썹을 치켜뜨며 놀란다. 그래서 머글 세계에는 기발하거나 신나는 일이 없다.

반대로 마법 세계는 곳곳에서 놀라운 일이 벌어진다. 규칙대로 이루어지는 것은 아무것도 없다. 사람들과 물건들은 제멋대로 나타났다 사라지곤 한다. 그림이나 사진 속의 사람들이 걸어 들어왔다가 멀어져 가고, 이따금 거울이 말을 하기도 한다. 유령들과 거인들과 꼬마요정들이 마법사들과 마귀들 속에서 살아간다. 그들은 마법을 걸고 마법의 약을 만들고 빗자루를 타고 날아다닌다. 고블린('작고 못생긴 말썽쟁이' 라는 뜻)은 은행을 운영하고, 올빼미는 매일 편지를 배달한다. 유니콘, 용, 켄타우로스 등은 자연 속에서 살아간다. 이 모든 놀라운 일들에는 늘 위험과 흥분이 도사리고 있다.

마법 세계에서는 심지어 스포츠도 아슬아슬하고 위험하다. 수많은 군중이 퀴디치 시합을 보러 몰려든다. 퀴디치 시합은 하늘을 나는 빗자루를 타고 빠르게 이동하며 벌이는 게임이다. 롤링은 남자친구와 말다툼을 한 뒤에 이 게임을 고안했다고 한다. "저는 집에서 뛰쳐나와 선술집으로 갔어요. 그리고 거기서 퀴디치를 생각해 냈지요."

롤링은 마법 세계의 희한한 음식들을 상상해냈다. 개구리 모양의 초콜릿에는 유명한 마법사의 모습이 그려진, 모을 수 있는 카드가 함께 들어 있다. 풀, 간, 토사물, 귀지 등 온갖 이상야릇한 맛이 나는 강낭콩 모양의 젤리도 있다. 버터 맥주는 온몸 구석구석까지 따뜻하게 데워 주는 맛있는 음료다. 호그와트에서는 매끼 식사가 성찬이다. 맛있는 요리들이 코스별로 나온다. 구운 고기, 소시지, 감자, 채소, 푸딩, 디저트 등이 접시 위에 마술처럼 나타나고 학생들이 배불리 먹을 때까지 계속해서 접시가 채워진다.

마법사들은 마법 세계와 머글 세계를 넘나들 수 있다. 그들은 망토를 걸치고 좀 기이한 옷을 입고 있어서 머글들은 그들을 수상한 눈으로 쳐다본다. "마법사들은 '머글'이 가장 두려워하는 모든 것을 상징합니다. 그들은 사회에서 추방된 자들이면서도 그런 처지를 오히려 편안해 합니다. 인습에 길들여진 보통 사람들에게, 창피를 모르는 부적응자만큼 두려운 존재가 있을까요?" 롤링의 말이다. 마법 세계에는, 머글에서 마법을 사용하는 것에 대한 엄격한 규칙이 있다. 롤링은 이 규칙을 집행하는 정부기구를 마법부라 불렀다. 머글들에게 마법 세계를 계속 숨기는 것은 매우 어려운 일이어서 마귀와 마법사들은 항상 조심해야 한다.

호그와트 창조

해리 포터 시리즈의 주 배경이 되는 호그와트 마법학교의 모습이 롤링의 상상 속에서 형태를 잡아가기 시작했다. 호그와트 마법학교 입학생들은 호그와트 급행열차라 불리는 기차를 타고 학교로 간다. 목적지에 도착한 그들은 거대한 성을 발견한다. 높은 절벽에 자리한 그 학교는 너른 호수와 마법에 걸린 숲을 굽어보고 있다. 안개에 덮여 있을 때가 많은 그 성은 산으로 둘러싸여 있다.

호그와트의 실내도 겉모습만큼이나 기이하고 신비롭다. 횃불들이 미로 같은 실내에 빛과 그림자를 드리우고 있다. 학교 구석구석에서는 피브스, 목이 달랑달랑한 닉, 피투성이 바론,

영화에서 호그와트 마법학교로 쓰인 영국의 글로체스터 성당.

모우닝 머틀 등 유령들이 출몰한다. 방들이 나타났다 사라지곤 하고, 계단의 방향이 예고 없이 바뀌기도 한다. 공손하게 부탁하지 않으면 문이 열리지 않을 때도 있다. 식사시간이나 행사가 있을 때 학생들이 모이는 대강당의 천장은 마법에 의해 꼭 하늘처럼 보인다. 학교 아래층에는 지하 감옥과 여러 개의 방이 있고, 하늘 높이 솟은 탑에서 바라보는 전망이 굉장히 좋다.

호그와트는 오랜 옛날, 당대의 저명한 마법사 네 명에 의해 설립되었다. 호그와트 입학생들은 이 네 설립자의 이름을 딴 네 기숙사 중 한 곳에 배정된다. 해리와 론과 헤르미온느는 용감하고 대담하기로 유명한 그리핀도어에 배정된다. 이외에도 부지런하고 성실한 허플퍼프, 지혜롭고 재치가 있는 레이븐클로, 교활하고 잔꾀가 많은 슬라이데린이 있다. 특히 슬라이데린은 볼드모트 같은 못된 마법사를 많이 배출했다. 해리의 적수이자 사악한 깡패인 드레이코 맬포이도 슬라이데린에 소속되어 있다. 각각의 기숙사에는 암호가 지정되어 있어서, 출입문을 통과하려면 기숙사를 지키는 그림에게 암호를 말해야 한다.

호그와트는 비록 겉모습은 무질서하고 어지럽게 보이지만 규율과 질서를 지켜야 하는 곳이다. 이 학교의 교훈은 '잠자는 용을 건드리지 마라' 이다. 학교의 규율을 어긴 학생들은 예기치 못한 곤경과 위험에 빠질 수 있다. 학생들은 자신의 행동에 대해 책임을 져야 하고 잘못했을 때에는 교장을 비롯한 교수진

작가 지망생에게 들려주는 롤링의 조언

조앤 롤링은 어려서부터 늘 작가가 되고 싶었다. 그리고 지금 그녀는 자신이 가장 잘할 수 있는 일로 생계를 책임질 수 있다는 것을 행운으로 여기고 있다. 하지만 그녀의 성공은 계획을 세워 열정적으로 글쓰기에 전념했기에 가능한 것이었다. 물론 운도 따랐다. 작가가 되려면 어떻게 해야 하냐고 묻는 어린 작가 지망생들에게 롤링은 이렇게 말한다. "책을 최대한 많이 읽으세요. 그리고 계속해서 글을 쓰세요. 괜찮은 글을 쓰게 되는 날까지 글을 쓰고 쓴 글을 버리는 일을 계속 해야 합니다. 자신이 잘 아는 일에 관해 쓰세요. 그리고 절대 포기하지 마세요."

에게 징계를 받는다. 호그와트의 교장 알버스 덤블도어는 친절하고 현명할 뿐 아니라 볼드모트조차 두려워하는 막강한 마법사이다. "덤블도어는 '뒝벌'을 뜻하는 옛날 영어예요. 음악을 좋아하고 늘 노래를 흥얼거리며 산책하곤 하는 그 교장에게 썩 잘 어울리는 이름이라는 생각이 들었어요." 덤블도어 교장은 해리를 보호해 준다. 그리핀도어 기숙사의 사감인 미네르바 맥고나걸 교수는 변신술을 가르치는 교수이다. 엄격하고 똑똑하고 공정한 그 여교수를 해리와 론과 헤르미온느는 존경하고 신뢰한다.

그들이 전혀 신뢰하지 않는 교수는 마법의 약 제조술을 가르치는 세버러스 스네이프 교수이다. 스네이프 교수는 슬라이데린 기숙사의 사감이다. 롤링은 그 교수의 성을 영국 지도에서 발견한 스네이프라는 마을에서 따왔다. 볼드모트의 추종자(데스 이터)였던 스네이프 교수는 해리를 몹시 싫어한다.

덤블도어 교장은 스네이프 교수를 신뢰하지만, 해리와 그의 친구들은 스네이프를 믿지 않는다. 이외에도 마법사 수업을 담당하는 유령인 빈스 교수, 약초의 효능에 대해 가르치는 스프라우트 교수, 마법을 가르치는 플릿윅 교수가 있다.

루베우스 해그리드는 해리와 론과 헤르미온느에게 위로와 정보와 조언을 해주는 어른이다. 해그리드는 거인족 혼혈로서 롤링이 자라면서 들었던 잉글랜드 서부 지방의 사투리를 쓴다. 그는 학교 정원에 있는 오두막에 살면서 호그와트의 금지된 숲에 사는 마법의 생물들을 감시한다. 해그리드는 이 생물들을 다루는 방법을 잘 알고 있다. 그러나 간혹 이 생물들이 다른 이들에게 위험을 끼치는 것을 눈치 채지 못하기도 한다. 해그리드는 해리와 론과 헤르미온느의 소중한 친구가 된다. 롤링은 해그리드야말로 자신이 가장 좋아하는 등장인물이고 그에게 가장 애정이 간다고 말한 바 있다.

1990년이 지나면서, 롤링의 머릿속은 등장인물과 마법 세계에 대한 아이디어로 넘쳐 나기 시작했다. 하지만 그녀는 늘 그래왔던 것처럼 이 새로운 글감과 그에 대한 흥분을 아무에게도 말하지 않고 혼자 간직했다.

SEPTEMBER 20, 1999 $3.50
www.time.com
TIME
The MAGIC of
HARRY
POTTER
Hero of three best sellers, he's not just for kids. Here's why the books have captured our imagination

Joanne Rowling

04 포르투갈에서

롤링은 그녀의 어머니가 돌아가시고 나자 그 책의 주인공 소년도 달라졌다는 사실을 깨달았다. "돌아가신 부모님에 대한 해리의 감정이 훨씬 더 깊어지고 절절해졌더라고요."

1990년, 크리스마스 직전에 롤링은 텃실의 부모님을 방문하기 위해 집으로 갔다. 어머니는 유난히 피곤하고 야윈 모습이었다. 이 무렵 어머니의 다발경화증은 너무 많이 진행되어 있어서 집 밖으로 나갈 때에는 휠체어를 타야 했다. 그리고 실내에

◀ 1999년 『타임』지 표지에 실린 해리 포터 일러스트.

서는, 위층으로도 올라갈 수 없어서 아래층에서만 보행보조기를 짚고 다녀야 했다.

크리스마스이브가 되자, 롤링은 부모님께 작별인사를 하고 맨체스터로 돌아갔다. 남은 연휴를 남자친구와 그의 가족과 함께 보낼 계획이었기 때문이었다. 그런데 그로부터 며칠 후인 12월 30일 아침 일찍 전화벨이 울렸다. 수화기 너머에서 아버지의 목소리를 듣는 순간 롤링은 나쁜 소식이 있다는 것을 직감했다. 롤링의 어머니가 돌아가셨던 것이다. 롤링은 자신의 어머니가 얼마나 쇠약해졌는지 얼마 전 직접 봐서 알고 있었지만, 어머니가 돌아가실 줄은 전혀 예상하지 못했다. "어머니가 얼마나 아픈지 알아채지 못한 제 자신이 한심했어요. 어머니의 상태가 오랜 기간 서서히 나빠졌기 때문에 변화가 그렇게 심하게 느껴지지 않았던 것 같아요."라고 롤링은 그때 일을 떠올린다. 어머니는 마흔네 살의 젊은 나이에 세상을 떠났다.

어머니의 죽음으로 인해 롤링의 세계는 갑자기 바뀌었고, 그 후 몇 개월 동안 간신히 하루하루를 버텨갔다. "당시 굉장히 마음이 아팠어요. 마치 커다란 돌이 제 가슴을 짓누르는 것 같은 통증을 느꼈어요." 스물다섯 살의 롤링은 슬픔에 압도되어 삶을 지탱해 나가기가 힘들었다. 상공회의소의 일자리가 갑자기 끊어졌고, 새로 얻은 맨체스터 대학의 일자리도 마음에 들지 않았다. 남자친구와의 관계도 시들해져 갔다. 이렇게 불행이 잇따르던 어느 날, 롤링의 집에 도둑이 들어 어머니의 유품까지 모조리 훔쳐 가고 말았다. 그러자 간신히 버티고 있던 롤링은 어디론가 떠나야겠다는 결단을 내렸다.

슬픔을 안고 포르토로

롤링은 포르투갈의 포르토에 있는 어느 학교에서 영어 교사를 구한다는 신문 광고를 보았다. 그 일자리에 지원하여 채용된 롤링은 다른 환경에서 새로운 도전을 하고 싶다는 생각만으로 영국을 떠나 따뜻한 곳으로 갔다. 북부 포르투갈의 두에로 강 어귀에 위치한 포르토는 포르투갈에서 두 번째로 큰 도시이자 공업의 중심지이다. 포르토의 교회와 궁전과 다리는 다양한 건축 양식으로 지어졌기 때문에 도시 전체가 하나의 예술품처럼 아름다웠다.

롤링은 그녀가 일하기로 한 학교의 교장이 타국에서 온 교사들을 위해 마련해 준 방 네 개짜리 널찍한 아파트에서 살았다. 그녀는 아일랜드에서 온 애니 킬리와 잉글랜드에서 온 질 프루잇 등 새로운 룸메이트들과 금방 친해졌다. 세 명은 저녁에 수업이 끝나면 집 근처의 바나 디스코텍에 가서 놀거나 피자와 와인을 들며 대화를 나누었다.

롤링은 영어를 가르치는 일이 마음에 들었다. 학생들은 여덟 살에서부터 예순두 살까지 다양했다. 자기 계발을 위해 영어 공부를 하는 직장인도 있었고, 그저 재미 삼아 수업을 듣는 사람들도 있었다. 또 시험에 통과하려고 공부하는 학생도 있었다. 보통 십대였던 이 학생들에게는 늘 기발한 생각과 의견이 넘쳤기 때문에 롤링은 이들을 가장 좋아했다.

저녁 시간에 일한다는 것은 낮에는 자유롭게 글을 쓸 수 있다는 것을 의미했다. 롤링은 포르토의 카페에 앉아 진한 커피를 홀짝이며 소설을 썼다. 이 무렵 그녀는 해리 포터 이야기의 초고를 쓰기 시작했다. 그런데 롤링은 그녀의 어머니가 돌아가시고 나자 그 책의 주인공 소년도 달라졌다는 사실을 깨달았

1991년 롤링은 포르투갈의 포르토에서 살면서 영어를 가르쳤다.

다. "돌아가신 부모님에 대한 해리의 감정이 훨씬 더 깊어지고 더 절절해졌더라고요." 롤링의 말이다.

포르토에 온 첫째 주에, 롤링은 자신이 가장 좋아하는 장이 될 '소망의 거울(Mirror of Erised)'을 썼다. 해리가 이 마법의 거울을 들여다볼 때, 거울에는 해리 자신의 모습은 물론 그의 부모님과 다른 친척들이 미소를 지으며 손을 흔들고 있는 모습이 비친다. 'erised'를 거꾸로 쓰면 소망을 뜻하는 'desire'가 된다. 그래서 해리는 그 거울에서 자기가 가장 바라는 것(가족)을 보게 된 것이다. "그 책을 다시 읽었을 때, 비로소 어머니의 죽음에 대한 나의 감정이 해리에게 얼마나 많이 투영되었는지 완전히 알게 되었죠."

사랑을 찾다

어느 토요일 밤, 롤링과 그녀의 룸메이트들은 재즈 음악을 틀어주는 메이아 카바라는 술집에 갔다. 그런데 바로 그때 대학에서 신문방송학을 공부하는 조르헤 아란테스라는 이름의 포르투갈 학생도 친구들과 함께 그 술집에 있었다. 롤링이 술집에 들어서자 그녀의 파란 눈이 그의 관심을 끌었다. 그는 영어를 잘 했기 때문에 롤링에게 다가와 대화를 나눌 수 있었다.

그들은 둘 다 책 읽기를 좋아한다는 것을 알게 되었다. 롤링은 자기가 가장 좋아하는 작가들 가운데 한 명인 제인 오스틴의 《이성과 감성》을 아란테스도 읽었다는 사실을 알고 깊은 인상을 받았다.

며칠 후 아란테스는 롤링에게 전화를 했고, 둘은 데이트를 시작했다. 곧 그들은 떨어져서 못 사는 사이가 되었다. 몇 주 만에 롤링은 아란테스와 그의 어머니 마릴리아 로드리그의 집으로 들어가 살게 되었고, 로드리그는 아들의 여자친구를 가족처럼 대해 주었다. 롤링은 새로 맺은 이 관계 속에서 어머니가 돌아가신 뒤 허전하던 마음이 조금씩 행복으로 채워지는 것을 느꼈다. 그녀는 아란테스에게 자신의 소설에 대해 알려주고 첫 부분을 보여줬다. 롤링의 재능을 알아본 아란테스는 자기가 위대한 작가와 사랑에 빠졌다고 했다.

1992년 8월, 아란테스는 롤링에게 청혼을 했고, 롤링은 그의 청혼을 받아들였다. 하지만 그 무렵, 두 사람의 관계에 문제의 기미가 보이기 시작했다. 그들은 툭 하면 말다툼을 벌였고 작은 말다툼이 큰 싸움으로 번지기도 했다.

하지만 결혼하기로 한 계획은 변하지 않았다. 롤링의 여동생 다이가 결혼식에 참석하기 위해 스코틀랜드의 에든버러에서 비행기를 타고 왔다. 10월 16일 아침, 롤링과 아란테스는 포르토에서 조촐하게 결혼식을 올렸다. 하지만 신혼여행은 가지 않았다. 롤링은 그날 저녁 평소대로 일하러 갔다. 몇 주 뒤, 롤링은 임신을 했다. 그녀는 임신 기간 내내 가르치는 일을 계속했고 집 근처 카페에서 해리 포터 이야기를 계속 써 나갔다. 1993년 7월 27일, 롤링은 건강한 여자 아기를 낳았다. 아기에게 제시카 미트퍼드의 이름을 따서 제시카라는 이름을 지어 주었다. 아기는 롤링의 삶에서 가장 소중한 부분이 되었다. "엄마가 되었을 때 굉장히 기뻤어요."라고 롤링은 그때를 떠올렸다.

아이와 함께 런던행 비행기에

결혼도 하고 아기도 낳았지만 롤링과 아란테스의 관계는 좀처럼 좋아지지 않았다. 오히려, 삶에서 받는 스트레스가 더 많아지자 관계가 점점 악화되어 갔다. 당시 아란테스는 8개월간의 포르투갈 군복무를 막 마친 뒤라 직장이 없었다. 롤링은 혼자서 가족을 부양해야 했다. 갓난아기를 돌보는 데 필요한 것들이 엄청 많았다. 롤링과 아란테스는 둘 다 삶에 지쳐 갔으며 크게 싸우는 일이 잦아졌다. 이따금 치고받는 육탄전을 벌이기도 했다.

1993년 11월, 결국 둘의 관계가 깨지고 말았다. 롤링은 아란테스에게 더 이상 사랑하지 않는다고 말했다. 그러자 머리끝까지 화가 난 아란테스는 롤링을 집 밖으로 쫓아냈다. 그녀는 아무 것도 가지지 않은 빈손으로 거리에 내쫓긴 채 한참을 홀로 서 있었다. 그녀는 네 살배기 딸을 데리고 나와야겠다고 생각하면서도 아란테스가 무서워 집안으로 들어갈 수 없었다. 롤링은 옛 룸메이트에게 도움을 청했다. 그들은 또 다른 친구인 마리아 이네스 아귀아르라는 포르투갈 여성에게 전화를 했다. 아귀아르는 경찰에게 아란테스의 집에 함께 가 달라고 설득했다. 경찰관들이 직접 아란테스로 하여금 제시카를 넘겨줄 것을 강요할 수는 없었지만, 그들이 동행해 준 덕분에 아란테스는

2000년 엑스터 대학의 학위 수여식에서, 아버지 피트 롤링(왼쪽부터), 조앤 롤링, 새어머니 재닛 걸리번.

순순히 아이를 내주었다.

2주 후, 롤링과 그녀의 딸은 런던행 비행기에 올랐다. 롤링에게는 어서 포르투갈을 떠나 남편에게서 멀리 도망가야겠다는 생각밖에 없었다. 하지만 그녀는 집도, 직업도 없었다. 게다가 돈도 아주 조금밖에 없었다. 여행 가방 두 개에 그녀의 모든 소지품이 다 들어갔다. 처음에는 런던에 친구가 많으니 런던으로 되돌아가야겠다고 생각했다. 하지만 그들은 모두 결혼을 안 한 상태라 아무런 얽매임 없이 자유로운 생활을 하고 있었다. 그래서 롤링은 런던이 아닌 다른 곳을 생각해 보았다. 아버지를 떠올려 보았지만 그녀의 아버지는 재닛 걸리번이라는 여성과 재혼하여 새로운 곳에서 살기 위해 텟실의 옛집에서 나와 근처의 첩스토 마을로 이사한 상태였다. 그래서 결국 롤링은 동생 다이와 그녀의 남편 로저 무어가 살고 있는 에든버러로 가기로 마음먹고 북쪽으로 가는 열차에 몸을 실었다.

심정이 복잡했다. 우선 자신에 대한 분노가 치밀었다. 그로부터 몇 년 전, 그녀는 더 행복하고 좋은 삶을 찾아 영국을 떠났었다. 하지만 지금 자신의 모습을 되돌아보니 상황이 훨씬 더 악화되어 영국으로 되돌아와 있었다. "난 내가 그런 상황에 처하게 될 거라고는 전혀 예상하지 못했어요. 그래서 내 자신한테 몹시 화가 났죠. 하지만 포르투갈을 떠난 것을 후회하지는 않았어요. 그리고 단 한순간도 제시카를 낳은 일을 후회해 본 적이 없습니다."

Joanne Rowling

05 가난의 덫

"난방도 되지 않고 쥐들이 우글대는 아파트에서 딸을 키우며 살아가게 될 줄은 정말 몰랐어요. 부모 노릇을 제대로 못하고 있다는 생각 때문에 제 자신에게 굉장히 화가 났지요."

에든버러에 도착한 롤링은 도시가 마음에 들었다. 에든버러는 스코틀랜드의 문화 중심지이자 영국에서 두 번째로 큰 도시이다. 그녀는 그곳에서 행복할 수 있을 것 같았고, 아이를 키우기에도 적합할 것 같았다. 롤링은 생소한 곳에서 제시카를 혼자

◀ 2003년, 스페인 서북부 오비에도에서 고아와 병든 아이들과 자리를 함께한 조앤 롤링. 그녀는 세계적인 부와 명성을 얻게 된 후 힘들고 어려운 사람들을 외면하지 않았다.

서 키우는 것이 결코 쉬운 일은 아닐 거라고 짐작하고 있었다. 기반을 잡기까지 몇 년은 걸릴 터였다. 하지만 그녀는 자신이 대학도 나왔고 열심히 일하려는 의지도 있으니 조금만 고생하면 기반을 잡을 수 있을 것이라고 확신했다.

생활 보조금을 신청하다

롤링은 동생에게 부담이 되고 싶지 않아 일자리를 알아보는 한편, 정부에서 도와주는 생활 보조금을 신청하기로 했다. 1993년 12월 21일, 그녀는 사회보장부를 찾아가서 끝도 없이 적어 넣어야 하는 서류를 모두 작성했다. 자존심도 상하고 기운도 빠지는 경험이었다. "어떻게 해서 아이를 혼자서 돌봐야 하는 빈털터리 신세가 되었는지 생판 모르는 사람들에게 설명해야 했죠."라고 롤링은 훗날 말했다. "물론 그들 중에서 의도적으로 나를 모욕하거나 내 자신이 쓸모없는 인간이라고 느끼게 하려던 사람은 아무도 없었겠죠. 하지만 저는 그때 모멸감을 느꼈어요." 롤링의 생활 보조금 신청은 받아들여졌다. 그녀는 주택수당과 함께, 식량과 옷을 비롯한 생필품 비용으로 매

롤링은 포르투갈을 떠나 스코틀랜드 에든버러에서 살았다.

주 69파운드(약 11만 원)를 받게 되었다.

롤링은 아파트 보증금을 지불하고 남은 돈으로 꼭 필요한 물건 몇 가지를 샀다. 그런데 아파트에 입주해 보니 벽에 쥐들이 살고 있었다. 그곳은 정말 형편없는 곳이었지만 그녀는 어떻게든 참아내려고 애썼다. 매주 우체국에서 생활 보조금 수

표에 서명을 해야 하는 모욕을 견디고, 탈의실에서 무료로 제공하는 기저귀를 받으려고 유아용 옷 가게에서 서성이곤 했다. 게다가 때로는 제시카의 끼니를 위해 자신은 굶기도 했다.

그러던 어느 날, 롤링은 자기가 정말 가장 밑바닥까지 왔다는 것을 깨닫게 되었다. 제시카 또래의 아들을 둔 동생의 친구네 집을 방문했을 때였다. 제시카와는 달리 그 아이는 장난감으로 가득 찬 멋진 자기 방이 있었다. "제시카의 장난감은 다 합해 봐야 구두박스 하나에 다 들어갈 정도로 적었어요. 저는 그날 집에 돌아와서 눈이 퉁퉁 붓도록 울었지요." 그녀는 쥐들이 벽을 긁어 대는 소리를 더 이상 참을 수가 없었다. "난방도 되지 않고 쥐들이 우글대는 아파트에서 딸을 키우며 살아가게 될 줄은 정말 몰랐어요. 부모 노릇을 제대로 못해서 딸아이의 기를 죽이고 있다는 생각 때문에 제 자신에게 굉장히 화가 났지요." 그래서 그녀는 오랜 세월 충직한 친구로 곁에 있던 숀 해리스에게 도움을 청했다. 롤링은 숀이 빌려 준 돈으로 한결 나은 동네에 있는 방 하나짜리 아파트로 이사할 수 있었다.

롤링은 시간제 일이라도 하고 싶었다. 하지만, 곧 자신이 가난의 덫에 걸려 이도저도 못하는 상황에 갇혀 버렸다는 것을 절감해야 했다. 제시카를 봐줄 보도를 구하지 못하면 일을 할 수 없는데, 보모를 구하려면 보수가 많은 일자리를 얻어야 했다. 육아에 도움이 필요한 사람들을 위한 정부 프로그램이 있었지만, 롤링은 도움을 받을 자격이 되지 않았다. 그 프로그램은 '위험한 상황에 놓인' 아이들만을 대상으로 했다. 롤링이 잘 보살피고 있는 제시카는 '위험한 상황에 놓인' 아이에 해당되지 않았다. "저는 순진하게도, 자기 자신과 아이를 부양하기 위해 열심히 일하려는 사람들을 도와줄 만큼은 사회 보장 제도가 정비되어 있는 줄 알았어요. 얼마나 세상 물정을 몰랐던지……."

다시 글을 ……

나날이 계속되는 삶과의 싸움으로 롤링은 우울해졌다. 그녀가 맞닥뜨린 상황은 그녀의 자신감에 큰 타격을 입혔다. 롤링은 위안이나 기분전환이 필요할 때마다 다이를 찾아갔다. 쾌활한 성격의 다이를 만나고 있으면 롤링의 기분도 덩달아 좋아졌다. 다이네 집을 방문한 어느 날, 롤링은 최근에 쓰기 시작한 소설에 관해 이야기했다. 늘 그렇듯이, 다이는 큰 관심을 보였다. 롤링은 동생에게 그때까지 쓴 세 장을 보여 주었고, 다이는 언니가 쓴 이야기에 빠져 들어 한 단어 한 단어 열심히 읽었다. 다이가 고개를 들어 미소를 지어보인 다음 큰 소리로 웃자, 롤링은 안도의 한숨을 내쉬었다. 그것은 롤링이 가슴 졸이며 기대하던 반응이었다.

롤링은 다이의 격려에 힘입어 두 가지 결심을 했다. 첫째는 해리 포터에 대한 소설을 쓴 다음에 전일제 일을 시작하기로 한 것이다. 롤링은 다시 가르치는 일을 하고 싶었지만, 스코틀랜드에 있는 학교에서는 가르칠 자격이 되지 못한다는 것을 알게 되었다. 우선 교육대학원 과정을 마쳐야 했다. 두 번째는 1년 동안 대학원에 다니려면 바빠서 글을 쓸 틈이 없을 것 같아 입학하기 전에 책 한 권을 마치기로 했다. "그래서 저는 얼른 책 한 권을 다 쓴 뒤에 출판을 시도해 봐야겠다고 굳게 결심하고는 정말 미친 듯이 글을 쓰기 시작했어요."

그녀와 제시카는 매일 집 근처 공원으로 나갔다. 신선한 공기를 쐬어 기분이 좋아진 제시카는 곧 잠이 들었다. 그러면 롤링은 유모차를 밀고 카페로 가서 손으로 글씨를 휘갈기며 글을 써 내려갔다. 그녀는 글 쓰는 장소로 니콜슨 카페를 가장 좋아했다. 동생 다이의 남편이 그 카페의 공동주인이었다. 그녀는 제시카가 낮잠을 자는 몇 시간 동안은 카페에서 에스프레소를 홀짝이며 누구의 방해도 받지 않고 글을 쓸 수 있었다. 그리고 저녁에 아기가 잠이 들면 또 다시 소설을 집어 들었다. 때때로 그녀는 좌절에 빠지기도 했다. "전 그 이야기가 무척 마음에 들었지만, 이따금 싫어질 때도 있었어요."

그래도 롤링은 불굴의 의지로 계속해서 글을 써 나갔다. 그러던 어느 날, 그녀의 글쓰기를 크게 방해하는 사건이 일어났다. 그녀의 남편 아란테스가 아내와 딸을 찾아 포르토에서 에든버러로 건너왔던 것이다. 롤링이 그를 떠나고 나자 아란테스는 마약을 하기 시작했다. 롤링은 그가 폭력을 휘두를까 봐 두려웠다. 제시카는 물론 자신의 안녕이 걱정되었다. 1994년 3월, 그녀는 아란테스가 자신과 제시카 주위에 얼씬하지 못하도록 법원에 접근금지 명령 신청을 냈다. 법원은 임시 접근금지 명령을 내렸고 아란테스는 포르투갈로 돌아갔다. 그로부터 5개월 후, 롤링은 이혼 수속을 밟았다. 1995년 6월에 이혼이 최종 처리됨과 동시에 접근금지 명령도 영구적인 것이 되었다. "비록 상황이 몹시 힘들고 어려웠지만, 나는 그와의 결혼으로 내 사랑하는 딸을 얻었기 때문에 결혼한 일을 결코 후회하지 않았어요."

고마운 친구

1994년 말이 되자 롤링의 상황은 조금씩 좋아지기 시작했다. 해리 포터 이야기가 잘 풀려 가고 있었고, 주당 15파운드(약 2만 5,000원)를 주는 타이핑 일자리도 얻었다. 이 보수는 정부 생활 보조금을 받는 사람에게 허용된 최고 한도액이었다.

소설이 거의 완성되었을 즈음, 롤링은 교사 자격증을 따기 위한 계획을 세웠다. 1995년 1월, 롤링은 에든버러 헤리엇왓 대학이 운영하는 모레이 하우스의 현대 언어 프로그램에 지원

▶ 지금은 세계적인 부자가 되었지만, 롤링은 한때 몹시 어렵게 생활했다. 사진은 《해리 포터와 불의 잔》을 홍보하기 위해 에든버러 국제 도서전에 참가한 롤링.

서를 냈다. 30명이 공부하게 될 프로그램에 120명의 지원자가 몰렸다. 프로그램은 8월에 시작될 예정이었다. 롤링은 가르치기를 희망하는 프랑스어로 하루 종일 심층 면접을 보았다. 그녀는 입학허가를 받았을 때 몹시 기뻤다.

그것은 하나의 커다란 성취였고, 그래서 그녀는 잃었던 자신감을 얼마간 회복할 수 있었다. 롤링은 전보다 훨씬 더 열정적으로 소설 쓰기에 몰두했다. 여름이 끝날 무렵, 그녀는 1권의 초고를 완성했다.

게다가 이 몇 달 동안 그녀는 스코틀랜드 교육부로부터 장학금까지 받았다. 이 장학금은 수업료를 내고 교재를 사는 데 도움을 주었다. 롤링은 공부를 시작할 만반의 준비가 되었다고 생각했다. 그런데 그때 자신이 들은 정보와는 달리 대학에 보육시설이 없다는 사실을 알게 되었다. 보육시설이 2년 전에 폐쇄되었던 것이다.

그러던 어느 날, 한 친구가 기적적으로 그녀에게 구원의 손길을 내밀어 4,000파운드(약 670만 원)를 빌려주었다. "친구가 그 돈을 건네자 나는 감정을 주체하지 못하고 눈물을 터뜨렸어요. 그때 그 돈은 저한테 50만 파운드만큼이나 큰 도움이 되었어요. 그때 우리는 둘 다 내가 그 돈을 갚지 못할 거라고 생각했던 것 같아요. 친구는 실제로 이렇게 말했어요. '자, 이건 선물이야. 도움이 되었으면 좋겠어.' 라고요." 친구가 준 선물 덕분에 롤링은 더 이상 정부 보조금을 받지 않아도 되었다. 우여곡절 끝에 그녀는 모레이 하우스에서 공부할 수 있었다. 모레이 하우스는 훗날 에든버러 대학의 일부가 되었다.

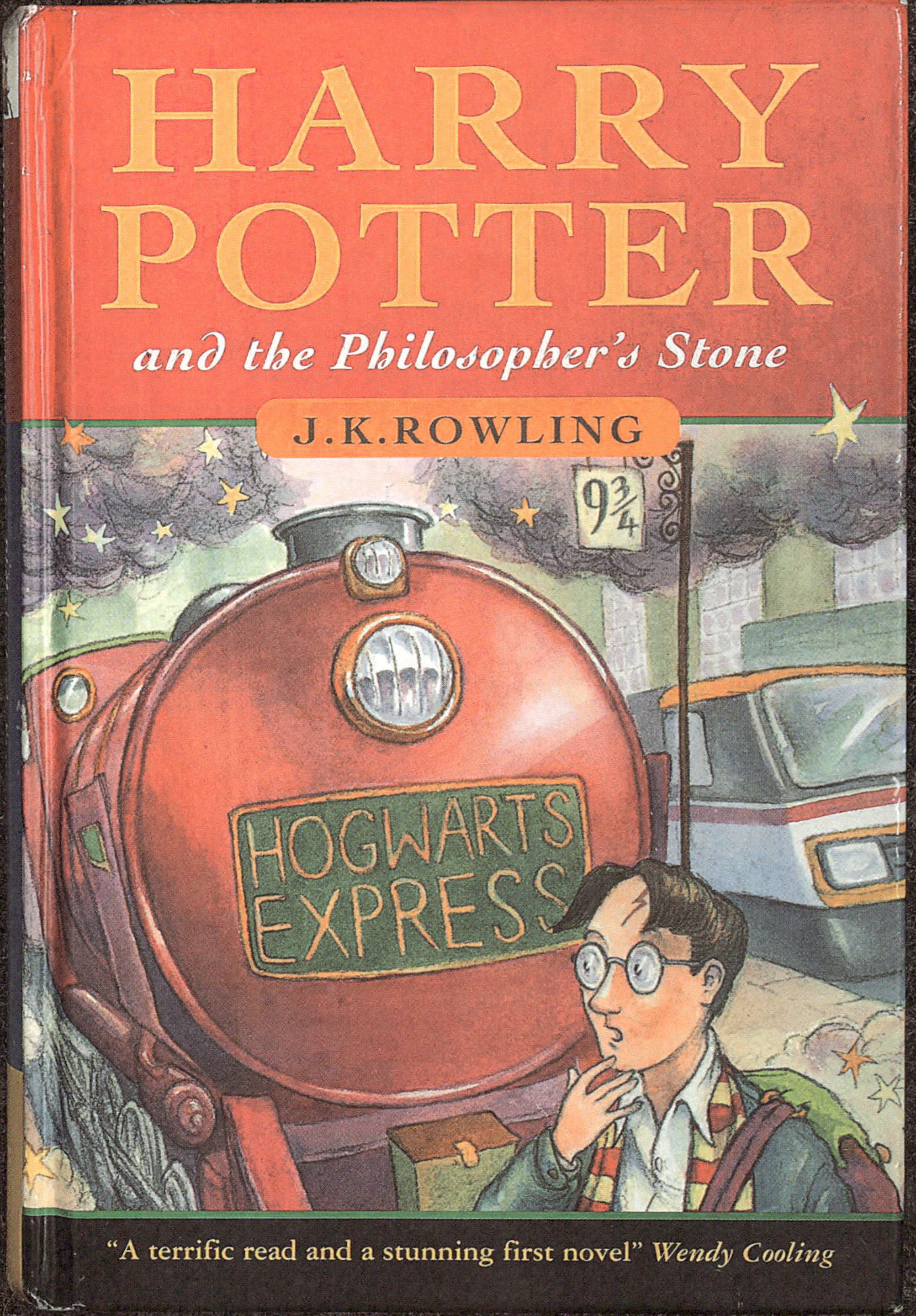
HARRY
POTTER
and the Philosopher's Stone
J.K.ROWLING
9¾
HOGWARTS
EXPRESS
"A terrific read and a stunning first novel" Wendy Cooling

Joanne Rowling

06 해리 포터 출판

봉투 안에는 그녀의 인생을 바꿔 놓게 될 두 문장의 답신이 들어 있었다. "고맙습니다. 저희 회사에만 원고의 나머지 부분을 보내 주시기 바랍니다."

롤링은 몇 달에 걸쳐 시간이 날 때마다 초고를 다듬었다. 1995년 말쯤에 드디어 해리 포터가 호그와트 마법학교에서 첫 해를 보내는 동안의 이야기가 완성되었다. 그녀는 9,000 단어 분량의 원고를 중고 수동 타자기로 쳤다. 그리고 그것을 복사할 돈

◀ 《해리 포터와 철학자의 돌》의 초판본 표지.

이 없어서 다시 타자기로 쳐서 복사본을 만들었다.

다음 과제는 그녀가 쓴 소설을 출판하겠다는 출판사를 찾는 것이었다. 그녀는 도서관에서 저자 에이전트와 출판사 목록이 나와 있는 책자를 찾아냈다. 저자 에이전트는 저자를 대신해서 출판 관련 일을 처리하고 출판사에 작품을 파는 일을 한다. 롤링의 시선은 그 목록의 이름을 훑어 내려가다 '크리스토퍼 리틀'에서 갑자기 눈이 번쩍 뜨였다. 그녀는 그 이름이 마음에 들었다. 어린이 책에 나오는 등장인물의 이름 같았다. 그래서 다른 몇몇 이름들과 함께 적어 두었다.

해리 포터를 처음 만났을 때부터 그때까지, 롤링이 해리 포터의 세계를 창조해 내는 데에는 무려 6년이라는 세월이 걸렸다. 그녀는 그 세계에 사는 모든 인물들에 대해 모두 훤히 알고 있었다. 그리고 해리가 호그와트에서 보내는 7년 동안 일어날 일과 해리 포터 이야기가 어떻게 끝맺게 될 것인지도 모두 알고 있었다. 이제 해리를 세상에 내보낼 때였다. 그녀는 흥분과 두려움을 동시에 느끼며 《해리 포터와 철학자의 돌》의 첫 장부터 세 장까지를 몇몇 출판사와 에이전트에게 보냈다.

생애 최고의 편지

런던의 크리스토퍼 리틀 에이전시의 젊은 편집인 브리오니 에번스는 배달된 우편물을 열어 보는 일을 담당했다. 그녀는 매일 에이전시에 도착한 원고를 검토한 뒤 거절할 원고와 사장 크리스토퍼 리틀에게 보여 줄 원고를 분류하는 일을 했다. 롤링이 샘플로 보낸 세 장이 도착했을 때 에번스는 곧바로 롤링의 원고를 거절할 원고 더미에 올려놓았다. 그 에이전시는 어린이 책을 취급하지 않았기 때문이었다. "그런데 그 원고를 묶은 바인더가 참 독특했어요. 그래서 자연스레 개요(시놉시스)에 눈이 갔고, 대충 읽어 보니 걸작의 요소가 모두 들어 있지 뭐예요."라고 에번스는 나중에 그때를 떠올리며 말했다. 롤링이 보낸 원고를 모두 읽은 에번스는 글에 나타난 유머와 해학에 특히 매료되었다. 그래서 그녀는 사장에게 원고를 보여 주며 작가에게 나머지 원고를 요청해도 되겠냐고 물었고, 사장은 에번스의 열성에 이끌려 승낙을 했다.

크리스토퍼 리틀 출판 에이전시에서 편지가 도착했을 때, 롤링은 퇴짜를 맞을 마음의 준비를 했다. 이미 출판사 한 곳과 에이전시 한 곳에서 거절을 당한 상태였기 때문에, 그녀의 바람대로 책이 출판될 가능성은 희박할 것이라고 생각했다. 하지만 봉투 안에는 그녀의 인생을 바꿔 놓게 될 두 문장의 답신이 들어 있었다. "고맙습니다. 저희 회사에만 원고의 나머지 부분을 보내 주시기 바랍니다." 롤링은 심장이 두근거렸다. "정말 내 생애 최고의 편지였어요. 얼마나 기뻤던지 나는 그 편지를 읽고 또 읽었지요."

롤링은 곧바로 나머지 원고를 보냈다. 소포가 런던에 도착하자 에번스는 상기된 얼굴로 포장을 뜯고는 원고를 읽기 시작했다. "이미 내 자신의 호기심 때문에라도 나머지 부분을 읽을 작정이었어요. 회사에서 거절을 하든 말든 상관없이 말이죠."라고 에번스는 회상한다. "원고를 읽으며 그 이야기의 장점들을 마음에 새겨두었어요. 학교를 둘러싸고 벌어지는 이야기인데다, 못된 친척 가족과 함께 사는 고아가 나오고, 마귀와 마법사와 마술이 있어 늘 환상적이고 기상천외한 일이 벌어지고, 마지막에 반전이 이루어지는, 정말 멋진 탐정 소설적인 요소를 갖추고 있었죠." 에번스는 몇 가지 특징을 메모한 다음 사장 리틀에게 원고를 넘겼다. 그날 저녁 사장은 원고를 집으로 가지고 갔다. 다음날 아침 회사에 출근한 사장은 롤링의 원고에 찬사를 쏟아냈다.

리틀과 에번스는 머리를 모아 신중하게 논의한 후, 롤링에게 몇 가지 사항을 보완해 줄 것을 요청했다. 에번스는 해리의 친구이자 그리핀도어인 네빌 롱바텀의 역할에 좀더 비중이 실리기를 바랐다. 그리고 퀴디치 게임에 깊이 매료된 리틀은 그 게임의 규칙이 자세히 설명되는 게 좋겠다고 생각했다. 롤링은 그들의 제안대로 기꺼이 보완작업을 했다. 롤링은 네빌을 상당히 좋아했기 때문에 이야기에서 그의 존재를 늘리는 일이 싫지 않았다. 그리고 퀴디치 게임의 규칙은 이미 짜 두었다. 사실, 그녀는 애초에 퀴디치 게임 규칙을 이야기 속에 넣고 썼지만 너무 장황한 것 같아서 최종 원고에서 그 부분을 빼 버렸던 것이었다. 이번에는 퀴디치 시합을 스케치한 것까지 함께 보냈다.

롤링의 원고에 만족한 에번스는 크리스토퍼 리틀의 사업 파트너인 패트릭 월시에게 그 원고를 보여주었다. 원고를 읽고 감동한 패트릭은 에이전시가 롤링과 계약하는 것에 동의했다.

에이전시는 영국 판매고의 15%를 받고, 해외 출판 저작권료와 영화 원작료의 20%를 받기로 했다. 롤링은 더 생각할 것도 없이 계약서에 곧바로 서명했다. 그녀는 돈에 대해서는 별 기대를 하지 않았다. "나는 대부분의 어린이 책 작가들이 돈을 벌지 못한다는 사실을 잘 알고 있었어요. 그들이 유명해지는 일은 거의 없었죠. 나는 계약 조건에 흡족했어요. 나는 그저 해리를 출판할 수 있기를, 그래서 서점에 나온 그 책을 보게 되기를 바랄 뿐이었죠."

마침내 출판을

크리스토퍼 리틀 출판 에이전시가 롤링의 책을 출판할 출판사를 물색하는 동안, 롤링은 교사가 되기 위한 공부를 계속했다. 프로그램은 학기가 진행될수록 점점 강도가 세졌다. 1996년 초, 롤링은 고등학교에서 학생들을 가르치는 실습을 하며 교실에서 평가를 받아야 하는 고된 시기를 보냈다. 처음 그녀의 점수는 처참할 정도였다. 하지만 날이 갈수록 좋아져서, 나중에는 프로 근성과 학생들을 다루는 능력, 독창적이며 세심하게 계획된 수업에 대해 칭찬을 받았다. 그녀는 교사로서도 앞길이 유망했다.

한편, 브리오니 에번스는 계속해서 《해리 포터와 철학자의 돌》을 출판할 만한 출판사를 알아보고 있었다. 출판사 열두 곳이 훗날 베스트셀러가 될 이 책의 출판권을 구입할 기회를 걷어찼다. 13이 결코 재수 없는 숫자가 아니라는 것을 증명이라도 해보이듯 열세 번째로 문을 두드린 출판사에서 연락이 왔다. 에번스는 당시, 아동도서 분야 출판을 갓 시작한 블룸즈버리 출판사에 원고를 보냈다. 아동도서 담당 과장인 배리 커닝엄은 롤링의 원고를 읽고 몹시 흥분했다. "정말 흥미진진한 내용이었죠."라고 그는 훗날 말했다. "특히 상상력 넘치는 세계가 마음에 들었어요. 롤링이 등장인물들에 관해 속속들이 알고 있을 뿐 아니라 그들에게 무슨 일이 벌어질지도 모두 알고 있다는 느낌이 들었어요."

커닝엄은 출판사 이사들에게 그 책을 지원해 줄 것을 설득했다. 그들은 롤링에게 선인세로 1,500파운드(약 250만 원)를 주기로 했다. 선인세는 나중에 책이 팔린 뒤 받게 될 인세 수입에서 빼게 된다. 롤링은 그 액수에서 리틀 에이전시의 수수료를 뺀 액수인 1,275파운드(약 215만 원)를 받았다. 책이 많이 팔려 선인세가 충당된 뒤부터는 에이전시 수수료를 뺀 인세가 저자에게 곧바로 지불된다.

교사 자격증 과정을 막 마친 1996년 8월 어느 날, 롤링은 리틀 에이전시에서 전화를 받았다. "처음에 전 귀를 의심했어요. '지금 그 책이 출판된다고 하셨어요? 정말 그 책이 출판될까요?' 하고 좀 멍청하게 물었어요. 전화를 끊은 뒤에는 소리를 지르며 뛰어다녔죠." 그녀의 일생에서 가장 기쁜 순간이었다.

서점에 놓인 첫 책

블룸즈버리 출판사가 편집을 하는 동안, 롤링은 학생들을 가르치기 시작했다. 그녀는 집 근처의 리스 아카데미에서 시간제로 학생들을 가르쳤다. 그 학교에는 학생들을 가르치는 동안 제시카를 맡아줄 탁아소도 있었다. 수업 준비를 하는 틈틈이 그녀는 다음 책인 《해리 포터와 비밀의 방》을 쓰기 시작했다. 그녀는 세상에 갓 진출한 신참 작가라는 사실을 부끄러워하며

영국에서 첫 출간된 롤링의 책은 곧 미국(미국에서는 《해리 포터와 마법사의 돌》이라는 제목으로 출간되었다)을 비롯한 세계 각국의 서점에 등장하기 시작했다.

첫 책의 출간을 아주 가까운 사람에게만 알렸다.

롤링의 꿈은 전문적으로 글만 쓰는 전업 작가가 되는 것이었다. 하지만 그 목표는 당시로서는 실현 불가능한 일로 보였다. 블룸즈버리에서 받은 선인세는 얼마 못가 바닥이 날 터였다. 그리고 시간제 강사직의 보수는 공과금을 내기에도 빠듯했다. 그러던 어느 날, 롤링은 우연히 스코틀랜드 예술 협회의 작가 지원금에 대해 듣게 되었다. 거기에 지원하려면 스코틀랜드에 거주해야 하고 최근에 책을 출판한 작가여야 했다. 《해리 포터와 철학자의 돌》은 아직 출판되지 않았지만 롤링은 블룸즈버리 출판사와 계약을 한 상태였기 때문에 예술 협회는 지원을 허용하기로 합의했다. 롤링은 최종심사에 오른 40명에 들었다. 다시 10명의 수여자를 선정하는 심사에서 협회의 특별 위원회는 롤링에게 최고 지원금 8,000파운드(약 1,350만 원)를 주기로 결정했다. 덕분에 롤링은 《해리 포터와 비밀의 방》을 쓰는 동안 생활비 걱정을 덜게 되었다. 롤링은 지원금 수표를 받은 날 큰 맘 먹고 컴퓨터를 구입했다. 초고는 계속 손으로 쓰게 될 테지만, 이제 낡은 수동 타자기를 버리고 워드프로세싱 프로그램으로 원고를 정리하고 수정할 수 있게 되었다.

롤링은 애초에 초고를 아주 꼼꼼히 손봤기 때문에, 출판사에서는 편집할 게 거의 없었다. 배리 커닝엄이 가장 바꾸고 싶어 했던 점은 저자의 이름이었다. 그는 출판 일을 하면서 이런 얘기를 들어왔다. 바로 소년들이 내용과는 상관없이 여성 작가가 쓴 책을 외면한다는 얘기였다. 그는 롤링의 책이 소년과 소녀 모두에게 호소력이 있을 거라고 생각했다. 그래서 오랜 의논 끝에 조앤 롤링을 J. K. 롤링으로 하기로 했다. 미들네임은 롤링이 직접 정했다. 롤링 자신이 무척 좋아했던 할머니의 이름을 따서 캐슬린이라 지었다. 훗날, 어떻게 이니셜을 추가로 넣게 되었느냐는 질문을 받았을 때 롤링은 이렇게 대답했다. "출판사의 아이디어였어요. 저자 이름을 에니드 스노드그래스로 한다고 했어도 그러라고 했을 거예요. 난 그저 책만 출판되면 더 바랄 게 없었으니까요."

1997년 6월 26일, J. K. 롤링의 《해리 포터와 철학자의 돌》은 영국의 서점에 모습을 드러냈다. 맨체스터에서 런던으로 기차를 타고 올 때 해리 포터가 머릿속에 들어온 지 7년 만에 롤링의 오랜 꿈이 이루어진 것이다. 롤링은 책을 출간한 작가가 되었다. "그날 난 출간된 내 책을 옆에 끼고 하루 종일 거리를 거닐었어요. 서점에서 내 책을 처음 본 순간 거기에 사인을 하고 싶은 충동이 일었어요. 정말 멋진 순간이었지요."

WATERSTONE'S
Harry Potter
and the Half-Blood Prince
HARRY POTTER

Joanne Rowling

07 열광하는 팬들

사인을 받을 차례가 되자 그 소녀가 나한테 이렇게 말하더군요. "전 사람들이 많이 오지 않기를 바랐어요. 이 책은 나만의 책이거든요."

매년 전 세계 출판인들은 이탈리아의 볼로냐 아동도서 박람회에 모여든다. 그리고 자기 나라에서 출판할 만한 외국 책이 있는지 둘러본다. 1997년 도서 박람회에서, 미국의 스콜래스틱 출판사에서 온 아서 레바인이라는 편집장은 J. K. 롤링이라는 낯선 영

◀ 2005년 런던에서 갓 출간된 《해리 포터와 혼혈 왕자》에 열광하는 아이들의 모습.

국 작가의 소설을 집어 들었다. 뉴욕으로 돌아가는 비행기에서 《해리 포터와 철학자의 돌》을 읽은 레바인은 곧바로 그 이야기에 매료되어 미국 출판권을 따내야겠다고 결심한다.

롤링이 쓴 책이 영국에서 출판된 지 3일 후, 미국 출판권이 뉴욕에서 경매에 붙여졌다. 레바인도 입찰에 참여했다. 부르는 가격이 점점 높아지자, 레바인은 스스로에게 물었다. "이렇게 높은 가격에 살 가치가 있을까? 5만 달러(약 5,000만 원)를 주고 살 가치가 있을까? 7만 달러(약 7,000만 원)에는?" 결국 그는 10만 5,000달러(약 1억 500만 원)를 지불하고 롤링의 첫 책을 출판하기 위한 권리를 따냈다. 그 액수는 처음 어린이 책을 낸 저자에게 지불하는 돈으로서는 출판 역사상 유례없이 높은 가격이었다. 또한 레바인이 그때껏 지불했던 어떤 출판 저작권료보다 비싼 액수였다. 하지만 그는, 롤링의 책은 위험을 감수할 만큼 가치가 있다고 느꼈다. "마음이 시키는 대로 따라야 합니다. 해리 포터에서도 요술 지팡이가 마법사를 선택하죠. 그렇듯 요술 지팡이가 당신을 선택할 때에는 그것을 잡도록 하세요." 레바인이 훗날 한 말이다.

해리 포터는 전 세계 모든 연령대의 사람들에게 사랑을 받고 있다.
해리 포터 복장을 한 두 명의 영국 소년.

경매가 끝나자 레바인은 우선 롤링에게 전화를 걸어야겠다고 생각했다. 그는 출판권이 너무 높은 가격에 낙찰되어서 롤링이 심한 부담감을 느끼게 될 거라고 생각했다. 그가 에든버러의 롤링에게 전화를 걸었을 때 그곳은 저녁 늦은 시간이었다. "레바인이 저한테 한 첫마디는 '놀라지 마십시오.' 였지요. 그는 내가 어떤 기분일지 벌써 헤아리고 있었죠. 그날 밤 잠을 이룰 수 없었어요. 기쁘기도 했지만 얼떨떨한 게 꼭 온몸이 얼어붙어 버린 것 같았어요." 그녀는 자신의 인생이 곧 바뀌게 되리란 사실을 예감했다.

갑작스런 명성

하룻밤 사이에, 조앤 롤링은 가난한 처지에 있다가 유례없이 높은 가격에 저작권료를 판 싱글마더(남편없이 혼자서 가정을 꾸리는 아이 엄마)로 유명해졌다. 언론에서는 극적인 효과를 내기 위해 사실을 부풀리며 신데렐라를 들먹였다. 롤링은 잠깐 동안 정부의 생활 보조금으로 근근이 살았던 적이 있었다. 그리고 아직 경제적인 어려움에서 완전히 벗어나지는 못했지만, 갓 이혼한 빈털터리는 아니었다. 어쨌든 가난뱅이에서 부자가 된 그녀의 이야기는 사람들의 흥미를 끌었고, 신문에 그녀가 살아온 이야기와 인터뷰 기사가 실리면서 책이 날개 돋친 듯 팔려 나갔다.

갑자기 유명해지자 롤링은 불안해졌다. 그녀는 사람들이 그녀 자신보다도 그녀의 책에 관심을 보여주기를 바랐다. 그렇게 과장 기사가 난무하는 속에서 롤링은 심각한 슬럼프에 빠졌다. 그녀는 다음 책 《해리 포터와 비밀의 방》을 완성하느라 진땀을 뺐다. "저는 독자들의 기대에 못 미칠까 봐 불안했어요. 두 번째 소설을 쓰는 게 가장 어렵다고들 하잖아요." 롤링은 그때의 심정에 대해 이렇게 말했다. 첫 번째 책이 출판된 지 2주 후, 롤링은 두 번째 책의 원고를 출판사에 넘겼다. 원고 마감일에 맞춰 원고를 넘기기는 했지만 마음이 영 개운치 않았다. 그래서 출판사에 시간을 더 달라고 설득하여 6주 동안 원고를 수정하고 다듬었다. 그런 다음 롤링은 세 번째 책 《해리 포터와 아즈카반의 죄수》를 쓰기 시작했다.

그해 여름, 《해리 포터와 철학자의 돌》은 영국에서 베스트셀러 목록에 올랐다. 롤링의 독창적인 마법 세계의 이야기는 어린이는 물론 어른에게도 인기가 있었다. 도서 평론가들에게도 높은 평가를 받았다. 1997년 11월, 《해리 포터와 철학자의 돌》은 뛰어난 어린이 책에 수여되는 스마티즈 상을 받았다. 이외에도 영국 올해의 우수 어린이 책에 선정되었고 이외에도 여러 개의 상을 받았다. 롤링의 명성은 점점 높아졌고, 소설도 점점 더 많이 팔려 나갔다. 해리 포터 첫 번째 책은 출간된 후 1년 동안 7만 부가 팔렸다. 그리고 1998년 7월 영국에서 두 번째 책《해리 포터와 비밀의 방》이 출판되자 그 책은 순식간에 존 그리샴과 톰 클랜시 같은 유명한 작가의 책을 제치고 베스트셀러 목록의 정상을 차지했다.

롤링은《해리 포터와 비밀의 방》을 친구 숀 해리스에게 바쳤다. 롤링은 해리스를 가리켜 '어렸을 때는 나를 차에 태워 따분한 시골 생활에서 탈출하게 해 주었고 커서는 어려울 때 힘이 되어 준 친구'라고 했다. 그 책의 앞부분에는, 세 명의 위즐리 형제들이 해리가 더즐리네에서 끔찍한 여름을 보내지 않도록 해리의 탈출을 돕는 장면이 나온다. 그때 그들은 해리를 나는 포드 앵글리아에 태운다. 십대의 롤링과 해리스가 작은 시골마을의 따분함에서 벗어나기 위해 몰고 나갔던 자동차도 포드 앵글리아였다.

두 번째 책의 주제는 관용이었다. 마법 세계의 인종차별주의자 마법사들은 마법사들 사이에 높고 낮은 위계가 있다고 믿었다. 그들은 순수 혈통을 가진 마법사들을 최고로 여겼다. 또 머글과 마법사 사이에서 출생한 마법사를 '잡종' 이라는 굉장히 모욕적인 말로 부른다. 그리고 마법 능력이 없는 마법사 혈통을 가리켜 '스큅' 이라고 하며 업신여긴다. 이런 편견에 맞닥뜨린 해리는 자신과 다른 사람을 너그럽게 이해하는 관용에 대해 생각하게 되고, 그 후 그 믿음에 따라 행동한다.

미국 독자들의 뜨거운 반응

영국 독자들이 해리 포터가 호그와트에서 맞는 둘째 해 이야기에 깊이 빠져들 때, 미국인들은 아직 소년 마법사 해리를 만나지 못하고 있었다. 1998년 8월, 스콜래스틱 출판사는 롤링의 첫 번째 책을 《해리 포터와 마법사의 돌》이라는 제목으로 출간했다. 미국 독자들도 영국 독자들 못지않게 뜨거운 반응을 보냈다. 1998년 말, 스콜래스틱은 7쇄를 주문했고 총 19만 부를 찍었다. 어린이 책으로 19만 부를 찍었다는 것은 정말 대단한 쾌거였다. 《해리 포터와 마법사의 돌》은 그해에 미국에서 가장 많이 팔린 책이 되었다.

해리 포터 연작 중에 두 번째 책이 영국에서 출간되었다는 것을 알게 된 미국 독자들은 해외 주문을 하기 시작했다. 이에 스콜래스틱은 이 책의 판매량이 줄어들 것을 걱정하며 《해리 포터와 비밀의 방》의 출판을 서둘렀다. 롤링은 자신의 책이 미국에서도 성공을 거두자 어리둥절해졌다. 그녀는 미국인들이 영국의 기숙학교를 배경으로 하는 이야기에 흥미를 보인다는 사실에 놀랐다. 하지만 사실 지리적 배경은 그리 중요하지 않았다. 마법과 우정과 '악을 이기는 선'이 적당히 버무려진 롤링의 책은 독자의 상상력을 사로잡기에 충분했다.

쓰지 않고 저금해 둔, 스콜래스틱에서 받은 선인세와 서서히 들어오기 시작하는 저작권료를 보고 롤링은 생활환경을 바꿔도 되겠다고 판단했다. 롤링은 방 한 칸짜리 아파트를 떠나, 에든버러의 헤이즐뱅크 테라스 거리에 있는 넓은 집으로 이사했다. 다섯 살배기 제시카는 처음으로 자기 방을 갖게 되었다. 헤이즐뱅크 테라스는 이웃들이 친절하고 동생 집과도 더 가까운 쾌적한 거리였다. 또한 롤링은 가르치는 일을 접고 평생의 꿈이었던 전업 작가가 되었다.

1999년 7월, 스콜래스틱은 드디어 《해리 포터와 비밀의 방》을 출간했다. 같은 달에, 블룸즈버리 출판사는 영국에서 세 번째 책《해리 포터와 아즈카반의 죄수》를 출간했다. 그 책은 처음 3일 동안 6만 부가 팔려나갔다. 두 달 후, 세 번째 책이 미국에서도 발간되었다. 이 무렵, 해리 포터 이야기는 세계적인 베스트셀러가 되었다. 무려 27개 언어로 번역되어 3,000만 부가까이 인쇄되었다. 그해 여름, 롤링은 저작권료로 100만 파운드(약 17억 원)를 받았다.

그녀의 세 번째 책을 대서양 양쪽의 해리 포터 팬들은 애타게 기다려 왔던 것이다. 조금 더 어두운 분위기와 복잡한 줄거리의 세 번째 책《해리 포터와 아즈카반의 죄수》에서는 아즈카반 감옥에서 탈출한 마법사이자 해리의 대부인 시리우스 블랙이 처음 등장한다. 이 책에서 독자들은 새로 부임한 어둠의 마법 방어술 교수 리무스 루핀도 만나게 된다. 루핀 교수는 해리의 부모님과 친구 사이였던 마법사이다. 아즈카반 감옥의 간수인 디멘터들도 모습을 드러낸다. 디멘터의 키스는 행복한 기억을 모두 지워 버리고 인간의 영혼에서 기쁨과 희망을 모두 빨아들인다. 이 책에서, 열세 살이 된 해리는 더욱 자신감을 갖게

W
WATERSTONE'S
HARRY POTTER

되고 악과 싸우는 방법을 배우게 된다. 게다가 그는 진실을 찾기 위해 열심히 노력해야 한다는 것과 겉모습만 보고 판단해서는 안 된다는 것을 깨닫게 된다.

해리 포터의 팬 그리고 영화 계약

팬들이 해리 포터를 창조해 낸 작가를 몹시 만나고 싶어 하자, 롤링은 저자 사인회에 참석하기 시작했다. "책을 쓰는 일 다음으로 제가 좋아하는 일은 팬들을 만나는 것입니다."라고 그녀는 말한다. "팬들의 질문에 답하는 것은 정말 즐거운 경험이죠." 이런 행사가 열릴 때면, 몇몇 팬들은 책의 세세한 부분을 확인하고 다음 책 내용이 어떻게 전개될 것인지 알아내려고 롤링에게 온갖 질문을 쏟아낸다. 또 어떤 팬들은 자기가 가장 좋아하는 작가를 만나는 흥분과 경외심으로 그냥 얼어붙곤 한다. 롤링은 가장 기억나는 팬으로 에든버러에서 만난 한 소녀를 꼽는다. "사인을 받을 차례가 되자 그 소녀가 나한테 이렇게

◀ 저자 사인회에서의 롤링과 해리 포터의 팬. 롤링은 해리 포터의 팬을 만나는 것을 좋아한다.

말하더군요. '전 사람들이 많이 오지 않기를 바랐어요. 이 책은 나만의 책이거든요.' 그 말이 내 심금을 울리더군요. 나 역시 가장 좋아하는 책에 대해 그런 느낌을 갖게 되니까요." 롤링의 말이다.

1999년 10월, 롤링은 저자 사인회를 하러 미국으로 갔다. 그녀는 저자 사인회에 수천 명의 군중이 모인 것을 보고 너무 놀랐다. 길게 늘어선 줄이 모퉁이를 돌며 둥글게 이어졌다. 몇몇 팬들은 앞줄에 서기 위해 서점 앞에서 밤을 새우기도 했다. 롤링은 처음으로 자신의 책이 지닌 영향력을 실감했다. 그녀는 얼마나 많은 사람들이 해리 포터를 사랑하고 있는지 직접 눈으로 확인할 수 있었다.

할리우드도 해리 포터를 사랑했다. 미국에서 《해리 포터와 마법사의 돌》이 출간되자마자 영화 제작사들은 롤링에게 연락하여 영화 제작권을 사겠다고 제의했다. 그녀와 그녀의 대리인 크리스토퍼 리틀은 아직 때가 이르다고 판단했다. 그들은 책 연작이 먼저 자리를 잡아야 한다고 생각했다. 롤링은 자신의 책에 시각적인 심상이 많기 때문에 영화로 바꿔도 괜찮을 거라고 생각했지만, 왠지 확신이 서지 않았다. 아직 그녀가 연작을 쓰고 있는 상태였기 때문에 더욱 그랬다. 만약 영화에서 등장인물을 추가하거나 이야기 전개를 다른 방향으로 몰고 간다면 혼란스러워질 것 같았다. 그녀는 배경을 영국으로 하고 배우를 영국인으로 하는 등 영화가 원작에 충실하기를 바랐다. 1999년 말, 영화 제작사 워너브라더스는 이런 롤링의 요구를 받아들이기로 하고 100만 달러(약 10억 원)에 롤링과 계약을 체결했다. 이 계약서에는 롤링이 영화 시나리오를 점검하고, 장난감과 게임을 비롯한 해리 포터 관련 상품에 대해 통제권을 가진다는 조항이 들어 있다. 그 후 워너브라더스 사는 장난감을 비롯한 기타 해리 포터 관련 상품을 제작하고 판매할 수 있는 권한을 다른 회사에 팔았다.

새로운 기록을 세우다

롤링의 시간을 요구하는 곳이 점점 많아졌지만, 롤링은 여느 때와 같이 조용하게 살아가려고 노력했다. 그녀는 매일 아침 제시카를 학교에 데려다 주고 서둘러 집으로 돌아와서, 팬

해리 포터에 항의하는 사람들

해리 포터 시리즈는 세계적인 베스트셀러이지만, 미국에서 학교 도서관에 넣어서는 안 되는 책을 조사할 때마다 1위가 되는 책이기도 하다. 일부 미국인들은 해리 포터 시리즈에 마법과 유령이 나오기 때문에 어린이들의 마음에 요술과 마법과 폭력을 심어줄 수 있다고 생각한다. 이렇게 생각하는 일부 교회에서는 책을 불태우는 의식을 치르기도 했다. 캘리포니아, 미시건, 미네소타, 사우스캐롤라이나를 비롯한 여러 주의 부모들은 롤링의 책을 학교 도서관에서 없애 달라고 요구했다.

롤링은 자신의 책들이 악과 요술을 조장한다는 생각을 터무니없다고 여긴다. "수많은 어린이용 고전작품과 마찬가지로, 내 책 역시 선과 악을 다루고 있습니다."라고 롤링은 말한다. "그래서 내가 보기에 그들의 반대는 전혀 근거가 없습니다. 가끔 궁금합니다. 그들이 책을 읽기는 읽고 그런 주장을 하는지 말이죠. 내가 보기엔 아주 도덕적인 책들이거든요."

한편, 롤링의 주장에 동의하고 해리 포터 시리즈를 옹호하는 부모, 교사, 교회 지도자들도 많다. 해리 포터 시리즈를 이용해서 우정, 용기, 정직, 희생정신을 가르치고 있다는 교육자와 부모도 많다. 그리고 종교계 학자를 포함한 수많은 학자들도 이 책들이 어린이들로 하여금 옳은 행동을 하게 하는 도덕적 메시지를 담고 있다고 말한다.

들로부터 온 편지와 전화를 비롯해 성공한 작가로서 겪게 되는 여러 일을 처리했다. 그리고 아직 일상생활에서는 알아보는 사람이 거의 없었기 때문에 카페에서 글을 쓰다가, 제시카와 저녁시간을 함께 보내기 위해 집으로 돌아왔다.

하지만 이런 느긋한 일상이 네 번째 소설《해리 포터와 불의 잔》을 절반쯤 썼을 때 깨지고 말았다. 그 책은 그녀가 지금까지 썼던 책 가운데 가장 쓰기가 힘든 책이었다. 중간쯤에서 잘 구상된 줄거리에 문제가 생기고 말았다. "처음 세 권의 경우에는 미리 짜 둔 구상이 잘 들어맞았어요. 하지만 줄거리를 세밀하게 살피지 못했던 것 같아요. 이야기의 절반을 쓴 상태에서 '이크!' 하고 놀라는 격이었죠. 줄거리의 중간에 커다란 구멍이 생겼던 거예요." 롤링은 조밀하게 엉켜 버린 줄거리의 꼬임을 풀면서 글을 다시 썼다. 9장을 쓸 때 특히 더 힘들었다. 열세 번이나 고쳐 썼다. 롤링은 하루에 10시간 동안 꼬박 글에 매달렸지만, 원고 마감일을 두 달이나 넘겼다.

드디어《해리 포터와 불의 잔》이 2000년 7월 8일 자정에 영국, 미국, 캐나다 등 영어권 국가에서 발매될 예정이었다. 그 책은 마지막 부분에 중요한 반전이 이루어지기 때문에 롤링은 책이 출간될 때까지 내용이 공개되지 않기를 바랐다. 갈색 표지로 덮인 책은 발매일 전까지 책을 펴 보거나 팔지 않기로 약속한 서점상들에게 배포되었다. 책에 대한 기대와 관심은 곧 포터마니아라 불리는 팬들을 중심으로 하여 열광으로 바뀌었다. 수십만 명의 독자들이 온라인으로 책을 예약 주문했고, 그에 힘입어 스콜래스틱 출판사는 미국판본을 380만 부 찍어내기로 했다. 이는 역사상 초판 부수로서는 가장 많은 수였다. 《해리 포터와 불의 잔》에 대한 내용이 누설된 경우가 몇몇 있었지만, 책의 출간에 큰 타격을 입히지는 않았다. 롤링은 책을 홍보하기 위해 4일 동안 영국 순회 여행을 했다. 포드 앵글리아를 타고 런던의 킹스크로스 역까지 간 롤링이 차에서 내리자 500여 명의 군중이 환호했다. 거기서부터 롤링은 호그와트 급행열차라는 이름의 구식 기차를 타고 순회 여행을 시작했다.

미국과 캐나다에서는, 팬들이 서점 앞에 줄을 서서 자정이 되기를 기다렸다. 몇몇 서점에서는 콘테스트와 파티를 비롯한 기타 특별 이벤트를 벌였다. 캐나다 밴쿠버의 어느 서점에서 개최한 한 파티에는 1,000명이나 찾아와 그중 절반은 발길을 돌려야 했다. 미국 미네소타 주 블루밍턴의 몰 오브 아메리카(미국에서 가장 큰 쇼핑몰)에는 '포터 타운' 구역이 마련되었다. 오리건 주 포틀랜드의 어느 서점에서는 파자마 바람으로 《해리 포터와 불의 잔》을 사러 온 고객에게는 20%를 할인해서 파는 행사를 벌였다.

독자들은 즉시 해리의 최근 모험담에 빠져 들며 책장을 넘기기 시작했다. 《해리 포터와 불의 잔》에서는, 좀더 침울해진 해리가 유럽의 3개 명문 마법학교 사이에서 벌어지는 시합인 트리위저드 토너먼트에 예기치 않게 네 번째 선수로 출전하게 된다. 해리가 그 시합에서 살아남으려면 자기가 가지고 있는 온갖 용기와 기지와 기술을 다 짜내야 한다. 이 책에서 롤링의 이야기는 점점 어둡고 비극적이고 감정적으로 되어 간다. 그리고 처음으로 등장인물이 죽음을 맞이한다.

HARRY POTTER
and the Order of the Phoenix
J.K.ROWLING
BLOOMSBURY

Joanne Rowling

08 해리를 떠나보내며……

그녀는 노력과 안내와 작은 행운이 마치 마법 같은 기적적인 결과로 이어질 수 있다는 것을 보여 주었다.

해리 포터에 대한 반응은 롤링을 어리둥절하게 했다. 네 번째 책 역시 기록적인 성공을 거두었고, 이제 그녀의 책은 7,600만 부가 인쇄되었다. 그리고 롤링은 세계에서 가장 부유한 여성 가운데 한 명이 되었다. 기자들이 인터뷰를 요구하며 문을 두

◀ 2003년 여름, 롤링의 다섯 번째 책 《해리 포터와 불사조 기사단》이 출판되었다.

드렸고, 미국의 『뉴스위크』와 캐나다의 『매클린스』 같은 유명한 시사주간지의 표지에 그녀의 사진이 실렸다. 그녀의 책에 수여되는 상들이 점점 쌓여 갔다. 교사들과 부모들은 그녀의 책 덕분에 아이들이 책과 가까워졌다고 고마워했다. 책에 전혀 관심을 보이지 않던 어린이들이 갑자기 《해리 포터》 시리즈라면 사족을 못 쓴다고 했다. 독자들은 모두가 다음 책이 나오기를 손꼽아 기다렸다.

롤링은 어서 다섯 번째 책을 시작해야 한다는 엄청난 압박감을 느꼈다. 하지만 기진맥진해서 더 이상 글을 쓸 수 없었다. "곧바로 집필에 들어가야 한다고 생각하니까 공포가 밀려왔어요. 그런 느낌은 처음이었죠." 그녀는 원고 마감일을 정하고 싶지 않았다. 출판사에서도 그녀가 자신의 페이스대로 글을 쓰도록 허락해 주었다. 그녀는 해리 포터에서 벗어나 긴 휴식을 취하며 지난 몇 년 동안의 일들이 차분히 가라앉기를 바랐다. "휴식이 필요했어요. 나한테 일어났던 일들을 차분히 정리할 시간이 필요했죠. 사람들이 나한테 '유명해지니까 어떠세요?' 라고 물을 때마다 나는 '전 유명하지 않은 걸요.' 라고 대답하곤 했어요. 하지만 그건 분명 사실이 아니었지요. 하지만 난 유명하다는 걸 부인하고 주변 상황에 대해 눈을 감아 버리는 것 말고는 그 상황을 견딜 만한 방법이 없었답니다."

하지만 롤링은 해리 포터의 세계에서 완전히 벗어날 수 없었다. 그녀는 《해리 포터와 철학자의 돌》의 영화 버전을 제작하는 데 참여해야 했다. 영화는 〈해리 포터와 마법사의 돌〉이라는 제목으로 개봉할 예정이었다. 그녀는 시나리오 작가와 각본을 점검하고 가끔 세트장에 방문해서 의견을 내기도 했다. 자신의 책이 커다란 스크린에 제대로 옮겨지도록 챙기는 일은 그녀에게 중요했다. 롤링은 또한 기발한 착상이 빛나는 책 두 권을 썼다. 가상의 저자 케닐워디 위스프의 《퀴디치의 역사》와 뉴트 스캐맨더의 《신비한 동물 사전》이 그것이었다. 이 책들은 해리 포터 시리즈 안에서도 그 제목을 볼 수 있는데 바로 호그와트 마법학교의 도서관 서가에서 찾을 수 있다. 롤링은 이 책의 판매로 생기는 수익금을 코믹 릴리프 구호재단에 기부하기로 했다. 이 구호재단은 영국과 아프리카를 비롯한 전 세계의 구호 단체를 지원하는 일을 한다.

다시 찾아온 사랑

롤링은 자신이 운이 좋다고 생각한다. 사랑하는 딸 제시카가 옆에 있고 평생의 꿈인 글쓰기를 하며 살아갈 수 있다. 그리고 경제적인 안정을 누리게 되었다. 늘어난 수입 덕분에 그녀는 에든버러에 근사한 새 집을 장만할 수 있었다. 담쟁이로 뒤덮인 저택 주위에는 높은 돌담이 둘러져 있어 안전하고 오붓하게 느껴진다. 또 에이전시와 출판사에 볼 일이 있어 런던에 가는 일이 잦았기 때문에 런던에도 집을 한 채 구입했다. 롤링은 자신에게 찾아온 행운에 늘 고마운 마음을 가졌다. "매일 얼마나 운이 좋은지 깊이 느끼고 있어요. 더 이상 생활비 걱정을 하지 않아도 되어서 얼마나 다행인지 몰라요. 생활 보조금 지급일(생활 보조금을 받으러 가는 날)이 다가와도 냉장고에는 먹을 것이 가득하고 공과금을 내지 못할까 봐 전전긍긍하지 않아도 되어 행복합니다."

글을 쓰고 딸을 돌보느라 늘 바빴던 롤링은 사랑을 찾고 싶다는 생각을 마음 저편으로 밀어 두었다. 그러던 어느 날 저녁, 친구네 집에서 검은색 머리의 의사 닐 머리를 만나게 된

2000년, 롤링은 영국 한부모 가족 협회의 대사가 되었다.

다. 그는 롤링의 첫 번째 책의 처음 10쪽을 밤 교대근무 시간에 읽어 보았다고 했다. 그가 해리 포터에 대해 아는 것이라고는 그 10쪽이 전부였다. "그래서 오히려 잘됐다고 생각했어요. 그는 내 책을 읽지 않았기 때문에 나에 대해서 아는 게 거의 없었고, 그래서 나는 우리가 아주 정상적인 방식으로 서로를 알아갈 수 있을 거라고 생각했어요." 그때를 떠올리며 롤링은 말한다. 그렇게 둘은 사귀게 되었고 롤링은 사랑에 빠졌다.

롤링은 대부분의 시간을 제시카와 닐과 함께 보냈다. 그리고 글도 썼다. 해리 포터 말고 다른 아이디어를 토대로 글을 쓰기도 했다. 또 시간을 내어 자선 활동에 참여했다. 새로 얻은 명성과 부는 그녀가 평소에 믿어 왔던 신념을 실천할 수 있는 기회를 주었다. 특히 스코틀랜드 다발경화증 학회와 영국 한부모 가족 협회 등을 열성적으로 지원했다. 그녀는 돈을 기부하고, 신문 기사를 쓰고, 구호 단체를 지원하는 행사에 참여했다. 암에 걸린 한 친구가 그녀에게 개인 소지품을 경매에 내놓고 책 낭독회를 열어 스코틀랜드 암 센터를 위한 기금을 모금하는 게 어떻겠냐고 제안했다. 그 순간 롤링은 자신의 영향력이 얼마나 커졌는지를 깨닫고, 세상의 불의를 향해 목소리를 내기 시작했다.

영화에서도 성공을 거둔 해리

2001년 11월, 롤링은 닐과 함께 런던에서 열린 〈해리 포터와 마법사의 돌〉의 시사회에 참석했다. 세트 디자이너들이 레스터 광장의 극장 앞면을 호그와트 마법학교처럼 꾸며 놓았다. 배우들과 유명 인사들이 레드 카펫을 밟으며 극장 안으로 들어설 때 수천 명의 팬들이 환호했다. 마법사 복장을 한 팬들도 많이 눈에 띄었다. 롤링은 들뜬 마음으로 영화를 지켜봤고, 결과는 만족스러웠다. 등장인물에서부터 호그와트와 퀴디치에 이르기까지 모든 것이 그녀가 상상했던 것과 일치했다.

롤링은 배우들(모두가 영국인)의 캐스팅이 완벽하다고 생각했다. 특히 그녀는 로비 콜트레인이 해그리드 역을 맡고 매기 스미스가 맥고나걸 교수 역을 맡은 것이 마음에 들었다. 앨런 릭맨은 극악무도한 스네이프 교수 역을 기꺼이 수락했고, 리처드 해리스는 현명한 교장 덤블도어 역을 맡았다. 루퍼트 그린트가 론 역을, 에마 왓슨이 헤르미온느 역을 완벽하게 연기했다. 롤링은 특히 해리 포터 역을 맡은 대니얼 래드클리프에게 깊은 찬사를 보냈다. "대니얼은 다른 사람의 조언을 주의 깊게 듣고 연기에 반영하는 탁월한 능력이 있습니다. 대니얼은 멋지게 해냈어요. 아주 만족합니다."

미술을 좋아하는 롤링

조앤 롤링은 어려서부터 미술에 관심이 많아 미술관에 가는 것을 좋아한다. 20대에는 토머스 게인즈버러의 〈아침 산책〉을 보고 깊이 매료되었다. 1700년대 말에 그려진 이 그림에는 갓 결혼한 젊은 부부가 한가로이 산책을 하는 모습이 담겨 있다. 하지만 롤링이 가장 좋아하는 그림은 카라바조의 〈엠마오의 그리스도〉인데, 이 그림에는 예수와 그의 추종자들의 깊은 감정이 잘 표현되어 있다.

어렸을 때부터 롤링은 미술 시간을 좋아했다. 그녀는 자기가 쓴 글을 아무에게도 보여 주지 않았지만, 자기가 그린 그림을 보여 주고 자랑하는 일에는 거리낌이 없었다. 롤링은 지금도 취미로 그림을 그린다. 그녀는 글 속의 등장인물이나 마법 세계의 물건이 어떻게 생겼는지 상상할 때 간단한 스케치를 한다.

게다가 롤링은 자신의 이런 재능을 활용하여 자선 단체를 위한 모금을 하기도 한다. 《퀴디치의 역사》와 《신비한 동물 사전》의 흑백 삽화는 롤링이 직접 연필로 그린 것이다. 이 책들의 판매 수익금은 코믹 릴리프 구호재단에 기부된다. 2004년에 롤링은 가로, 세로의 길이가 1인치(약 2.5cm)인 미니어처 북에 글을 쓰고 삽화를 그렸다. 그녀는 이 책에, 해리 포터가 호그와트 마법학교에 갈 때 가지고 가야 하는 준비물들을 손으로 직접 그렸다. 약 30쪽으로 이루어진 이 책에는 요술 모자와 빗자루, 해리의 안경 같은 물건들이 그려져 있다. 이 책은 노숙자를 돕기 위한 어느 자선 행사에서 경매에 붙여졌고, 2만 달러(약 2,000만 원)에 팔렸다.

이 영화에 대한 평론가들의 반응은 서로 엇갈렸다. 평론가들은 특수 효과, 세트 디자인, 연기 등에 높은 점수를 줬다. 하지만 영화가 원작에 너무 충실해서 영화 자체의 독창성이 부족하다고 입을 모았다. 그리고 영화 상영 시간으로 2시간 30분은 너무 길었다. 하지만 해리 포터 책의 팬들은 영화를 보면서 전율했다. 그들이 사랑하는 마법 이야기가 눈앞에서 펼쳐지고 있었다. 영화 흥행에서도 마법이 일어났다. 개봉 첫 주말에 영화를 본 관객 수는 기록적이었다. 다음 해 봄까지 300만 달러(약 30억 원)가 넘는 수익을 올렸다.

불사조 기사단

롤링은 에든버러에서 즐겁게 생활하면서도 카메라와 기자들에게서 벗어나 친구와 가족들과 평화롭고 느긋하게 지낼 수 있는 별장이 있었으면 하고 바랐다. 영화가 개봉된 지 며칠 후, 롤링은 북부 스코틀랜드 테이 강변에 있는, 1865년에 지어진 저택인 킬리채시를 사들였다. 집 주위로 아름다운 전원이 펼쳐져 있고, 2마일(약 3킬로미터)만 가면 자그마한 시골 마을인 애버펠디가 있었다. 2001년 12월 26일, 조앤 롤링과 닐 머리는 이 별장에서 결혼식을 올렸다.

하지만 롤링에게는 신혼여행을 다녀올 시간이 없었다. 《해리 포터와 불사조 기사단》이라는 제목이 붙게 될 다음 책을 부지런히 써야 했기 때문이다. 이제 그녀는 더 이상 에든버러의 카페에서 글을 쓸 수 없었다. 사람들이 그녀를 알아보고 다가왔기 때문이다. 그래서 카페에 가서 글을 쓰는 대신 집에 작업실을 만들었다. 그녀는 거기서 오전 내내 글을 쓰고 점심식사 시간에 잠깐 휴식을 취한 다음 제시카가 학교에서 돌아올 때까지 계속 글을 썼다. 그 후에는 가족들(제시카와 닐)과 함께 시간

스코틀랜드에 있는 롤링의 별장, 킬리채시.

을 보냈다.

편안한 나날이 이어졌고 2002년 9월, 롤링은 두 번째 아기를 임신했다고 발표했다. 11월에는 영화 〈해리 포터와 비밀의 방〉의 시사회에 참석하기 위해 시간을 냈다. 이 영화 역시 대성공을 거두었다. 롤링은 아기가 태어나기 전에 다섯 번째 책을 완성하기 위해 글쓰기에 몰입했다. "배가 점점 불러오던 어느 날, 크리스마스를 바로 앞두고 드디어 또 한 권을 완성했다는 사실을 깨닫게 되었죠. 얼마나 기쁘고 놀랍던지……. 저는 마지막 장을 쓰고 있었어요. 늘 그렇듯이 조금씩 수정을 하면서 써 나가는데 어느 순간 정신을 차려 보니 마지막 문장을 쓰고 있지 뭐예요! '아니, 이럴 수가, 어느새 책 한 권을 마쳤구나!' 나도 모르는 사이에 내가 책을 완성했다는 게 믿기지 않았어요!" 그로부터 3개월 후인 2003년 3월, 롤링은 두 번째 아기 데이비드 고든 롤링 머리를 낳았다.

이번에 나오는 책의 내용도 비밀에 부쳐졌다. 소매상들은 2003년 7월 21일까지 책을 팔지 않겠다는 서약서에 서명을 했다. 해리 포터에 대한 열광은 열병처럼 번져 갔다. 팬들이 한꺼번에 몰려들 것에 대비해 스콜래스틱 출판사는 850만 부(출판 역사상 유례없이 많은 초판 부수)를 찍었다. 약속된 날 자정이 되자, 전 세계의 무수한 팬들이 《해리 포터와 불사조 기사단》을 사려고 서점으로 몰려들었다. 그 책은 지금까지 롤링의 책들

가운데 가장 길었다. 미국판의 경우 무게가 3파운드(약 1,400그램), 분량이 870쪽에 달했다. 어린이들은 이 책이 나오기를 3년이나 기다렸기 때문에 아무리 두꺼워도 빠르게 읽어 나갈 준비가 되어 있었다. 하지만 그 결과, 몇몇 어린이들은 한 의사가 '호그와트 두통' 이라고 이름 붙인 병에 걸리기도 했다. 심지어 부모가 자식에게 좀 쉬어 가며 책을 읽으라고 걱정하는 일도 있었다.

《해리 포터와 불사조 기사단》은 롤링의 책들 가운데 분위기가 가장 어둡다. 이제 열다섯 살이 된 해리는 우울하고 화도 잘 내는 반항적인 십대의 모습을 보인다. 해리가 호그와트에서 열심히 공부하기 시작할 때, 마법 세계는 사악한 볼드모트가 점점 강해지고 있다고 믿는 마법사들과 그런 주장이 터무니없다고 무시하는 마법사들로 나뉘지기 시작한다. 덤블도어 교수는 그런 주장을 믿는 쪽이고, 마법 세계 수상(마법부 장관)은 부인하는 쪽에 속한다. 그래서 마법 세계 수상과 그의 추종자들은 덤블도어의 명예를 실추시키려 한다. 그들은 끔찍한 돌로레스 엄브리지를 호그와트의 '어둠의 마법 방어술' 선생 겸 고등

심판관으로 임명한다. 그때부터 엄브리지는 모든 이들, 특히 해리의 삶을 비참하게 만들기 시작한다. 또 다시, 해리는 악과 정면으로 대결해야 한다. 그리고 4권에 이어 또 등장인물이 죽는다. 롤링은 그 장면을 쓸 때 마음이 무척 아팠다고 한다.

웹사이트 개설

2004년 초까지, 롤링의 책 다섯 권은 2억 5,000만 부 이상이 팔려 나갔다. 그 덕분에 롤링은 서른여덟 살의 나이로 세계적인 부자의 반열에 올랐다. 롤링의 소유 자산은 약 10억 달러(약 1조 원)로 추산된다고 한다. 그녀의 친구들은 그녀가 어마어마한 명성과 부를 얻었음에도 불구하고 자신들이 예전부터 알고 지내던 (기지가 넘치고 현실적이고 가족과 글쓰기에 열정적인) 조의 모습 그대로라고 입을 모은다. 롤링은 그녀의 팬들과도 깊은 친밀감을 느꼈다. 하지만 더 이상 어마어마하게 밀려드는 팬 메일에 일일이 답장을 할 수가 없었다. 그래서 그녀는 웹사이트(www.jkrowling.com)를 만들어서, 소식을 알리고 헛소문을 말끔히 떨어 없애고 그녀의 책에 대한 토막 기사를 올

〈해리 포터와 아즈카반의 죄수〉 시사회장에서 롤링과 남편 닐 머리.

렸다.

2004년 여름, 롤링은 그녀의 웹사이트에 다음 책의 제목은 《해리 포터와 혼혈 왕자》가 될 것이라고 발표했다. 그러자 팬들은 곧바로 그 혼혈 왕자가 누구인지 궁금해 했지만, 그녀는 그 혼혈 왕자가 해리나 볼드모트는 아니라고만 알려줬다. 얼마 후, 롤링은 자기가 세 번째 아기를 가졌다고 그녀의 웹사이트에 발표했다. 하지만 임신했다고 해서 여섯 번째 책의 집필을 연기하지는 않겠다고 덧붙여 팬들을 안심시켰다.

2004년 여름에 영화 〈해리 포터와 아즈카반의 죄수〉가 개봉되었다. 그 영화는 평론가들에게 찬사를 받았고, 롤링도 지금까지의 해리 포터 영화들 중 가장 마음에 든다고 말했다. 감독 알폰소 쿠아론은 비틀린 유머로 가득한 첫 해리 포터 영화보다 더욱 독창적이고 더 어두운 시선으로 영화를 찍었다. 시나리오 작가 스티브 클로브스는 이렇게 말했다. "알폰소는 이렇게 말할 걸요. 자기는 멋진 세계, 그러니까 굉장한 그림물감 상자를 선물로 받았고, 자기가 한 일은 색깔을 고른 것뿐이라고요. 그 세계가 무엇인지 알아 볼 수 있을 거예요. 그 세계는 이야기 전개와 해리의 감정을 반영해서 조금 더 어두운 색조로 칠해졌을 뿐이니까요." 이전의 해리 포터 영화들과 마찬가지로, 이 영화 역시 개봉한 주말부터 흥행 기록을 깨며 커다란 반향을 불러일으키더니, 2004년 11월 DVD가 출시될 때까지 약 2억 5,000만 달러(약 2,500억 원)의 흥행 수입을 올렸다.

롤링은 다음 몇 달 동안 그녀의 웹사이트에 중대 뉴스를 올렸다. 12월 20일, 그녀는 여섯 번째 원고를 출판사에 넘겼다고 말했다. 그 다음날 출판사는 《해리 포터와 혼혈 왕자》는 2005년 7월 16일에 미국과 캐나다, 영국, 호주 등의 서점에서 동시에 발매될 것이라고 발표했다. 롤링은 그 책의 첫 장은 13년 동안 그녀의 마음에서 곰삭은 것이라고 말했다. 해리 포터 6권은 《해리 포터와 불사조 기사단》이 끝난 지점에서 시작하여, 마법 세계의 선과 악의 세력 사이에 싸움이 점점 구체화된다. 해리 포터 6권을 출판사에 넘긴 지 한 달 후, 롤링은 딸을 출산했다. 매켄지 진 롤링 머리는 2005년 1월 23일에 태어났다. "그 애는 정말 기가 막히게 예쁘답니다. 내 눈에 콩깍지가 씌었나 봐요."라고 롤링은 웹사이트에 올렸다.

이야기의 끝

해리 포터는 1990년에 처음으로 롤링의 머리에 들어왔을 때부터 줄곧 롤링과 함께 해 왔다. 그녀가 7권을 끝낼 때 그 소년 마법사와 함께 해 온 그녀의 여행도 끝나게 된다. "해리와 함께 한 여행은 내 인생에서 정말 커다란 부분을 차지합니다. 이제 그것을 놓을 때가 되었다고 생각하니 두려워지네요. 7권을 다 썼을 때, 아마 저는 '조금만 더 손을 봐야지' 하고 생각할 거예요. 연작을 모두 끝내는 순간 정말 경이로운 기분이 들 것 같아요."

해리 포터가 롤링의 삶을, 그리고 독자들의 삶을 얼마나 변화시켜 놓았는지를 생각해보면 이보다 훨씬 경이로운 느낌이 든다. 롤링은 이야기를 좋아하는 책벌레 소녀에서 교사와 싱글 마더를 거쳐 세계에서 가장 유명하고 사랑받는 작가들 중 한

▶ 롤링은 언제까지고 계속 글을 쓰는 작가로 남기를 바란다.

명이 되었다. 그녀의 책은 어린이들이 책과 가까이 지내게 해 주었고 어린이들의 상상력을 한껏 높여 주었다. 게다가 그녀는 노력과 인내와 작은 행운이 마치 마법 같은 기적적인 결과로 이어질 수 있다는 것을 보여 주었다.

여러 해가 지나는 동안에도, 롤링의 이야기는 처음 구상했던 것에서 세부적인 사항 조금만 변했을 뿐 달라진 게 거의 없다. 여전히 해리에 대한 이야기이다. "정말이지 해리가 이야기의 전부라고 해도 과언이 아니죠."라고 그는 설명한다. "줄거리 전체가 해리 포터라는 아이 안에 다 들어 있어요. 해리의 과거, 현재, 미래가 이 이야기의 줄거리인 셈이죠." 롤링은 이미 오래 전부터 이 이야기가 어떻게 끝날지 알고 있었다. 하지만 아무에게도 말하지 않았다. 사실, 그녀는 이미 마지막 장을 다 써서 안전 금고에 숨겨 두었다. 그녀는 해리와 그의 친구들이 행복한 결말을 맞게 되는지 아닌지도 미리 알려 주려 하지 않는다. 다만 마지막 단어가 '흉터'라는 것만 알려 주었다.

롤링은 사랑하는 가족이 곁에 있고 일생의 꿈인 글쓰기에 집중할 수 있어서 과거 어느 때보다도 행복하다. 롤링은 비록 해리를 떠나보내더라도, 한 가지 사실만은 확신했다. "나는 더 이상 쓸 수 없게 될 때까지 계속 글을 쓸 겁니다."

선생님도 놀란 인물뒤집기

조앤 롤링

초판 1쇄 펴낸날 | 2006년 7월 25일
초판 2쇄 찍은날 | 2008년 6월 10일
초판 2쇄 펴낸날 | 2008년 6월 20일

지은이 | 콜린 섹스턴
옮긴이 | 김명신
펴낸이 | 주성우
펴낸곳 | 도서출판 성우
주소 | 121-839 서울시 마포구 서교동 383-18 진성빌딩 2층
전화 | 02-333-1324 **팩스** | 02-333-2187
출판등록 | 1999년 9월 28일 제22-1629호
홈페이지 | www.sungwoobook.com
이메일 | sungwoobook@paran.com
책임편집 | 노은정 김은경
편집 | 김효진
마케팅 | 주용현 이효준 손귀자
꾸민곳 | DESIGN STUDIO 2o3 (02-323-2569)
디자인팀장 | 고성주 · **디자인** | 류하나 장훈 서영희 김장오 김지훈

ISBN 89-5885-042-6 74840
89-5885-086-8(세트) CIP 2006001229

● 책값은 뒤표지에 있습니다. 잘못된 책은 구입한 곳에서 바꿔 드립니다.

지은이 | 콜린 섹스턴 Colleen Sexton

어린이와 청소년을 위한 논픽션을 주로 쓰는 작가이자 편집자이다. 최근에 쓴 책으로는 《아널드 슈워제네거》, 《마틴 루터 킹》 등이 있다.

옮긴이 | 김명신

이화여자대학교 영어교육과를 졸업하고 중학교 교사를 지냈다. 《단순함에 대하여》, 《폭풍의 언덕》, 《플랜더스의 개》, 《셰익스피어 이야기》, 《거울나라의 앨리스》, 《루나 커피숍의 일화》, 《애슐리의 꿈》 등을 번역했다.

사진 출처

(주)토픽포토에이전시 | 5, 14, 47, 73, 83, 89, 104쪽

(주)유로포토서비스 | 8, 78, 92, 101, 127, 133쪽

연합포토 | 28, 39, 44, 51, 63, 65, 80, 107, 114, 122, 137, 141쪽

Alan Davidson/Hulton Archive/Getty Images | 34쪽

Mary Grandpre/Time&Life Pictures/Getty Images | 68쪽

중앙포토 | 53, 57쪽

예악론에서
문자론으로

예악론에서 문자론으로

초판 1쇄 발행 2021년 12월 10일

지은이 염정삼

펴낸곳 서울대학교출판문화원
주소 08826 서울 관악구 관악로 1
도서주문 02-889-4424, 02-880-7995
홈페이지 www.snupress.com
페이스북 @snupress1947
인스타그램 @snupress
이메일 snubook@snu.ac.kr
출판등록 제15-3호

ISBN 978-89-521-2895-9 93720

禮文
文辭
文字
文藝

예악론에서 문자론으로

염정삼 지음

서울대학교출판문화원

책머리에

첫 딸을 낳고 얼마 되지 않은 때였다. 대학원 박사과정에 진입하면서 조금 허둥대고 있던 중, '중국문자학' 강의를 수강하였다. 그때 만난 갑골문은 내게 충격이었다. '魚(어)' 자가 물고기를 뜻하는 줄은 물론 알고 있었다. 하지만 갑골 조각에 그려진 그 글자는 물고기의 머리와 몸통, 꼬리와 지느러미까지 온전하게 갖춘 아름다운 그림이었다. '馬(마)' 자는 어떤가. 기다란 말의 머리와 갈기, 용맹함을 자랑하는 다리가 누구라도 알아볼 수 있을 만큼 분명했다.

그 이전까지 평면에 점과 선으로만 구성된 줄 알았던 중국 문자가 삼차원 공간으로 튀어나왔다. 나는 뭔가에 뒤통수를 얻어맞은 듯했다. 그 후 나는 과감히 연구주제를 바꾸었다. 석사학위는 '중국 현대 문학' 분야에서 받았지만, 박사과정에서 '중국 고대 문자학'으로 전공을 바꾸었다. '현대'를 '고대'로 바꾸었으니 이천여 년 이상 거슬러 올라가야 했고, '문학'에서 '문자학'으로 바뀌었으니 석사 때까지 중점을 두고 연구하던 모든 책을 책상에서 치우고 문자학 전문서를 구해 입문부터 다시 공부했다.

고대의 중국 문자를 연구하려면 많은 원자료와 입문서, 연구서를 섭렵해야 한다. 하지만 언제나 그 바탕에는 『설문해자(說文解字)』가 있었다. 감성적 충격에서 시작해서 어려운 분야의 공부를 하며 나는 다시 조급해졌다. 특히 박사학위 논문을 준비하면서 중국 문자를 통관하는 '설명'과 '이론'을 만들어 보고 싶었다. 그 길을 결국 『설문해자』를 가지고 시작할 수밖에 없었고, 첫 딸아이가 초등학교 6학년이 되던 해 박사학위를 받았다. 그렇게 해서 허신(許愼)을 만났는데 지금도 못 헤어지고 있다. 이 책은 그때부터 시작된 중국 고대 문자에 대한 나의 모색을 그대로 보여 주고 있다. 부끄럽게도 선부른 이론화의 단점들이 여실히 드러난다. 그렇지만 문자에 대한 내 생각의 기본 구도는 지금도 달라지지 않았다.

감사하고픈 것은 중국 문자를 공부하며 흘러간 시간, 그리고 덜컥 그것을 선택했던 과거의 나, 지금도 그것을 차마 놓지 못하는 내 마음과 손길이다. 그리고 감사드리고 싶은 사람은 우선 『설문해자』를 집필한 허신이다. 그는 지금도 나를 지도하고 있다. 또한 『설문해자』 연구팀 동료들에게 감사한다. 그들은 큰 바다 사이를 건너서 섬과 섬을 잇는 대교의 교각을 깊은 심연에 박아 넣듯이, 중국 문자를 한 글자씩 읽고 이해하고 해석하는 일에 함께 해주고 있다. 그들이 아니라면 나는 벌써 이 분야에서 손을 놓았을 것이다.

다음으로는 언제나 버팀목이 되어 주는 나의 배우자에게 감사한다. 그리고 공부하는 엄마를 응원하는 나의 딸들에게 감사한다. 그 누구보다 추소리에서 농사지으시는 어머니께 감사를 드린다. 어머니가 밭에서 작물을 키우시며 하루하루 열심히 살아내고 계시니, 내 몸 아프다는 말 한마디도 부끄럽고 죄송해서 매일매일 마음을 다잡는다. 구순이 가까워지는 연세에도 새벽부터 노동하시는 어머니처럼, 한 글자 한 글자 연구하는 일을 멈추지 말자고 다짐한다. 곧 김장용 배추 농사

지으신 것을 수확하는 철이 다가온다. 이 책이 그런 수확이 되었으면 좋겠다.

서기 2021 신축년 늦가을

성수동 문효재에서

염정삼

차례

IV 문(文)이 주도하는 문자론

문(文)에서 예문(禮文), 문사(文辭), 문자(文字), 문예(文藝), 서예(書藝)로

우리가 여기에서 다루려는 것은 중국 문자에 대한 것이다. 가장 오래된 자형인 갑골문으로부터 삼천여 년 이상의 역사를 가진 중국 문자를 다루는 것은 매우 복잡하고 어려운 일이다. 쉽고 간단하게 설명할 수 없으니 중요한 글자 하나를 붙잡고 이야기를 풀어 가려고 한다. 그 글자는 바로 '文(문)'이다.

가장 먼저 다루게 되는 것은 음악[樂]과 연관된 '文'의 의미다. 이때에 우리는 '예(禮)'라는 단어를 활용하지 않을 수 없다. 고대 중국에서 음악은 정치적으로 매우 중요했고, 그것이 확장하고 변형되어 가면서 '예문(禮文)'이라는 의미로 정착한다. 예컨대 고대 중국인들은 음악에 존재하는 엄청난 힘[德]은 사람들을 소리의 조화[和]처럼 조화롭게[和] 만드는 데 있다고 보았다. 음악이 교육과 정치에 유용하다는 판단을 내리는 그 근저에는 음악의 덕(德)을 주목하는 전통이 있었다. 『예기(禮記)·악기(樂記)』에 나오는 설명이다. 잘 다스려지는 시대의 음악은 편안하고 즐거워서 그 시대의 정치가 조화로운 것임을 반영하고, 혼란한 시대의 음악은 원망스럽고 노여워하여 그 시대의 정치가 어그러져 있음을 반영하며, 망해 가는 나라의 음악은 슬프고도 상념에 젖어 있어 그 백성들이 곤궁함에 처해 있음을 반영한다. 정치적인 덕이 음악을 통해 드러난다고 본 것이다. 그러나 음악이 가진 강력하고 포괄적인 힘은 점차 禮가 나누어 가지게 되었는데, 그것은 고대 중국의 전적에서 항상 禮·樂이 병칭되고 있음을 통해 짐작할 수 있다.

여기에는 공자(孔子)가 큰 역할을 담당한다. 『논어(論語)』를 살펴보면 禮에 대한 해석의 한 단서를 볼 수 있다.[1] 그것에 의하면 禮는 절제[節]와 꾸밈[文]으로 규정할 수 있다. 이때의 文은 아름답게 꾸민다[文飾]는 뜻이며 외양적인 가꿈과 공경스럽게 다듬어진 행위를 넓게 포괄한다. 절제와 꾸밈, 이 두 가지를 하나로 조화시킨 것이 '절문(節文)'이다. 이를 통해 볼 때 禮의 기본 의미는 '행위의 규범화'라고 할 수도 있다. 禮가 행위에 관계되는 것으로서 보이는 것, 형식적인 것이라면 樂은 개개인의 정감에 기초한 것으로서 들리는 것, 내용적인 것이라고 할 수 있다. 고대 중국인들에게는 樂이야말로 개개인을 고도의 세련된 감정으로 인도하는 동시에 사회적인 규범 안에서 조화롭게 만들 수 있는 유효적절한 최고의 수단으로 인식되었다.

그러나 사회가 소규모이고 서로 손짓하면 보일 수 있는 공간에 자리 잡고 있을 때에는 음악의 '소리'로 조화와 단결을 이루어 낼 수

1 『論語·學而』: "不以禮節之, 亦不可行也."
『論語·憲問』: "文之以禮樂."

있겠지만, 복잡하고 광대한 사회에서는 음악이 가진 규범성은 禮에 비하면 쉽게 파악하기도 어렵고 국지적이라는 단점을 피할 수 없게 된다. 반면 공경과 절제를 표현하는 禮의 규범성은 사람들이 쉽게 의식할 수도 있고 실행할 수도 있는 장점을 가지고 있었다.

공자는 文과 禮가 가진 직접적이고 적극적인 효과를 인정하는 동시에 樂이 가지는 내용 역시 소홀히 되어서는 안 된다는 것을 역설하였다. "외면적인 형식과 내용의 바탕이 서로 조화를 이루어야 한다."[2]는 공자의 이상은 바로 이러한 토대 위에서 이루어진 것이다. 공자가 "시로써 일어나고 예로써 서며 음악으로 완성한다."[3]고 하였을 때에는 禮뿐만 아니라 樂을 최고 가치로 여겼으며 음악으로 완성되는 경지야말로 가장 높은 차원임을 인정한 것이다. 공자가 음악에 대해 얼마나 중시하는 태도를 지녔는가는, "사양(師襄)에게 거문고를 배우고"[4], "삼태기를 메고 가던 이가 공자의 경쇠 치는 소리를 들었다."[5]는 등의 기록을 통해서 충분히 알 수 있다. 악기 연주뿐만 아니라 노래에 대해서도 공자는 종신토록 배움을 게을리하지 않아서 "노래 잘 부르는 사람이 있으면 반드시 반복시키고 따라 불렀다."[6] 공자가 음악과 불가분의 관계에 있는 시(詩)를 중시하게 된 것 역시 같은 맥락에서였다.

『논어』 이후로 고대 중국인들이 인격 수양에서 樂을 중시하게

2 『論語 · 雍也』: "文質彬彬."
3 『論語 · 泰伯』: "興於詩, 立於禮, 成於樂."
4 『史記 · 孔子世家』: "孔子學鼓琴於師襄."
5 『論語 · 憲問』: "子擊磬於衛, 有荷蕢而過門者, 曰, 有心哉, 擊磬乎!"
6 『論語 · 述而』: "子與人歌而善, 則必反之, 而後和之."

된 것은 바로 이 때문이다. 『예기·악기』에서도 "樂이란 바로 즐거워하는 것이다."[7]라고 정의하였는데, 음악을 통한 즐거움의 절제와 중용[中]이란 禮의 측면에서 영향받은 것으로 형식과 표현상의 절제뿐만 아니라 감정과 내용상의 절제를 의미하는 것이다. 공자의 '형식과 내용이 어우러지는' 완결성으로의 욕구는 결코 禮로도 樂으로도 기울어짐이 없었다. 禮와 樂, 그리고 中과 和의 의미는, 공자 이후 전승자들에 의해 새롭게 해석되었다. 특히나 음악은 오래도록 생생한 감정을 복원시켜 주기 어려운 단점을 지님으로써 시대가 흐를수록 정확히 이해하기가 어려워졌다. 결국 樂은 和나 中의 이념만을 남겨 주는 방식으로 전수되었고, 禮와 병칭되면서 禮에게 그 모든 형식과 내용적인 측면을 떠넘기게 되었다. 현재 전해지지 않는 『악경(樂經)』이나 樂에 대한 기록들이 禮에 관한 기록 속에 한 부분으로 편입되어 버린 것을 보면 그 과정을 조금 짐작할 수 있다.

공자 이후로 음악의 이러한 효과를 강조하고 작용을 구체적으로 설명한 사람으로는 순자(荀子)를 들 수 있다. 그런데 『순자(荀子)·악론(樂論)』을 살펴보면 개인의 인격 수양에서의 음악에 대한 효용보다는 정치적이고 사회적인 면에서의 음악의 작용을 강조하고 있는 것을 알 수 있다. 예를 들어 "선왕은 … 아송(雅頌)의 음악을 제정하여 백성들을 인도하였는데 그 소리가 매우 화락하면서도 음란함으로 흐르지 않게 하였고 곡조와 가락의 변화를 알맞게 조절하여 선한 마음을 느낄 수 있게 하였다."[8], "음악은 사람을 깊이 감동시키고 교화시키므로 선왕들은 신중하게 음악을 문식했다."[9] 등의 문장을 통해 정치적이고

7 『禮記·樂記』: "樂者, 樂也."

사회적인 안정을 이룰 수 있는 중요한 수단으로 樂을 중시했음을 알 수 있다.

분명한 것은 순자의 중점이 樂에서 禮로 옮아가고 있었다는 사실이다. 이것은 순자가 이해한 인간 본성이 본래 惡한 요소를 가지고 있다는 생각으로부터 생겨난 것이라고도 할 수 있다. 음악이 가진 쾌락적인 정서의 분출은 적극적이고 능동적인 에너지를 생산해 내지만 단지 감정의 만족만을 지나치게 추구하다 보면 음악 자체도 '음란[淫]'하거나 '방탕[流]'하게 되는 폐단을 면할 수가 없기 때문이다. 이때 禮는 "그렇게 되기 전에 미리 금지하는[禁於未然之前]" 작용을 할 수 있다.[10] 공자도 음악에 대해 "즐기되 음란해서는 안 된다[樂以不淫]"의 기준을 제시하였으며 그 후의 유가들도 즐기되 너무 지나치지 말라는 '중화(中和)'의 태도를 간직하여 모든 예술 및 문화의 중요한 규범으로 삼았다. 그중에서도 순자는 禮에 기초하면서도 文을 진일보시켜 엄격한 규범적인 뜻으로 변천시켰다.

이렇듯 점차 음악으로부터 진일보된 '文'은 문사(文辭), 수사(修辭)의 개념으로 확장되었다. 현재 우리에게는 수사학이라는 말이 익숙하다. '수사'라는 용어가 중국 전통 문헌에서 처음 등장하는 것은 『역(易)』의 「문언전(文言傳)」이다. 그러나 이곳에 "말을 잘 수식하여 그 진실함을 세운다[修辭立其誠]"는 구절은 현재 우리가 사용하는 '수사학(修辭學, Rhetoric)'이라는 개념으로 환원될 수 없는 함의를 담고 있다. 가

8 『荀子·樂論』: "先王 … 制雅頌之聲以道之, 使其聲足以樂而不流, … 使其曲直繁省廉肉節奏, 足以感動人之善心."

9 『荀子·樂論』: "夫聲樂之入人也深, 其化人也速, 故先王謹爲之文."

10 『史記·太史公自序』: "夫禮, 禁未然之前, 法, 施已然之後."

장 큰 차이점은 「문언전」의 '수사'에는 말을 잘하기 위해서 변론을 연마하고 그 말의 논리적인 타당성을 세운다는 의미보다는, 점(占)을 친 후에 나온 '어떤 명령을 잘 수행하여 현실에서 그것을 올바르게 입증한다'는 의미가 담겨 있다는 점이다. 말로만 다듬는 것이 아니라 실천을 통해서 다듬어야 한다는 의미를 포함하고 있다. 우리에게 이 문장은 '수사'의 최초 용례가 현대의 번역어 '수사학'과 그 함의가 일치하지 않는다는 점을 상기시킨다. 동시에 『역』의 '수사'가 내포하는 도덕성과 실천성에 주목하게 한다.

만약 수사가 단순히 문장을 잘 꾸며서 말하는 훌륭한 말재주만을 뜻하는 것이라면, 공자같은 철학자는 그런 기술을 배워야 한다고 결코 권장하지 않았을 것이다. 왜냐하면 공자는 "훌륭한 말재주는 덕(德)을 어지럽힌다."[11]고 하여 달변이 도덕적인 인격을 함양시키는 데에는 오히려 좋지 않은 재주임을 지적하였기 때문이다. 그뿐만 아니라 공자는 "훌륭한 말재주와 아름다운 형색을 갖춘 사람 가운데에 인간다운[仁] 면모를 가진 이를 찾아보기 드물다."[12]라고 하여 말재주와 仁(인)이라는 덕목이 결코 공존하기 힘든 것임을 단언하였다.

공자가 '훌륭한 말재주'에 대하여 경계했던 것은 인격이 갖추어지지 않았음에도 불구하고 말을 잘한다는 능력만으로 세상에 알려져 행세하게 되는 폐해를 지적한 것이다. 다시 말해서 말 잘하는 지식인들의 '도덕적 해이함'에 대하여 경계한 것이지, 언어를 통한 의사전달 그 자체를 부정한 것은 아니었다. 그 증거로 공자가 다음과 같이 말

11 『論語·衛靈公』: "巧言亂德."
12 『論語·陽貨』: "巧言令色, 鮮矣仁."

했음을 기록한 『좌전(左傳)』의 문장을 들 수 있다. "공자께서 말씀하였다. 옛날 기록에 이런 말이 있다. '말은 뜻을 드러내기에 족하고 文은 말을 표현하기에 족하다.' 말을 하지 않는다면 누가 그 뜻을 이해할 수 있는가? 또 말을 하면서 文의 방법을 통하지 않는다면 그것을 유통시키려 하여도 그렇게 할 수 없을 것이다."[13] 공자는 '말은 뜻을 드러내기에 족하고', '말을 하지 않는다면 누가 그 뜻을 이해할 수 있는가?'라고 하였으니 말이 가진 힘을 인정하고 있는 것이다.

하지만 文이 가진 전달력은 말이 가진 즉각성, 현장성의 한계를 뛰어넘어 항상성과 지속성을 담보한다. 광대한 지역을 통일하고 수많은 방언 지구를 통치해야 했던 진한(秦漢) 제국 이후 文의 개념은 확대되고 재생산되었다. 공자에 의해 더욱 주의 깊게 제기되고 있었던 '文'의 능력은 후대에 더욱 강조되었고 재해석되었다. 공자는 말로 화자의 뜻을 표현하는 것에서 끝나지 않고 '文이 있어야만 말을 잘 전달할 수 있으며', 또 文을 사용해야만 말을 '더 멀리 효과적으로 전달할 수 있다'고 하였다. 말에 대한 공자의 언급을 통해 유추할 수 있는 것은, 고대 중국의 사람들은 '말을 잘한다'는 능력이 말하는 사람의 도덕적 인격과 불가분의 관계에 있다고 판단했다는 사실과 '말로 의사를 잘 전달하는 능력'이 단순히 말에서 그치지 않는다고 보았다는 점이다. 처음부터 말소리를 표기하는 것과는 거리가 있었던 중국 문자의 특성을 고려해 볼 때 '화자의 의사를 전달하는' 수단으로서 文을 염두에 두고 이야기하지 않을 수 없는 것은 당연한 일이다.

---

13 『左傳·襄公』 25년: "仲尼曰, 志有之, '言以足志, 文以足言.' 不言, 誰知其志? 言之無文, 行而不遠."

지금까지도 중국의 언어는 구어(口語, 말)와 문어(文語, 글)의 괴리를 보여 주고 있다. 이것은 한편으로 유교 지식 사회의 지배 도구이자 관료 사회 사(士) 계층의 교육적 특권으로서 文이 구어에 비해서 그 영역을 확대해 왔던 점에서도 그 이유를 찾을 수 있다. 진한대 제국의 성립 이후 이른바 글을 구사하는 문인은 말이 통제된 상황 속에서 경전의 문자를 통해 지식인의 위상을 확립하려 하였고 제국의 통치자들은 제한된 영역 안에 그들을 가두고 교육적 제도 아래 종속시키려 하였다. 경학의 성립과 훈고학의 흥성, 그리고 문자학의 발흥은 이와 궤적을 함께하는 것이었다.

예컨대 문인들은 文에 도덕적 인격을 부여하는 것으로 자신의 존재 가치를 알리려고 하였다. 말[言]보다는 '글[文]'을 더 비중 있게 제기했던 공자의 언급들을 생각해 보면 말하는 능력은 '文'을 사용하는 능력으로도 대체될 수 있는 것이었다. 공자는 의사표현 능력으로서의 '文'과 도덕적 인격의 바탕이 되는 성품으로서의 '질(質)'의 관계를 여러 번 지적하였다.[14] 그렇다면 우리는 공자가 사용한 '文'의 개념이 무엇을 뜻하며 그것이 말을 통한 설득과 어떻게 다른지를 살펴보아야 한다.

우선 文은 훌륭한 인격과 정치력을 갖춘 성인들의 행적을 경전을 통해 학습함으로써 획득되는 것으로 해석되었다. 공자는 특히 文의 개념을 배우려는 노력, 즉 학문과 연관시킴으로써 '도덕성의 함양을 기반으로 한 학문적 수양'으로 전환시키는 데 성공하였다.

중국의 역사에서 '文'이라는 개념의 정립에 가장 결정적인 역할

---

14 『論語·雍也』: "文質彬彬, 然後君子."

을 했던 인물은 주(周)왕조의 문왕(文王)이다. 기록에 의하면 문왕은 상(商)나라 주(紂)임금의 정치적 압박 속에서도 『역』을 정리하며 미래를 준비하여 꿋꿋하게 자신의 민족을 지켜 냈고, 그 덕분에 아들 무왕(武王) 대에 상나라를 전복시키고 주왕조를 탄생할 수 있게 했던 위대한 성왕(聖王)이었다. 그가 받은 시호 '文'은 바로 그의 정치적인 능력과 도덕적인 능력을 대표하는 것이다.

공자는 문왕으로 인해 사람들의 인식 속에 자리 잡은 '文'의 개념을 스스로 계승했다고 자임하며 이렇게 말하였다. "문왕은 이미 돌아가셨지만 문왕이 남긴 그 '文'이 바로 여기에 있지 않은가?"[15] 물론 이러한 공자의 말은 맥락상 공자가 죽음의 위협에 몰렸던 순간에 하늘이 남겨 준 문왕의 이념이 없어지지 않을 것임을 확인하여 자신과 자신의 제자들에게 자신감을 북돋으려는 노력의 일환이었을지도 모른다. 그러나 『논어』 곳곳에 남아 있는 공자의 '文'에 대한 언급은 단순히 문왕이 남긴 '文'을 도덕적 능력에 한정하지 않고 그것을 함양하는 방법으로서 배움[學]으로 전환하려는 노력을 보여 준다. 예를 들어 공자의 제자인 자공(子貢)이 '공문자(公文子)'라는 인물이 어떻게 해서 위대한 시호인 '文'으로 불릴 수 있는지 질문하였을 때 공자는 다음과 같이 대답하였다. "영민하면서도 배우기를 좋아하며 아랫사람들에게라도 묻는 일을 부끄러워하지 않았으니 그 때문에 文이라고 불리는 것이다."[16]

'文'의 개념이 공자에 의해서 학문적인 태도 혹은 수양으로 전환

15 『論語·子罕』: "文王旣沒 文不在玆乎?"

16 『論語·公冶長』: "子曰, 敏而好學, 不恥下問, 是以謂之文也."

되는 것과 동시에 이루어졌던 주목할 만한 변화는 '文' 자체가 배움의 대상이 되었다는 점이다. 도덕적 능력을 갖추었던 위대한 성왕들의 기록이 '文'으로 지칭되기 시작하였다. 공자는 학문의 대상으로서 '文'을 자주 언급하였다. "군자가 널리 文을 배우고 그것을 禮로써 지킬 수 있다면 또한 도(道)를 어기지 않을 수 있을 것이다."[17] '박문약례(博文約禮)'라는 성어를 만들었던 이 구절은 바로 '文'을 통해 이루고자 했던 공자의 이상이 방법적으로는 어떤 의미를 가졌는지를 분명하게 드러내 준다.

이로부터 文에는 문자(文字)의 뜻이 담기게 된다. '文'이 배움의 대상이 되었다는 것은, 그것이 성왕들의 행적에 대한 과거의 기록이며 더 나아가 그것을 기록하기 위한 수단이 된다는 것을 의미한다.[18] 공자의 시대로부터 5~6세기가 흐른 후, 과거 성왕들의 역사적 업적을 기록한 경전의 문자가 무엇이었는가를 정의했던 허신(許愼, 약 55~125)[19]은 『설문해자(說文解字)』를 통하여 다음과 같이 말하고 있다. "이른바 문자라는 것은 경예(經藝)의 근본이며 왕도(王道)정치를 실현

17 『論語·雍也』: "子曰, 君子博學於文, 約之以禮, 亦可以不畔矣夫."

18 文이 도덕성의 발현과 그를 위한 노력을 의미하던 단계에서 그것을 구현한 聖王들의 기록 수단이라는 의미로 전환된 것은, 중국 언어와 문자의 역사에서 文語가 口語와 영원한 괴리를 가질 수밖에 없었던 태생적 특성을 설명해 주기도 한다. 예컨대 경전의 문자는 존중되어야 하며 올바르게 복원되어 전승되어야 했기 때문에 시류에 따라 변화하는 구어는 전혀 그 영역 안으로 편입될 수 없었다. 許愼은 經學의 토대 위에서 文字를 정의함으로써 이 전환을 공고하게 만드는 데 결정적 기여를 하였다.

19 허신의 생졸년은 아직까지 정확하게 고증되지 않았다. 현재 온라인상에서 검색되는 생졸년은 허신이 90여 세가 넘도록 살았다고 되어 있다. 그것은 당시로서는 불가능한 수명이다. 『說文解字·敍』의 기록과 『說文解字』의 諱字 등을 고려하고 錢大昕, 諸可寶, 陶方琦 등의 고증에 근거하여 필자는 허신의 생졸년을 대략 55~125년경이라고 추산한다.

하기 위한 시초다. 그것으로 조상들은 후대 사람들에게 기록을 남겨 주었으며 후대 사람들은 그것을 통해 과거의 일을 알 수 있게 된다. 그래서 말하기를 근본이 서야 도(道)가 생겨난다고 하는 것이다."[20]

『설문해자』는 도덕적 원리를 배태하는 근본 수단으로서 '문자'를 정의하고 그것이 과거 성왕들이 남겨 주고 후대 사람들이 보고 배워야 하는 과거 기록, 즉 경전을 포함하는 모든 학문의 근본임을 선언하면서도 또한 문자가 만물을 표상하는 중요한 수단이 되는 것을 강조하였다. 허신에게 문자는 그것을 통해 "만물이 한 가지도 빠짐없이 모두 실리는 것"[21]이다. '文'을 정의하면서 허신은 또한 다음과 같이 말하였다. "창힐(倉頡)이 처음 서계(書契)를 만들었을 때 사물의 종류마다 그를 따라 모양을 본떴기 때문에 그러서 그것을 '文'이라고 하였다. 그런 의미에서 '文'은 모든 물상의 근본이다."[22]

허신이 문자에 대하여 경예(經藝)의 근본이 된다고 인정하면서도 그것이 물상의 근본임을 선언한 것은, 중국의 역사에서 최초로 '문자'의 상대적 독립성을 인정한 셈이었다. 표면적으로는 문자가 경전의 부속물이며 도덕적 정당성을 밝히기 위한 도구로서의 기초임을 강조하지 않을 수 없었으나, 만약 문자가 만물을 표상할 수 있는 수단이라면 굳이 경전의 문자만을 특칭할 수는 없게 된다. 실제로 허신은 『설문해자』에서 '文' 자에 대하여 다음과 같이 해설하였다. "文은 획을 교차시켰다는 뜻이다. 그렇게 획을 교차시키는 모양을 본떴다."[23]

---

20 『說文解字·敍』: "盖文字者; 經藝之本, 王政之始. 前人所以垂後, 後人所以識古. 故曰, 本立而道生."

21 『說文解字·敍』: "萬物咸覩, 靡不兼載."

22 『說文解字·敍』: "倉頡之初作書, 蓋依類象形 故謂之文. 文者物象之本."

물상의 모습을 선으로 그려 놓은 것에서 문자가 시작되었을 것이라는 점은 허신 이전 중국 문자의 역사를 일별해 보아도 쉽게 알 수 있는 일이다. 예를 들어 중국의 은(殷)대 갑골을 통해서 본 '文' 자는 문신을 한 모양을 본뜬 글자다(그림 1). '文'은 사람의 가슴에 붉은색으로 기호를 더한 형태로 나타난다. 고대인들에게 문신은 신성한 아름다움을 낳는 행위이며 아름다운 모양이 그 자체로 밝게 드러난 것을 뜻한다.

[그림 1] 文의 갑골문과 금문

이것은 '文' 자로서 아름답게 빛나는 모양을 뜻하게 되었음을 보여 준다. 이 의미는 아름다운 채색이 고르게 섞인 것, 혹은 색깔이 서로 섞인 도형이라는 뜻과 연관되었으며 사물의 색깔이 서로 섞여 있는 것처럼 세상 만물의 상대되는 것들이 조화롭게 섞여 있음을 뜻하는 것으로 발전하였다. 『설문해자』뿐만 아니라 『주례(周禮) · 고공기(考工記)』에도 "푸른색[青]과 붉은색[赤]을 (섞어 그린 것을) 文이라 한다."[24] 라고 하여 채색의 아름다운 조화를 文이라고 해석하였음을 보여 준다. 文에 대한 개념은 당시에 만물의 모습이 그대로 조화를 이루고 있다고 이해하는 관점으로 발전하고 있었다. 이는 『역(易) · 계사전(繫辭傳)』에 등장하는 다음과 같은 구절로 알 수 있다. "사물의 색깔이 서

23 『說文解字』 제9편 '文'부: "文, 錯畫也. 象交文."
24 『周禮 · 考工記』: "青與赤謂之文."

로 섞여 있기 때문에 그래서 文이라고 한다."[25] 만물의 탄생과 세상의 조화로운 모습이 필연적인 관계를 가지고 있으며 그것은 천하에 드러나는 아름다운 모양, 즉 무늬로서 소위 '문자'로 표현되지 않을 수 없다. 그러므로 문자야말로 삼라만상의 존재가 자기 스스로를 표현하는 형식 그 자체라는 인식이 형성되는 것과 한대(漢代) 문자론이 완성되는 것은 그 맥락이 결코 다르지 않다.

허신이 '文'을 두고 아름답게 표현된 물상의 모습으로 이해하는 것은 그가 '彣(문)' 자를 어떻게 해석하고 있는가에 더 분명하게 드러난다. '彣' 자는 '文'과 '彡'으로 구성된 글자로서 당시와 후대에 '문장(文章)'이라는 개념의 형성에 큰 영향을 끼쳤다. 『설문해자』에서 허신은 이 글자에 대하여 다음과 같이 설명하였다. "彣은 빛이 난다는 뜻이다. '彡(삼)'과 '文(문)'으로 구성되었다."라고 하였다.[26] 그런데 彣 자가 빛을 내는 이유는 단순히 획을 교차해서 물상의 모습을 그린 것에서 그치지 않고 더 아름답게 표현하고자 했기 때문이다. 彣을 구성하고 있는 또 다른 성분 '彡' 자에 대하여 허신은 다음과 같이 해석하였다. "彡은 털로 만들어진 물건[毋]으로 장식하여 그 무늬를 그리는 것이다. 이 글자는 그런 모양을 본뜬 글자다."[27] 따라서 '문장(文章)'이라는 단어는 한자로 '彣彰'으로 쓰는 것이 올바른 표기법이며 이것은 아름다운 장식이 더해진 문자임을 뜻한다. '彡'부에 속해 있는 '彰(창)'

---

25 『易·繫辭傳』: "物相雜, 故曰文." 韩康伯 注: "剛柔交錯, 玄黃錯雜(강한 것과 부드러운 것이 서로 섞여 있으며 검은 것과 누런 것이 서로 섞여 있다는 뜻이다)."

26 『說文解字』 제9편 '彣'부: "彣, 戫也. 从彡文." 제7편 '有'부에서 "戫은 빛나는 것이 있다[有彣彰]는 뜻이다."라고 하였는데, 段玉裁는 "빛나는 것이 있다[有彣彰]는 것이 '彣' 자의 의미이다."라고 주석하였다.

27 『說文解字』 제9편 '彡'부: "彡, 毛飾畫文也. 象形."

자와 '修(수)' 자의 의미 해석을 살펴보면 그것이 더욱 분명하게 드러난다. "彰은 무늬를 아름다운 장식으로 드러내는 것이다."[28], "修는 꾸민다는 뜻이다."[29]

'彡' 자의 설명에서 보이듯이, 물상을 아름답게 표현하는 것은 바로 장식하는 것[飾]이며 물상이 보여 주는 무늬를 잘 그려 내는 것[畵文]이다. 만물의 모습을 따라 그림으로써 그 성립의 의의를 밝히는 중국 문자에서 그것을 잘 쓰는[書] 일은 잘 그려 내는 일을 뜻하게 된다. 이미 중국은 고대로부터 문자는 아름답게 쓰는 것이 기본이 되어야 한다는 전제에서 서사(書寫)가 이루어졌다고 볼 수 있다. 예를 들어 은주(殷周) 시대의 청동기 명문(銘文)을 보면 시대가 내려갈수록 정교하게 다듬어지고 장식화되고 있는 것을 볼 수 있다.

그러나 한편으로 文을 통해 아름다움을 추구하려는 노력은 엄밀하게 말한다면, 문자가 경예의 근본이 되어야 한다고 정의한 허신의 의도와는 다른 차원의 것일 수 있다. 왜냐하면 문자가 도덕성을 함양하기 위해 본받아야 할 성왕의 모범을 표현하는 것은 허용될 수 있으나, 오로지 아름다움만을 드러내기 위하여 文을 사용하는 것은 공자가 말재주를 경계한 것 이상으로 경계해야 할 일이기 때문이다. '문자'를 정의했던 허신은 예견하지 못했을지도 모르지만, '文'은 경전에 부속된 표현도구라는 위치로부터 그 후에 조금씩 전이되었고 분화되는 길로 나아간다.

위진(魏晉) 시대가 되면 경학과 대비되는 예술적 분야는 의식적

28 『說文解字』 제9편 '彡'부: "彰, 文彰也."
29 『說文解字』 제9편 '彡'부: "修, 飾也."

으로 시(詩)와 서(書)와 화(畵)로 분명하게 나뉘기 시작한다. 이로부터 '文'이 다시 '문예'가 되고, 또한 '서예(書藝)'까지로 분화되는 과정이 진행되었다. 후한(後漢) 시대부터 위대(魏代) 무렵은 오언시(五言詩)의 운문 형태가 정착되었다. 문학 이론에서도 조비(曹丕, 187~226)가 "文은 기(氣)를 위주로 한다."[30]라고 논한 것처럼 문장의 본질을 탐구하려는 논설이 흥기하는 시대가 되었다. 문자를 쓰는 일[書]에 있어서도 소전(小篆)이나 예서(隷書) 이외에도 행서(行書), 초서(草書) 등의 서체가 출현하여 글씨[書]를 통해 인간의 기질과 성품을 아름답게 표현하는 경향이 뚜렷하게 드러났다. 특히 초서는 이미 후한 시대에 전문적으로 잘 쓴다고 이름난 작가들이 거론될 정도로 독특한 영역을 확보하게 된다.[31]

중국 문자를 논하면서 우리가 다시 주목해야 할 것은, 이처럼 독특한 영역들에서 이론적인 토대가 갖춰지고 실천적인 결과들이 이어지고 있다는 점이다. 文은 경전의 문자였으나 동시에 만물 표상의 도구이자 아름다움을 구현하는 결실로서 이해되었고 그것을 잘 쓰는 일이 중시되었다. 그와 동시에 문자를 구성하는 원리가 무엇인가, 또는 어떻게 쓰는 것이 아름답게 쓰는 것인가, 어떤 종류의 글씨가 있는가,

30 曹丕, 『典論·論文』: "文以氣爲主. 氣之淸濁有體. 不可力强而致. 譬諸音樂. 曲度雖均. 節奏同檢. 至於引氣不齊. 巧拙有素. 雖在父兄. 不能以移子弟. 蓋文章經國之大業. 不朽之盛事. 年壽有時而盡. 榮樂止乎其身. 二者必至之常期. 未若文章之無窮. 是以古之作者. 寄身於翰墨. 見意於篇籍. 不假良史之辭. 不託飛馳之勢. 而聲名自傳於後. …"

31 이 무렵의 작가는 杜度(생졸년 미상), 崔瑗(77~142), 崔寔(생졸년 미상), 張芝(?~190) 등을 들 수 있다. 이들은 후한 무렵에 장초 및 초서의 명가로 알려진 사람들이다. '文'에 대한 이해에 이러한 전이와 변화가 생겨난다는 것은 애초에 문자를 정의한 허신의 의도와 심지어 상반되는 것이기까지 하다. 왜냐하면 허신은 가장 오래된 문자야말로 성왕의 모범을 잘 보여 주는 것이라고 주장했으며 허신 당시로서도 '古文'이라고 불린 '壁中書'를 중시하여 그것을 참고하면서 『說文解字』를 완성하였고, 당시 사람들이 유행하던 隸書를 가지고 의미를 설명하는 것조차 비난하였기 때문이다.

누가 가장 잘 쓰고 있는가, 그렇게 표현된 세계는 무엇을 보여 주고 있는 것인가 등의 문제가 제기되었고 그것에 정교하게 대답하였다.

그 결과 중국은 이천 년 이상 서론(書論)의 역사를 가지고 있다. 이들은 서세(書勢), 서체(書體), 서법(書法), 서품(書品) 등의 영역으로 다시 세분화되어, 문자로 표현되는 예술적 세계를 풍부하게 만들었다.[32] 위항(衛恒, 252~291)은 『사체서세(四體書勢)』에서 고문(古文), 전서(篆書), 예서(隷書), 초서(草書)의 네 가지 서체에 관하여(그림 2~4 참조), 생성의 유래를 설명하고 그 아름다움을 찬탄하면서 자연현상에 비유함으로써 화려한 언어를 종횡으로 구사하여 형용하고 있다. 예를 들면 고문을 형용하여 "구부러진 것은 활과 같고 곧은 것은 현과 같으며 우뚝 솟아 있는 모습은 마치 용이 내에서 올라가는 것과 같고 우르르 무너지는 것은 비가 하늘에서 내리는 것과 같다. 붓을 끌어올려 힘을 떨치는 것은 큰 기러기가 높이 날아 아득히 펄럭이는 것과 같고 나른하게 풀어지는 모양은 가는 실에 깃털을 매달아 끝도 없이 이어지는 모양과도 같다."[33]고 하였다.

---

32 漢魏晉 시대를 중심으로 이들 영역 분화의 구체적인 증거를 보여 주는 문헌을 들자면 다음과 같다. 글씨[書]의 기본이 되는 문자 구조의 원리와 서체의 종류에 관해서 논술한 문헌으로는 『說文解字·敍』 및 江式(?~523)의 「論書表」 등을 들 수 있다. 그다음으로 이 시대에 비교적 많이 등장한 筆勢論이 있는데 이는 서체와 그 형세를 논하는 것이다. 위항의 『四體書勢』 등이 그 대표적인 것이다. 이에 비하여 書體를 논하는 것으로 漢 趙壹(생졸년 미상)의 「非草書」 등이 있다. 그다음 書法을 논한 것으로 梁武帝(464~549)의 「觀鍾繇書法十二意」가 있고, 衛夫人(생졸년 미상)의 「筆陣圖」가 있다. 書品에 대한 것으로는 梁 庾肩吾(487~551)의 「書品」이 대표적이다. 書評으로는 宋 羊欣(370~442)의 「古來能書人名」, 齊 王僧虔(426~485)의 「論書」 등이 있다.

33 『法書要錄』 四庫全書本, 衛恒, 「四體書勢」: "其曲如弓, 其直如弦. 矯然特出, 若龍騰于川, 森爾下頹, 若雨墜于天. 或引筆奮力, 若鴻鴈高飛, 邈邈翩翩. 或縱肆阿那, 若流蘇懸羽, 靡靡緜緜."

[그림 2] 대전(大篆)체를 보여 주는 석고문(石鼓文)

[그림 3] 소전(小篆)체를 보여 주는 태산각석(泰山刻石)

[그림 4] 예서(隷書)체를 보여 주는 예기비(禮器碑)

허신이 설명한 전서, 예서[34] 등은 육조 시대가 되면 전예잡체(篆隷雜體)라고 불리면서 순수하게 장식적인 서체로 발전하게 된다.[35] 위진 남북조 시대에 이들은 복잡하게 분화되어 백 수십여 체의 다른 이름으로 불렸다. 예컨대 양(梁) 유원위(庾元威)의 「논서(論書)」에서는 백 가지 서체를 들어 나열하고 있다. 현침서(懸針書), 수로서(垂露書), 진망서(秦望書) 등의 오십 체는 순묵(純墨)을 사용하고,[36] 새문서(璽文書), 절문

34 허신은 『說文解字·敍』에서 秦代에 유행한 여덟 가지 서체, 즉 八體를 들어 大篆, 小篆, 刻符, 蟲書, 摹印, 署書, 殳書, 隸書를 말하였고, 新에서 제정한 여섯 가지 서체, 즉 六書로는 古文, 奇字, 篆書, 佐書, 繆篆, 鳥蟲書를 말하고 있다. 이것은 중국의 문헌에서 최초로 문체에 관해 체계적으로 소개한 자료였다. 이들 서체 중에 대전, 소전, 예서(좌서)는 보편적으로 통용되던 서체이고, 각부, 충서(조충서), 모인(무전), 서서, 수서는 각각 특정한 목적에 사용되는 응용체라고 할 수 있다.

35 이들을 총칭하여 意匠文字라고 부른다.

36 『法書要錄』 四庫全書本, 庾元威, 「論書」: "懸針書, 垂露書, 秦望書, 汲冢書, 金鵠書, 玉文書, … 此五十種, 皆純墨."

서(節文書), 진문서(真文書) 등의 오십 체는 채색을 쓴다는 것이다.[37] 물론 이들이 도대체 구체적으로 어떤 차이를 가지고 있었으며 어떤 용도로 사용되었는지에 대해서 오늘날 알 수 있는 방법은 없다. 다만 우리가 여기서 주목하게 되는 것은, 애초에 '文'으로부터 파생되는 각종 서체를 이렇게까지 극단적으로 분류하여 미적 기준을 찾아내려고 하는 노력이다.

문자를 아름답게 써내려는 노력은 기법의 세련됨을 불러온다. 이런 기법은 대단히 숙련된 솜씨를 가진 어떤 서예가의 체험에서부터 시작하여 그 제자에게로 세대를 넘어 전해졌으며, 선배에게서 후배에게로, 기교 있는 사람에게서 미숙한 사람에게로 전수되었다. 이 기법을 서법(書法)이라고 부르게 되는데 이에 대해 처음으로 의미 있게 설명한 문헌은 양무제(梁武帝, 재위 502-549)의 「관종요서법십이의(觀鍾繇書法十二意)」다.[38] 이 글은 붓을 어떻게 다루고 점획을 어떻게 처리해야 하며 획간이나 자간의 처리를 어떻게 해야 하는지에 관한 기본적인 개념을 제시하고 그에 대한 간단한 설명을 붙인 것이다.[39]

---

37 『法書要錄』 四庫全書本, 庾元威, 「論書」: "璽文書, 節文書, 真文書, 符文書, 芝英隸, 花草隸, … 已上五十種, 皆采色."

38 제목을 풀어서 말한다면 '鍾繇의 書法에 나타난 열두 가지 기본적 의미[意]를 살펴봄'이다.

39 鍾繇의 十二意는 平, 直, 均, 密, 鋒, 力, 輕, 決, 補, 損, 巧, 稱의 열두 가지를 말한다. 하나하나 설명하면 平은 가로쓰기, 直은 세로쓰기, 均은 필획의 간격, 密은 필획의 긴밀함이다. 鋒은 붓끝의 용필법, 力은 붓 전체의 힘, 輕은 돌려 빼는 것, 決은 끌어당기는 것[牽掣], 補는 부족한 필획을 보강하는 것, 損은 필획을 생략하는 것, 巧는 배치를 적절하게 하는 것, 稱은 대소의 조화를 취하는 것을 뜻한다. 이들을 다시 크게 분류해서 말하면 平直은 필획의 기본이 되는 방식을 말하고, 均密은 획간의 배치방법[間架結構]을 말한다. 鋒力은 용필의 방법이고, 輕決은 기초 점획이 되는 꺾고 당기는 필법을 말한다. 이상의 네 가지는 용필의 방법을 말하고 補損巧稱은 장법에 있어서의 조화를 의미한다.

양무제가 서법을 소개하면서 종요(鍾繇, 151~230)라는 인물을 인용했던 가장 중요한 이유는 왕희지(王羲之, 303~361)가 종요의 서법을 배워 당시까지 전승되어 온 서예미학을 완성했다고 생각했기 때문이었다.[40] 이것은 아름다운 글씨를 애호하던 양무제 개인의 평가가 아니라 중국의 전통 서예미학에서 왕희지의 것을 글씨의 전범으로 간주하는 역사적 평가를 만들어 내는 과정 중에 나온 것이다. 이미 그 이전 송(宋) 양흔(羊欣, 370~442)에게서 "고금을 들어 둘도 없는[古今莫二]"[41] 서예의 명인이라는 평가를 받아 온 왕희지는(그림 5 참조), 양(梁)대에 이르면 유견오(庾肩吾)에 의해 그가 어떻게 이론적으로 완성된 서예가인지 설명된다. 유견오의 「서품(書品)」에 의하면 글씨[書]에서는 천연(天然)과 공부(工夫)의 두 가지 기준을 가지고 평가하는 방법을 취한다.[42] 이때의 천연이라는 것은 천성의 뛰어

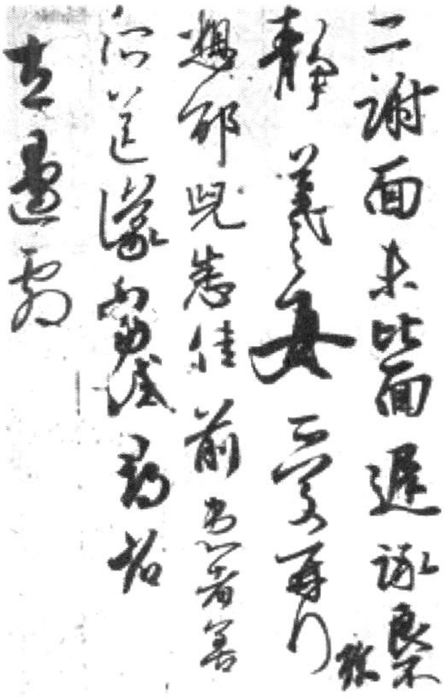

[그림 5] 진(晉) 왕희지의 필적이라고 전해지는 이사첩(二謝帖)

40 『法書要錄』 四庫全書本, 梁武帝, 「觀鍾繇書法十二意」: "張芝鍾繇, 巧趣精細, 殆同機神. 肥瘦古今, 豈易致意. 真跡雖少, 可得而推. 逸少至學鍾書, 勢巧形密, 及其獨運, 意疎字緩. 譬猶楚音習夏, 不能無楚. 過言不悒, 未為篤論."

41 『法書要錄』 四庫全書本, 羊欣, 「古來能書人名」: "王羲之, … 羊欣云 古今莫二."

42 『法書要錄』 四庫全書本, 庾肩吾, 「書品」: "惟張有道, 鍾元常, 王右軍其人也, 張工夫第一, 天然次之. …鍾天然第一, 工夫次之…王工夫不及張, 天然過之, 天然不及鍾, 工夫過之."

난 성질이 자연스럽게 표현되는 것을 뜻하고, 공부라는 것은 인간의 노력에 의하여 이루어진 기교를 뜻하는 것이다. 유견오는 우선 가장 으뜸의 서예가에 속하는 사람 셋을 들자면 한(漢)의 장지(張芝, ?~190), 위(魏)의 종요, 진(晉)의 왕희지라고 하면서 다시 이들 사이에 경지의 차이를 설명하고 있다. 그에 따르면 장지는 공부가 제일이며 천연은 그다음이고, 종요는 천연이 제일이며 공부는 그다음이다. 왕희지는 공부는 장지에 미치지 못하나 천연은 그를 능가하고 종요에게 천연은 미치지 못하나 공부는 그를 능가한다. 그러므로 셋을 두고 본다면 왕희지의 경지가 종합적으로 가장 완성된 것이라고 평가한다.

서체와 서법, 서품 등을 중심으로 한 서론의 발달은 중국 문자가 자형을 통한 시각적 표현의 예술적 효과를 얼마나 극대화할 수 있는지 보여 주는 좋은 예다. 공자를 계승한 文의 개념은 한대 이후 문자, 문장 등으로 확대되고 후한 말엽에는 다양한 서체가 발전하면서 서체를 통한 감정 전달과 의미 강조의 효과를 도모하기 시작하였다. 이것은 마치 서양의 레토릭(rhetoric)이 문체의 발전과 변화를 담보하는 것처럼, 중국의 文을 통한 수사학이 서체의 발전과 변화를 담보하는 것이라고 할 수 있다. 서체를 통한 수사학적 효과라고 부를 수 있다. 그 이후 위진 시대 문인과 서화가들은 문학(文學)과 문사(文辭)를 미의식을 가지고 해석하였고, 윤리적 당위성을 가진 전통적 경학(經學)에서 독립된 영역으로 분화시켰다.

이처럼 중국의 문자는 아름다운 장식을 뜻하는 것에서 문장으로 발전하고, 문자 그 자체의 확대 재생산에 의해서 정서와 논리를 표현할 수 있는 문사로 발전할 수 있었다. 그런 의미에서 중국의 위진남북조 시대와 당·송대를 걸친 문사와 시가의 발전은 문자에 대한 허신의 개념 정립으로부터 설명될 수 있을 것이다. 그러나 이러한 '文' 개념의 전이와 분화가 의미하는 바는 단순하게 설명되기 힘들다. 왜냐하면 중국의 전통 시기 전체에 걸쳐서 공자가 제시했던 '문질빈빈(文質彬彬)'의 이상이 '문사'의 발전을 제어했던 힘을 무시할 수는 없기 때문이다. 장식적인 문사가 본래 전달하려고 했던 의도를 왜곡시키는 상황에 대하여 경계했던 맹자(孟子, B.C 372~289)도 '수사'의 맹목적인 발전을 위험하게 바라보고 있었다는 점에서 그 맥을 같이한다.

한대에 『맹자』를 주석했던 조기(趙岐, 108~201)는 맹자가 '文'과 '辭(사)'의 관계를 다음과 같이 설명하였다고 풀이하고 있다. "맹자는 비유에 뛰어났던 사람으로 그가 서술한 사건은 절박한 것은 아니어도 말하고자 하는 의도[意]는 적절하게 들어맞았다. 맹자가 말하기를 시를 해석하는 사람은 밖으로 드러난 '文'으로 내적인 의미를 가진 '辭'를 해쳐서는 안 되며, 또한 '辭'를 가지고 원래 저작의 뜻[志]을 해쳐서는 안 된다. 원래의 의도를 가지고 저작에 드러난 뜻을 잘 맞게 풀이하는 것, 그것이 올바른 방법이라고 할 수 있을 것이다."[43] 여기에서 말하는 '志(지)'는 원래의 저작이나 작가가 표현하려는 뜻이라고 할 수 있고, 여기에서 말하는 '文'과 '辭'는 의사가 밖으로 드러나서 그려진 것을 총체적으로 지칭하여 물상을 그린 '문자'로부터, 그것

43 趙岐「孟子題辭」: "孟子長於譬喩, 事不迫切而意以獨至. 其言曰, 說詩者, 不以文害辭, 不以辭害志, 以意逆志, 爲得之矣." 『孟子』 원문에 나온 내용은 다음과 같다. 『孟子·萬章』 上: "咸丘蒙曰, 舜之不臣堯則吾旣得聞命矣. 詩云, 普天之下, 莫非王土, 率土之濱, 莫非王臣. 而舜旣爲天子矣, 敢問瞽瞍之非臣, 如何? 曰是詩也, 非是之謂也. 勞於王事而不得養父母也. 曰此莫非王事, 我獨賢勞也. 故說詩者, 不以文害辭, 不以辭害志, 以意逆志, 是爲得之. 如以辭而已矣, 雲漢之詩, 曰周餘黎民, 靡有孑遺, 信斯言也, 是周無遺民也."

에 수식적인 꾸밈이 더해져 아름답게 어우러진 것이라고 할 수 있다. 이때의 문사는 더 나아가 잘 풀어서 이치에 맞게 설명해 놓은 문장을 포함할 수 있는 것이다.

맹자는 이처럼 문장과 문사의 과도한 사용이 원저작의 의도를 해치는 상황으로 발전하는 것은 옳지 않은 것이라고 경계하였다. 공맹(孔孟)으로부터 뿌리 깊게 작동하던 이런 이해는 중국의 전통 사회에 여전히 '文'을 통해 의사표현을 하는 모든 경우에 강하게 작동하고 있던 제어장치였다. 그리고 그것은 동시에 중국적 수사가 언어를 통한 웅변술의 발전으로 치닫지 못하고 문자를 통한 서예의 발달과 문장과 문사를 통한 미묘한 정서 표현에 머물러 있게 된 강력한 요인으로 작동했던 것으로 보인다.

이상에서는 文에서 문예와 서예로 개념이 확대되는 과정을 설명하였다. 그런데 우리가 이 책에서 다루려고 하는 것은 '文' 그 자체를 둘러싼 어의의 활용과 확산이다. 특히 이하 각 장의 내용은 '문자'에 초점을 맞추고 있다. 우선 I장에서는 고대 중국 예악론이 문자 이해에 끼친 영향을 다루려고 한다. 고대 중국의 '樂'에 대한 이해가 어떻게 '禮文'의 이념으로 확장되고, 그것이 '문자'와 어떤 관계를 맺으려고 하는지 논한다. II장에서는 한대 허신의 문자론이 만들어지기 전에 논의된 것들을 다루어 보고자 하였다. 선진 시기에 禮가 토대를 이루는 분(分)의 질서에 대항한 것은 있었는지, 그리고 다른 무엇이 '분류의 근거와 동이론(同異論)'을 제공하게 되는지 논한다. 이에 묵가(墨家)의 언어론을 잠깐 소개하고, 전통적인 분류법에 근간을 제공하는 음양오행론(陰陽五行論) 및 『역』의 논리를 설명한다. III장에서는 허신의 문자론에 초점을 맞춘다. 문자학에서 '육서'의 이론적 기초를 닦은 허신의 해석을 살펴본다. 허신이 해석한 자형과 의미의 관계를 통하여 『역』의 감응론(感應論)이 어떻게 반영되었고, 그것이 허신의 육서론으로 완성되는 과정을 설명한다. 마지막 IV장에서는 文이 주도하는 문자론의 구체적인 양상을 밝혀본다. 허신에 의하여 중국 문자가 상형성과 표음성 사이에서 어떤 길을 선택하게 되는지 살펴보고, 결국은 '상형'이 주도하는 의미 분류가 자형으로 어떻게 표현되는지, 그리하여 '자형'의 거대한 의미론적 연관구조가 어떻게 완성되는지 알아본다.

I

고대 중국 예악론禮樂論이 문자 이해에 끼친 영향

고대 중국의 악(樂)에 대한 이해

고대 중국에서 음악이 어떤 의미를 가지고 있었는가? 예술의 기원을 논할 때면 언제나 종교의례와 연관된 노래와 무용을 언급하게 되고 아울러 음악이 가진 원초적인 기능을 중요하게 보게 된다. 하지만 노래나 무용을 포함한 '음악'의 구성요소가 유형의 자료를 남겨 두기 어렵다는 이유 때문에, 아주 오래된 어느 시대에 예술의 중요한 분과였을 음악이 그 시대의 사회와 문화에 과연 얼마나 깊게 영향을 주었는가 살피기는 쉽지 않다.

고대 중국의 경우 음악에 대한 의미 있는 자료들이 전적에 산견되므로, 그것들은 어쩌면 고대 중국에서 사회, 정치, 문화에 음악적인 요소들이 상당히 의미 있게 침투해 있었을 가능성을 의심해 볼 만한 증거로서 다루어질 수도 있다.

첫째로는 『장자(莊子)』에 '육경(六經)'이라는 용어가 등장하는데, 육경을 구성하고 있는 경전 가운데 『악(樂)』이 거론되고 있다는 사실이다.[1] 현재 이 『악경(樂經)』의 존재 여부는 고증할 길이 없지만 음악에 대한 저술이 『예기(禮記)』와 『순자(荀子)』에 실려 전해진다. 『장자』

1 『莊子·天運』: "孔子謂老聃曰, 丘治詩書禮樂易春秋六經."

에서 언급한 여섯 개의 경전 가운데 「악경」을 제외한 오경(五經)은 완전한 문헌으로 남아 있다. 하지만 「악기(樂記)」가 『예기』 속에 편입되어 전해지고 있는[2] 점으로 미루어 보아 '음악'에 대한 이론이 단순히 오락, 유희적인 것으로 취급되지 않았음을 반증하고 있다.

둘째로는 전국(戰國) 시대 말엽 그 시대의 사상을 종합했다고 평가받는 사상가인 순자(荀子)가 그의 학문적인 성격으로 보아 결코 음악과 가깝지 않으면서도 하나의 완비된 음악론으로서 「악론(樂論)」을 그의 저서 속에 포함시켰다는 사실이다.

그 외에 음악적인 개념을 나타내는 말이 정치적이거나 교육적인 의미로 전용(轉用)되는 경우를 볼 수 있는데 그 대표적인 예가 '均(균)'자다. 『국어(國語)·주어(周語)』에는 "법률이란 '均'을 세워 법도를 보여주는 것"[3]이라는 기록이 나오는데 여기서의 '均'에 대해 위소(韋昭)는 다음과 같이 주(注)를 달고 있다. "均은 종(鐘)의 (소리를) 고르게 하는 나무로서 길이가 7尺이고 줄이 매달려 있다. 均을 가지고 종을 (고르게 한다는) 의미는 그것을 가지고 종(소리)의 크기나 청탁을 잰다는 뜻이다."[4] 원래는 소리를 고르게 하는 도구였던 '均'이 '고르게 하다, 조화롭게 만들다'는 의미로 쓰여 사회적인 법도나 규율의 제정에도 중

---

2 『漢書·藝文志』에는 漢나라의 河間獻王이 "毛生 등과 周官 및 諸子들이 음악에 대하여 이야기한 것을 뽑아 樂記를 지었다"("…與毛生等共采周官及諸子言樂事者以作樂記…")는 기록이 보인다. 또 『漢書·藝文志』에 '「樂記」 23편'이 등재되어 있으므로 「樂記」의 독립된 전적으로서의 당시 실존 여부를 분명히 밝히고 있는 것이다. 孔穎達의 『禮記正義』에 의하면 현재 전해지는 『禮記』 속에 어떻게 劉向의 교정과 편집을 거쳐 「樂記」가 수록되었는지를 알 수 있다.

3 『國語·周語』: "律所以立均出度也."

4 『國語·周語』 원문에 대한 韋昭의 注: "均者, 均鐘木, 長七尺, 有弦繫之. 以均鐘者, 度鐘大小淸濁也."

요한 개념을 제공하고 있음을 볼 수 있다. 『설문해자(說文解字)』에서 '均' 자를 찾아보면 '두루 고르게 한다[平徧也]'[5]는 의미로 풀이하고 있다.[6] 예컨대 '均' 자가 들어간 단어로 중국에서 대학 명칭의 기원으로 삼고 있는 '成均'이란 말은, '여러 가지 소리가 고르게 조화를 이루듯이 조화를 이룬다'는 의미로 해석될 수 있다. 왜 이 단어를 교육기관의 명칭으로 삼았는지는 좀 더 자세한 논의를 필요로 하겠지만, 분명한 것은 음악이 교육에서 중요한 위치를 차지하고 있었다는 점이다.

앞서 논의한 점들을 바탕으로 볼 때, '음악이 사회, 정치적으로 고대 중국에서 중시되었던 이유가 무엇이었을까? 그리고 그렇게 중시되던 음악에 대한 인식이 점차 쇠퇴하여 마치 춘추 시대 이후로는 '樂'에 대한 논의는 줄어들고 '禮'와 함께 언제나 병칭되며 심지어 '禮'가 더욱 중요한 개념으로 자리 잡게 되는 것을 확인할 수 있는데 그렇게 된 이유는 무엇일까?' 하는 질문들을 하게 된다. 필자는 이러한 질문에서 출발하여 고대 중국의 음악에 대한 이해를 살펴봄으로써 그것이 확장, 변형되어 가는 양상을 일별하고 그것이 禮文의 이념으로 정착하여 고대 중국 文字論에 어떠한 흔적을 남겨 놓았는지 알아보려고 한다.

『설문해자』를 살펴보면 '和(화)'는 "서로 응한다는 뜻이다[相應也]. 口로 구성되어 있으며 禾는 발음을 나타낸다[从口禾聲]."[7]라고 해설되

---

5 『說文解字』 13편 下 '土'부 '均' 자 참조.

6 '均' 자와 관련하여 한 가지 덧붙이고 싶은 말은 '韻' 자의 원글자가 '均' 자라는 점이다. '韻' 자는 魏晉 시대에 와서야 생겨난 글자로서 '음악에서 소리를 조화롭게 한다'는 뜻을 나타내는 '均' 자로부터 개념을 가져왔다.

7 『說文解字』 제2편 上 '口'부. '和' 자 참조.

어 있다. 입[口]이 하는 일이 애초에 먹는 일과 소리 내는 일, 즉 말하고 노래할 수 있는 일로 나뉜다고 보면,[8] '和'에도 먹는 것, 소리 내는 것과 관련된 의미가 분명히 있을 것이다. '和'가 먹는 것, 즉 맛과 관련이 있다는 증거로는 『좌전(左傳)·소공(昭公)』 20년의 기록을 들 수 있다.

> "和는 마치 국 맛을 내는 것과 같다. 물·불·고기 우린 국물에 소금으로 (간을 맞추고) 어육(魚肉)을 (그곳에) 삶는데 땔나무로 불을 땐다. 요리사는 그것을 조화시켜 맛을 낸다. 더한 것은 덜고 덜한 것은 더한다. … 만약 물[水]로 물의 간을 맞추려 한다면 누가 먹겠는가?"[9]

이 인용문을 통해 알아낼 수 있는 점은 두 가지다. 하나는 和와 조화로운 맛이 관계되는 말이라는 점이고, 또 하나는 물만으로는 먹을 수 있는 국이 나오지 않는다는 말로부터 보건대 조화로운 맛이란 어느 한 가지만으로는 결코 이루어지지 않는다는 점이다. 실제로 和가 결코 동일한 것으로의 통일[同]이 아님을 강조한 기록이 『좌전』 이외에 『국어』에도 보인다.

> "대체로 和는 실제로 만물을 낳고 同(동)은 (만물을) 이어 주지 못합니다. 다른 것으로써 다른 것을 화평하게 하는 것을 和라 합니다. 때문에 풍성하게 성장시킬 수 있어 만물이 그에 돌아갑니다. 만약 같은 것

---

8 『說文解字』 제2편 上 '口'부: "口, 人所以言食也."

9 『左傳·昭公』 20年: "和如羹焉. 水火醯醢鹽梅以烹魚肉, 燀之以薪. 宰夫和之, 齊之以味. 濟其不及, 以洩其過 … 若以水濟水, 誰能食之?"

으로써 같은 것을 덧보탠다면 거의 다 버리게 될 것입니다. … 소리가 단조로우면 듣는 자가 없듯이 物(물)이 하나만 있으면 文彩(문채)가 없고, 맛이 단조롭게 하나만 있으면 볼 만한 효과가 없으니, 物이 하나만 있으면 함께 도모하지 못하는 것입니다."[10]

각기 다른 것들이 자신들의 고유성을 잃지 않고 어울리는 것이야말로 바로 和다. 그것은 만물을 낳고 자라게 하고 귀속하게 하는 특징을 가진 점에서 결과적으로 죽게 하고 버리게 만드는 同의 작용과 다르다. 예를 들어 가야금 산조를 듣고 있으면 각 현의 소리가 제자리를 떳떳이 지키고 있는 것과 같이 '和'는 애초부터 다양한 것이 하나의 소리로 통일된 것이 아닌 채로 모여 있다는 의미를 가지고 있다.

和는 소리와의 관계도 긴밀하다. 『설문해자』 '龠(약)'부에는 '龢(화)' 자가 나온다. 허신(許愼)은 해설에서 "소리를 고르게 한다는 뜻이다[調也]. 龠으로 구성되었으며 禾가 발음을 나타낸다. 和 자와 같이 발음한다[从龠禾聲. 讀如和同]."라고 하였다.[11] '龠' 자 자체가 피리를 상형한 글자이므로 '龢' 자야말로 바로 악기를 통해 표현되는 '소리의 고름'을 나타내는 글자라고 할 수 있다. 『설문해자』에 주석을 한 단옥재(段玉裁)는 이 글자와 앞서 본 口부의 '和' 자가 발음은 같지만 의미는 다르다고 풀이하고 있다. 그런데 만약 단옥재의 주석에 따라 '和' 자를 '소리의 조화'와 연결시키지 않고 해석한다면, 『좌전』과 『국어』를 포함한 선진 시대의 기록에 등장하는 樂과 和의 밀접한 연관성을 설명할 수

10 『國語·鄭語』: "夫和實生物, 同則不繼. 以他平他謂之和, 故能豊長而物歸之. 若以同裨同, 盡及棄矣. … 聲一無聽, 物一無文, 味一無果, 物一不講."

11 『說文解字』 제2편 下 '龠'부, '龢' 자 참조.

없다. 따라서 『좌전』과 『국어』에 등장하는 '和'는 '龢'의 의미를 빌려 쓴 것이라고 본다. '和'와 '소리, 음악'과의 긴밀한 연결이 고대 중국인에게 특정한 의미를 지니고 있기 때문이다.

중국인들이 음악이 가진 특성과 효과를 일찍부터 인식할 수 있었던 이유 중의 하나는 종교적인 의식이나 집단의례와의 관련성 때문이었다. 종교와 음악이 불가분의 관계였음을 보여 주는 전적들이 중국에 많이 전해져 내려온다. 『주역(周易)·예괘(豫卦)』의 상사(象辭)에는 "음악을 만들어 상제(上帝)에게 제사 지내고 조상에게 배향한다."[12]는 진술이 보인다. 문화나 예술이 여타 다른 장르로 구분되기 이전의 시대에 음악에 대한 이해가 굉장히 포괄적이었음을 볼 수 있는 또 다른 기록은 『주례(周禮)』에도 보인다.

> "대사악(大司樂)은 성균(成均)의 법(法)을 관장함으로써 나라를 세울 수 있는 가르침과 정치를 다스리게 하였으며 나라의 자제들을 모아 덕이 있는 이와 도를 갖춘 이들에게 가르치도록 하였고, 그가 죽으면 악조(樂祖)로 삼아 고종(瞽宗)에 제사 지내게 하였다. 악덕(樂德)으로 자제들을 가르쳐서 화합하고 공경하고 효성스럽게 하고 악어(樂語)로 자제들을 가르쳐서 道를 즐거이 여기며 토론하고 말하게 하고 악무(樂舞)로 자제들을 가르쳐서 운문(雲門)·대권(大卷)·대함(大咸) … 대무(大武) 등을 추게 하였다."[13]

---

12 『周易·豫卦』: "象曰, 雷出地奮, 先主以作樂崇德, 殷薦之上帝, 以配祖考."

13 『周禮·春官·大司樂』: "大司樂掌成均之法, 以治建國之學政, 以合國之子弟焉, 凡有道者有德者使教焉, 死則以爲樂祖, 祭於瞽宗, 以樂德教國子中和祗庸孝友. 以樂語教國子興道諷誦言語, 以樂舞教國子舞雲門·大卷·大咸 … 大武."

음악을 관장하던 관리가 가질 수 있는 엄청난 힘을 제시한 인용문을 통해서 살펴볼 수 있다. 나라를 다스리는 자질과 정치를 가르칠 수 있는 힘이 그에게 부여되었다. 대사악은 음악적인 힘을 이용하여 중요한 인재들을 교육시킬 수 있는 관직이었다. 악의 덕, 악의 말[語], 악의 무용[舞]이라는 어휘에서 우리가 볼 수 있는 것은 선진 시대의 음악은 노래나 무용의 차원에서가 아니라 통합적인 문화와 예술을 가리키는 차원의 용어라는 점이다. 德과 語와 舞는 모두 음악의 중요한 요소로서 어느 하나도 소홀히 되지 않았다. 현재 음악을 여타 예술과 문화 영역에서 하나의 분과로 여기는 우리에게는 樂과 德의 결합이 대단히 생소한 것이 아닐 수 없다.

음악에 존재하는 엄청난 힘[德]은 바로 그것을 듣는 사람들을 소리의 조화[和]처럼 조화롭게[和] 만들 수 있다는 것이다. 이 힘은 각기 다른 감각기관을 소유한 개개인의 의식에 공감을 불러일으키면서도 제 모습 그대로 한자리에 모이게 하는 엄청난 힘이다. 음악이 교육과 정치에 유용하다는 판단을 내리게 되는 그 근저에는 이런 음악의 덕에 대한 주의와 집중이 쌓여 있지 않으면 안 된다. 『예기·악기』에는 "잘 다스려지는 시대의 음악은 편안하고 즐거운 느낌을 주어 그 시대의 정치는 조화롭고, 혼란한 시대의 음악은 원망스럽고 노여워하는 느낌을 주어 그 시대의 정치는 어그러져 있으며, 망해 가는 나라의 음악은 슬프고도 상념에 젖게 하여 그 백성들이 곤궁해진다. (그러므로) 음악에 표현되는 道는 정치와 통한다."[14]라고 하였다. 이런 기

14 『禮記·樂記』: "治世之音安以樂, 其政和, 亂世之音怨以怒, 其政乖. 亡國之音哀以思, 其民困, 聲音之道與政通矣."

록은 고대 중국인들이 음악과 정치를 긴밀하게 관련시켜 이해했음을 보여 준다. 정치적인 안정과 불안정을 재는 척도로서 음악을 이해하고 사용하였다고 할 수 있다.

그러나 음악이 가진 이 강력하고 포괄적인 힘은 점차로 禮가 나누어 가지게 되었는데 그것은 고대 중국의 전적에서 항상 禮·樂이 병칭되고 있음을 통해 짐작할 수 있다. 제사에는 음악만이 아니라 의식(儀式)이 있다. 이 의식을 일컬어 禮라고 부르기 시작한 것은 주대 초에야 가능하였다. 禮가 생겨난 이후 서주(西周)의 문헌이나 자료를 보면 禮가 인간교육에서 차지하고 있는 비중은 樂과는 비교할 수 없을 정도다. 앞에서 분명히 살펴보았듯이 고대 중국에서는 음악을 교육의 중심으로 삼고 있었으며 음악이 가진 교화력을 다른 어느 것보다도 높이 평가하였다. 하지만 춘추 시대 이후로 중국 귀족 교양인들이 인문교양의 바탕으로 삼은 것은 음악이 아닌 禮였다. 왜 그렇게 되었을까? 또 禮와 樂이 병칭되고, 분리되고, 독립되어 강조되는 과정에서 서로 주고받은 영향력은 없었는가? 이후의 논의에서는 이 문제를 중심으로 중국의 禮와 樂의 이해에 접근하도록 하겠다.

예문(禮文)으로의 확장

공자의 역할

『논어(論語)』와 『맹자(孟子)』를 살펴보면 禮에 대한 해석의 한 단서를 볼 수 있다.[15] 그것에 의하면 禮는 樂과 병칭되면서도 점차 중요한 위치를 점하는 것을 알 수 있다.

다음과 같은 비교가 가능하다면 禮와 樂의 상호관계가 보다 선명해질 수 있을 것이다. 禮란 행위에 관계되는 것으로서 보이는 것, 형식적인 것이라면 樂이란 개개인의 정감에 기초한 것으로서 들리는 것, 내용적인 것이라고 할 수 있다. 樂에서 '和'의 이상을 끌어낸 고대 중국인들에게 樂은 개개인을 사회 안에서 조화롭도록 만들 수 있는 적절한 수단으로 인식되었다. 그러나 사회가 발전할수록 음악이 가진 어느 정도의 규범성은 쉽게 파악하기도 어렵고 국지적이라는 단점을 가진다. 반면 공경과 절제를 표현하는 예의 규범성은 시공의 제약을 넘어 사람들이 쉽게 의식할 수 있고 실행할 수도 있는 장점을 가지고 있었다. 이러한 중점의 이동을 도식화해 보면 [그림 1-1]과 같다.

15 『論語·學而』: "不以禮節之, 亦不可行也."
『論語·憲問』: "文之以禮樂."
『孟子·離婁上』: "禮之實, 節文斯二者是也."

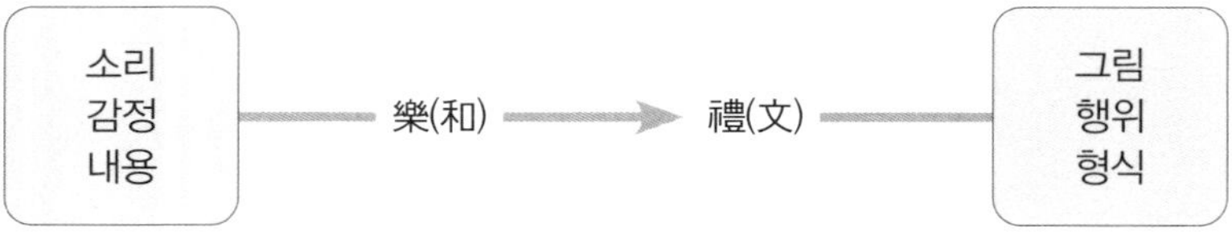

[그림 1-1] 樂과 禮의 관계

춘추 시대에 제후와 귀족들은 지나치게 禮의 문식 방면의 효과를 이용하려고 한 나머지 내용이 없는 형식만을 추구하는 경향을 가지고 있었다. 이때 文이나 禮가 가진 직접적이고 적극적인 효과를 인정하는 동시에 樂이 가지는 내용과 효과 역시 소홀히 되어서는 안 된다는 것을 역설한 철학자가 바로 공자였다.

공자는 禮뿐만 아니라 樂을 최고 가치로 여겼고 음악으로 완성되는 경지야말로 가장 높은 차원임을 인정하였으며, 음악과 불가분의 관계에 있는 詩를 중시하였다. 『논어』의 곳곳에서 시와 음악에 대한 감상을 만날 수 있는데 공자의 음악에 대한 중시는 개인의 교양 면에서뿐만 아니라 정치적인 방면에서도 여실히 드러난다.

공자는 무엇 때문에 음악을 그처럼 중시하였는가? 『논어(論語)·옹야(雍也)』에 나오는 구절을 보면 "그것[道]을 아는 사람은 그것을 좋아하는 사람만 못하고 그것을 좋아하는 사람은 그것을 즐기는 사람만 못하다"[16]고 하였다. 道(도)를 즐거움으로 삼는 경지에 도달해야만 비로소 사람과 道가 일체를 이루어 추호의 간격도 없게 된다. 즐거움이란 감각기관을 통하여 나오는 쾌감이기 때문이다. 감각기관을 통하여 도를 즐거움으로 삼게 되면 감각기관의 생리작용이 道와 마찰

16 『論語·雍也』: "子曰, 知之者, 不如好之者, 好之者, 不如樂之者."

을 일으키지 않고 서로 완전히 융합되어 道를 지지해 주는 구체적인 힘이 되는데 이때 인간은 평안하면서도 충만하게 고양되는 인격을 갖출 수 있다. 『논어』 이후로 인격 수양의 길에서 樂을 중시하게 된 것은 바로 이 때문이다. 『예기·악기』에서도 "樂이란 바로 즐거워하는 것이다."[17]라고 정의하지 않았는가.

그러나 공자는 음악을 통한 쾌락을 무한대까지 인정한 것은 아니었으며 지나치거나 몸을 상하게 하는 데까지 이른 음악은 '음란하다'는 평가를 내렸다. 절제할 수 있는 단계에 이른 음악이라야 아름답고도[美] 동시에 善(선)하다는 평가를 받을 수 있었으며 그런 음악이야말로 바로 '中(중)'에 부합되는 음악이다. 소(韶)에 대한 평가, 그리고 관저(關雎)에 대한 평가를 보면 공자의 음악에 대한 기본적인 규정을 엿볼 수가 있다.[18]

음악에서 표현되어야 하는 즐거움의 절제·중용이란 禮의 측면에서 영향을 받은 것으로서 형식상의 절제뿐만 아니라 감정적이고 내용적인 면에서의 절제를 의미하는 것이었다. 공자가 "형식과 내용이 어우러지는[文質彬彬]" 완결성을 언급할 때 결코 禮로도 樂으로도 기울어짐이 없었다.

공자가 음악을 중시한 것은 음악 자체의 경지를 도덕적인 인격의 완성 상태로 간주하였기 때문은 아니다. 훌륭한 음악을 접하고 나면 순수하고 올바른 마음, 즉 仁(인)의 마음을 불러일으킬 수 있어서 詩에 "興할 수 있는[可以興]" 효과가 있음은 인정하였지만, 음악 자체

17 『禮記·樂記』: "樂者, 樂也."

18 『論語·八佾』: "子曰, 關雎, 樂而不淫, 哀而不傷." "子謂, 韶, 盡美矣, 又盡善也."

가 곧 도덕적인 인격의 완성 경지인 仁이라는 말은 결코 아니었다. 『논어·팔일』에서 공자가 "사람이면서 仁하지 않으면 禮는 무슨 소용이며 사람이면서 仁하지 않으면 樂은 무슨 소용인가?"[19]라고 했을 때에, 새로이 仁과 禮樂을 결합시켜야 한다는 당위가 그의 생각 속에 담겨 있었다. 공자는 고대로부터 전승된 문화의 총체로서 음악을 중시하는 동시에 음악이 정치상의 교화에 도움이 될 뿐만 아니라 인격을 수양하고 향상시켜 도덕적인 최고의 인격단계인 仁의 완성에 이르는데 중요한 수단이며 과정이 된다는 것을 분명히 인식하고 있었다.

순자의 집대성

피석서(皮錫瑞, 1850~1908)의 『중국경학사(中國經學史)』를 살펴보면 공자 이후로 경서들을 정리하고 편집하여 후세에 남긴 작업을 한 인물이 바로 순자임을 알 수 있는 기록들을 찾아볼 수 있다.[20] 인간 본성에 대한 해석에서 순자와 대비되는 입장을 가진 맹자의 경우 경(經)을 전했다는 기록을 찾아보기 힘들며 사승관계를 통한 맥도 그다지 알려져 있지 않다. 고전을 보존하고 정리하는 데 노력을 아끼지 않은 고대 중국의 전례를 살펴보건대 이것은 필연적인 이유를 가지고 있는 듯하다. 그것은 양자 간에 禮文에 대한 이해의 차이에서 기인한 것은 아닌가 한다. 시대의 변화에 따라 필연적으로 형식을 통한 절제의 의미를 지닌 禮는 강화될 수밖에 없다. 이것에 구체적인 내용을 담아 보려고 노력했던 공자의 후계자로서, 순자는 禮·文의 중요성을

19 『論語·八佾』: "子曰, 人而不仁, 如禮何? 人以不仁, 如樂何?"
20 皮錫瑞, 『中國經學史』 제2장 經學의 流傳時代 참조.

충분히 알고는 있었다. 그러나 순자는 동시에 樂이 가진 정감적이고 개인적이지만 내용을 담보하는 중요한 수단으로서의 기능을 강조하고 언급하였다. 그래서 순자에 이르기까지는 禮와 樂이 병칭된다. 그러나 순자는 더 분명하게 禮를 강조하였다.

순자는 인간의 본성을 절제하고 조절하는 것에 주력하여 "예는 文을 높이 받드는 것이다[禮之敬文也]."라고 하면서 文을 진일보시켜 엄격한 규범적인 뜻으로 변화시켰고 그것을 法(법)과 서로 접근시켰다.

그렇지만 樂과 禮의 상호배합을 인정한 점에서 순자는 법가(法家)와 크게 구분된다. 순자가 비록 인간의 본성[性]은 악하고 감정[情] 또한 취약한 것이라고 인정하기는 했지만 性과 情은 인간 생명력 중에 강대한 에너지이기 때문에 '외부로부터 제약받는' 禮의 강제력에만 의지할 수는 없으며 아송(雅頌)과 같은 훌륭한 음악의 작용을 통하여 성정(性情)을 이끌고 변화시킬 수 있다고 믿었다. 지나치게 禮의 강제성을 강조하지 않았다는 점에서 순자는 법가와 다르다. 후에 "정치를 힘쓰지 않고 樂을 좋아하는 것은 몸을 망치는 일"[21]이라고 혹평한 한비자(韓非子)와 비교해 보아도 순자의 예악론은 분명히 법가와 다르다.

『예기 · 악기』의 예악론

순자학파의 설을 그대로 계승하면서 『순자·악론』을 그대로 인용하고 있는 『예기·악기』를 살펴보면 인성(人性)에 대한 기본사상이

21 『韓非子』: "不務聽治而好五音, 則窮身之事."

순자와 일치한다. 비록 『예기·악기』가 음양오행사상을 수용하고 적지 않게 『역경(易經)』의 문장을 답습하고 있으나 그 근본에는 순자의 악론(樂論)이 작용하고 있는 것으로 보인다. 그에 의하면 욕망은 인간이 본성으로 지니고 있는 것으로서 '理'를 가지고 절제하지 않으면 극대한 惡이 되고 천하가 편안하지 못하게 된다. 이때 인간 욕망의 제어와 절제에 음악이 무엇보다 중요하다. 그 이유는 음악이야말로 인간의 욕망과 깊은 관계를 가지고 있는 호오(好惡) 등의 감정이 禮를 지향하고 예의에 부합되도록 만들어 주기 때문이다. 『악기』는 "선왕이 禮樂을 제정한 것은 신체와 감각의 욕망을 극대화하려는 것이 아니라, 사람들의 감정을 안정되게 하고 바른 길로 돌아가게 하려는 것이다."[22]라고 설명하였다. 이것이 바로 순자 악론의 기본사상이다. 다음에 인용하고 있는 『예기·악기』의 문장들을 살펴보면 그것이 순자의 논리와 얼마나 깊은 관계를 가지고 있는지 알 수 있다.

> 음악이란 조화를 떠나서는 이루어질 수 없는 것이며, 예란 이치를 떠나서는 이루어질 수 없는 것이다. 악은 같은 것을 합하는 것이고 예는 다른 것을 나누는 것이다.[23]

> 위대한 음악은 천지와 더불어 조화를 이루고[和], 위대한 禮는 천지와 더불어 절제한다[節]. 조화를 이루는[和] 까닭에 만물이 그 본성을 잃

22 『禮記·樂記』: "是故先王之制禮樂也, 非以極口腹耳目之欲也, 將以教民平好惡, 而反人道之正也."

23 『禮記·樂記』: "且樂也者, 和之不可變者也. 禮也者, 理之不可易者也. 樂合同, 禮別異."

지 않고, 절제할 수 있는[節] 까닭에 천지에 제사를 지낸다.[24]

樂은 천지의 조화[和]이고 禮는 천지의 질서[序]다. 조화를 이루는[和] 까닭에 만물이 모두 변화하고, 질서를 이루는[序] 까닭에 모든 사물이 구별된다. 그래서 樂은 하늘로 말미암아 만들어지는 것이고 禮는 땅에서 만들어지는 것이다.[25]

이상의 예문들을 보면 선진 시대 공자 이전부터 순자의 시대에 이르기까지의 음악에 대한 이해가 禮와 함께 철학적으로 정리되었음을 알 수 있다. 禮·樂의 병칭과 함께 그것에 짝하는 각 용어와 의미는 마치 이원적인 계열을 형성하고 있는 듯하다. 예를 들어 禮와 樂, 和와 理, 和와 節, 和와 序, 化와 別, 天과 地, 仁과 義 등을 연결시키면 다음과 같이 기다란 평행선의 철로처럼 이어진다.

樂 ==== 和, 化 ==== 仁 ==== 天
禮 ==== 理, 節, 序, 別 ==== 義 ==== 地

『예기·악기』의 문장들이 『주역·계사』의 문장들과 일견 흡사한 맥락으로 전개되는 이유도 이런 이원적인 교차구성법을 바탕에 깔고 있기 때문이다. 더 깊이 살펴보면 '예악', '천지', '인의'의 이원구조 속에 和와 中의 의미가 내재되어 있는 것을 알 수 있다. 和와 中의 이념

24 『禮記·樂記』: "大樂與天地同和, 大禮與天地同節. 和故百物不失, 節故祀天祭地."
25 『禮記·樂記』: "樂者, 天地之和也, 禮者, 天地之序也. 和故百物皆化, 序故群物皆別. 樂由天作, 禮以地制."

은 다분히 음악으로부터 시작된 것이기도 하다. 음악을 통한 다양성의 조화에 대한 생각은 공자의 예악론으로 계승되었으며, 순자는 그것을 더 치밀히 조직하여 설명하였고, 춘추전국 말기를 지나 한대 초의 『예기·악기』의 사상으로 집대성되었다.

예악(禮樂)과 문자(文字)의 관계

『예기·악기』의 예악론은 『주역(周易)·계사(繫辭)』의 편집에도 기본 틀로서 작용하였으며 문자에 관한 최초의 저술인 『설문해자(說文解字)·서(敍)』로 계승되었다.

허신은 『설문해자·서』에서 "우러러 하늘[天]에서 象을 보고 굽어서 땅[地]에서 法을 본다."[26]고 하였다. 이 문장은 그대로 『주역·계사』의 "우러러 하늘에서 象을 보고 굽어서 땅에서 法을 본다[仰則觀象於天, 俯則觀法於地]"는 구도를 계승한 것이다.

『주역·계사』에 의하면 '禮'의 개념을 '象'과 연관시키고 있는 대목이 많이 보인다. 예를 들어 "성인은 천하의 숨어 있는 지극한 이치를 살피고 그 형용(形容)으로부터 미루어 '사물의 마땅한 모습[物宜]'을 본떴으니 그것을 일러 '象'이라고 한다. 성인은 천하의 드러나는 움직임을 살피고 그것들이 모이고 서로 통하는 것을 관찰하여 '올바른

---

26 『說文解字·敍』: "仰則觀象於天, 俯則觀法於地."
『說文解字·敍』의 이 문장은 『周易·繫辭下』를 그대로 계승하였는데, 이처럼 象과 法, 象과 形을 天과 地에 대비시키는 구도는 『禮記·樂記』나 『周易·繫辭』의 어디서나 쉽게 찾을 수가 있다. 예를 들어 "하늘에서 상(象)을 만들고 땅에서 형(形)을 만든다[在天成象, 在地成形]"는 구절은 두 군데 모두에서 보인다.

禮[典禮]'를 행하게 하고 그것을 풀이하는 말을 붙여서 길흉을 판단하게 하였으니 그것을 일러 '爻'라고 한다."[27]라고 하였는데, 이것은 천하의 이치가 숨어 있는 온갖 사물의 모양에서 진정으로 보여야 하는 모습을 본뜨는 일을 象이라고 하고 그렇게 본뜬 결과로서의 형상 또한 象이라고 부른다는 뜻으로 해석될 수 있다. 이것이 주역 전체를 관통하는 가장 중요한 논리이기도 하다. 『주역·계사』(下)의 제3장에는 "역(易)은 바로 이런 형상들[象]이다. 형상은 사물의 모양에서 진정으로 보여야 하는 모습을 본뜨는 일[像]을 통한 결과물이다."[28]라는 말이 보인다. 이 문장 또한 사물의 모습을 담은 형상[物象]과 천하의 이치를 담은 역상(易象)이 내면적인 논리를 함께하고 있다는 것을 선언한 것이다. 『주역』은 象과 爻의 관계를 통해 역상과 길흉에 대한 판단이 어떤 관계를 가지고 있는지를 설명하려 하였고 그 과정에서 사물의 마땅한 모습[物宜]과 올바른 예[典禮]를 연관시켰다.

「계사」의 象의 논리는 허신에게 오면 『설문해자』를 지탱하고 있는 문자의 논리로 전환된다. 다음의 예문은 『설문해자』가 얼마나 『주역·계사』에 깊은 영향을 받았는지 보여 주는 대목이다.

> 옛날 포희씨(包犧氏)가 천하를 다스릴 때에 우러러서는 하늘의 형상을 보고, 구부려서는 땅의 법을 보았으며, 새와 짐승의 무늬와 땅의 마땅함을 보았는데, 가까이에서는 몸에서 (그 모양을) 취하고 멀리에서는 온갖 사물에서 (그 모양을) 취하여, 비로소 팔괘(八卦)를 지었다. 이

27 『周易·繫辭』 上 8장: "聖人有以見天下之賾, 而擬諸其形容, 象其物宜, 是故謂之象. 聖人有以見天下之動, 而觀其會通, 以行其典禮, 繫辭焉以斷其吉凶, 是故謂之爻."

28 『周易·繫辭』 下 3장: "易者, 象也, 象也者, 像也."

것으로서 신명의 덕을 통하고 만물의 실정을 類로 모아 놓았다. 그 후에 노끈을 매어[結繩] 그물을 만들어서 사냥하고 물고기를 잡았다. … 상고(上古) 시대에는 노끈을 매서[結繩] 다스렸는데 후세에 성인이 서계(書契)로 바꾸어 그것을 가지고 모든 관료를 다스리고 모든 백성을 살폈으니, (書契가 만들어진 의미는) 대개 易의 夬(쾌)괘에서 취할 수 있는 것이다.[29]

이 인용문은 『주역·계사』(下) 제2장의 첫머리에 나오는 것이다. 허신이 편찬한 『설문해자·서』를 살펴보면 역시 이와 거의 동일한 문장을 만날 수 있다. 다음은 『설문해자·서』의 첫머리다.

옛날 포희씨(包犧氏)가 천하를 다스릴 때에 우러러서는 하늘의 형상을 보고, 구부려서는 땅의 법을 보았으며, 새와 짐승의 무늬와 땅의 마땅함을 보았는데, 가까이에서는 몸에서 (그 모양을) 취하고 멀리에서는 온갖 사물에서 (그 모양을) 취하여, 비로소 팔괘(八卦)를 지었다. 그것을 가지고 '모범이 되는 상[憲象]'을 후세에 전하였다. 신농씨(神農氏) 때에는 매듭을 묶어서[結繩] 다스리고 그 정사를 통괄하였다. 모든 일이 대단히 번잡해지자 수식과 거짓이 많이 생겨났다. 황제의 사관인 창힐(倉頡)이 새와 짐승이 지나간 발자국을 보고 (사물의) 무늬에서 나타나는 이치

29 『周易·繫辭』 下 2장: "古者包犧氏之王天下也, 仰則觀象於天, 俯則觀法於地, 觀鳥獸之文與地之宜, 近取諸身, 遠取諸物, 於是始作八卦, 以通神明之德, 以類萬物之情. 作結繩而爲罔罟, 以佃以漁, … 上古結繩而治, 後世聖人易之以書契, 百官以治, 萬民以察, 蓋取諸夬."

가 서로 다르다는 것을 알아서 처음으로 서계(書契)를 만들었다.[30]

『주역·계사』의 문장을 살펴보면 '팔괘-결승-서계'의 구도를 가지고 인간이 최초로 문자를 통치의 수단으로 삼았음을 설명하려고 한 것을 알 수 있다. 이 구도는 『설문해자·서』에서도 계승된다. 그러나 허신은 문자의 '원초적인 근원'을 담보해 주는 팔괘(八卦)로부터 시작된 문자의 변화에 대하여 좀 더 치밀한 논의를 펼치고 있다.[31] 예를 들어 '팔괘'가 만들어지는 대목에 '헌상(憲象)'을 연결시킨 것, '서계'가 만들어지는 대목에 문자를 창제했다고 전해지는 구체적인 인물 '창힐(倉頡)'을 언급한 것 등은, 『주역·계사』의 서술보다는 한 발자국 더 나아가고 있다.

분명한 것은 허신이 『주역·계사』의 논리에 근거하여 象의 개념을 보다 강조하고 그것을 문자에 접목시키려고 하였다는 점이다. 허신은 하늘[天]과 땅[地]의 분리를 통해 '괘상(卦象)'이 만들어지고 땅에 있는 만물[物]이 그 모양에서 구별된다는 형상의 논리[理]에 의해 '모범이 되는 상[憲象]'을 담고 있는 구체적인 文字가 생성되고 있음을

30 『說文解字·敍』: "古者庖犧氏之王天下也. 仰則觀象於天, 俯則觀法於地. 視鳥獸之文與地之宜. 近取諸身, 遠取諸物, 於是始作易八卦, 以垂憲象. 及神農氏. 結繩爲治, 而統其事. 庶業其繁, 飾僞盟生, 黃帝之史倉頡, 見鳥獸蹏迒之迹, 知分理之可相別異也. 初造書契."

31 八卦로부터 시작되는 그의 문자론은 '실증적'인 부분과 '형이상학적' 부분이 만나는 접점이다. 현대의 대부분의 문자학자는 '팔괘-결승-서계-창힐'의 구도는 신화적이거나 형이상학적인 사고의 반영이라고 간주하는 반면에 '고문-대전-소전-예서-해서'의 도식은 과학적이고 실증적인 것이라고 간주하지만 그들이 어떻게 같은 논리로 연결되어 있는지를 설명하지 않은 채로 허신의 문자관 안에 여러 가지 관점이 혼재되어 있는 것으로 서술하고 있다(王力, 『中國語言學史』, 中國圖書刊行社, 1984. 陸宗達 지음, 金槿 옮김, 『說文解字通論』, 啓明大學校出版部, 1986).

설명하려고 하였다. 이것은 '팔괘'로부터 '결승-서계-문자'로 이어지는 허신의 문자생성론, 문자변화론의 중요한 토대로 작용하였다.

허신이 易의 八卦의 원리나 象의 개념의 강조를 통해서 자신의 문자이론의 근거를 찾고 있다는 것은, 다른 측면에서 말하면 그가 문자의 '근원(根源)'을 추구하여 논리적 토대를 만들려고 했던 갈망이 표출된 것이다.[32] 그런데 허신의 이러한 '근원'주의 속에는 실제 문자 변화의 역사 속에서 가장 오래된 글자인 '고문(古文)'이 얼마나 중요한 것인가 하는 초점이 내재되어 있다. 다음의 예문을 살펴보자.

> 진시황(秦始皇)이 처음으로 천하를 통일하자 승상인 이사(李斯)는 상주를 올려 (문자를) 통일시키고 진나라 문자와 맞지 않는 것은 없애도록 건의하였다. … 이사는 … 사주(史籒)의 대전(大篆)에서 (자체)를 취하면서 어떤 경우 크게 생략하고 고쳤으니 이것을 소전(小篆)이라고 한다. 이때 진나라에서는 경서를 불살라 없애고 옛 전적을 씻어 버렸으며 관리와 병사들을 크게 징발하여 변방의 노역에 동원하느라 관서와 옥

32 이 사실은 애초부터도 허신이 문자의 기원을 '八卦'에 두면서 실질적인 문자의 출생을 '夬'괘의 상사와 연결시킨 것과도 밀접한 관련이 있다. 다음 대목은 『說文解字·敍』에서 그것에 대하여 말한 것이다. "모든 일이 대단히 번잡해지자 수식과 거짓이 많이 생겨났다. 황제의 사관인 倉頡이 새와 짐승이 지나간 발자국을 보고 (사물의) 무늬에서 나타나는 이치가 서로 다르다는 것을 알아서 처음으로 書契를 만들었다. 그것을 가지고 모든 관리를 다스리고 모든 백성을 살폈다. 이는 아마도 '夬'괘에서 의미를 취한 것이다. '夬란 왕의 조정에서 드러난다(夬卦의 卦辭)'고 하였으니 (그 뜻은 다음과 같다.) 文이란 왕자의 조정에서 교화를 밝히 펴는 것이니 '군자가 녹을 베풀어 아래에 미치게 하고 덕을 숭상하고 금기를 세우는 수단이 된다'(夬卦의 象辭)[庶業其繁, 飾僞盟生, 黃帝之史倉頡, 見鳥獸蹏迒之迹, 知分理之可相別異也. 初造書契, 百工以乂, 萬品以察, 蓋取諸夬, 夬, 揚于王庭, 言文者, 宣教明化於王者朝庭, 君子所以施祿及下, 居德則忌也]."

사의 직무가 복잡해졌다. (그래서) 최초로 예서(隸書)가 생겨나 간략함을 추구하게 되었는데 이 때문에 고문의 (전승은) 끊겨 버렸다.[33]

왕망(王莽)의 시대에는 여섯 가지 서체[六書]가 있었는데 그 첫 번째는 고문(古文)이다. 이것은 공자(孔子)의 벽중(壁中)에서 나온 글(에 기록된 문자)이다. … 벽중에서 나온 글이라는 것은 노공왕(魯恭王)이 공자의 집을 헐었을 때 얻은 『예기(禮記)』, 『상서(尙書)』, 『춘추(春秋)』 그리고 『논어(論語)』와 『효경(孝經)』이다. … 비록 (문자가) 원래 어떻게 해서 시작되었는지 다 회복시킬 수 없었지만 (그것만으로도) 구체적인 실례로서 고문의 모습을 대강 짐작할 수는 있었다.[34]

위에서 제시한 인용문들은 창힐의 문자 창조 이후에 허신 당대까지 문자가 어떻게 계승되고 변화되어 왔는지를 설명하고 있다. 허신에 의하면 창힐 다음에 계승되는 것은 태사(太史) 주(籒)의 대전 15편이었고[35] 그것을 이은 것은 이사(李斯)의 소전이었다. 그러나 그 이후 예서가 유행하면서 창힐로부터 계승되는 본래의 면모는 사라지게 되었다. 원래의 문자의 모습이 다 사라진 후에 노공왕(魯恭王)이 공자의 집 벽을 헐다가 발견한 벽중서(壁中書)야말로 허신에게 있어서 창힐의 본래의 문자 자형을 보여 주는 고문이며 까마득한 원류를 설명해 주는

---

33 『說文解字·敍』: "秦始皇帝初兼天下, 丞相李斯乃奏同之, 罷其不與秦文合者. 斯 … 皆取史籒大篆, 或頗省改, 所謂小篆者也. 是時, 秦燒滅經書, 滌制舊典. 大發吏卒興戍役. 官獄職務繁, 初有隸書, 以趣約易, 而古文由此絶矣."

34 『說文解字·敍』: "時有六書: 一曰古文, 孔子壁中書也. … 壁中書者, 魯恭王壞孔子宅, 而得禮記尙書春秋論語孝經. … 雖回復見遠流, 其詳可得略說也."

35 『說文解字·敍』: "及宣王太史籒, 著大篆十五篇."

정말로 가치 있는 자료였다.

그런데 이렇게 놀라운 역사적인 '고문'의 발견이 제대로 평가받지 못하는 이유는 당시 다음과 같은 시대적인 병폐가 만연해 있었기 때문이었다. 허신이 보기에 당시 사람들은 문자 근원의 면모를 무시하고 '예서'만을 보고서 마음대로 추단하고 있었다. 당시 사람들이 미혹되어 있는 정도는 거의 상상을 초월할 지경이어서 명백한 상형자인 '長(장)' 자를 말의 머리에 사람의 모양이 합해진 것이라고 해석한다든지, '斗(두)' 자를 사람이 十(십)을 쥐고 있는 모양이라고 해석한 것이라든지, '虫(훼)' 자를 中 자를 구부린 글자라고 본다든지 하는 괴이한 해석이 난무했다. 이러한 괴이한 억측은 허신이 보기에 거의 공자의 고문이나 주선왕(周宣王)의 대전 자형에 전혀 들어맞지 않는 것이었다.[36] 게다가 그런 설을 신봉하는 사람들은 오히려 자신들이 믿고 있는 것이야말로 올바른 것이며, '공자의 벽중서'를 창힐의 원류를 보여 주는 정확한 자료라고 주장하는 사람들이야말로 벽에다 이상한 자형을 날조하여 세상을 어지럽히는 무리들이라고 비난하였다. 허신은 이러한 상황을 개탄하였고 고문 자형을 우위에 두어서 그 문제를 해결해 나가려고 하였다.

왜 허신은 공자의 고문을 중심에 두고 논의를 전개하게 되었을까? 왜냐하면 그 속에서 문자론에 '도덕적 근본'이라는 유가적인 윤리관을 뿌리내릴 수 있기 때문이었다. 허신은 『설문해자·서』의 결론 부분에서 "근본이 서야 올바른 도가 생긴다[本立而道生]"는 공자의 말을 인용하여 '공자'라는 이름이 가진 도덕성에 기대면서 '고문'의 역사적

36 『說文解字·敍』: "乃猥曰: 馬頭人爲長, 人持十爲斗, 虫者, 屈中也. 廷尉說律, 至以字斷法: 苛人受錢, 苛之字, 止句也. 若此者甚衆, 皆不合孔氏古文, 謬於史籀."

인 실증성을 부각시키려고 하였다. 공자의 벽중서를 중심으로 논의를 전개하고 있는 허신의 입장으로부터 정리한다면, 공자의 벽중서야말로 당시에 만연하여 있던 근거 없는 문자 해석을 교정하여 줄 수 있는 유일한 자료였으며 따라서 주선왕 때의 대전 15편보다도 그 가치가 뛰어난 것으로 인정받아야 했다. 이렇게 허신의 의도를 읽어 나간다면 공자-고문-창힐과의 연계성에 다시 한번 주목해 봐야 한다.

다음의 인용문은 허신이 얼마나 철저하게 고문 위주의 문자관을 정립하려고 하였는지를 극명하게 보여 준다. 허신에게 있어서 '古文-孔子-根本-道'의 구도는 바로 '文字-(根本)-經典'의 구도와 함께 맞물려 있다. 그러므로 근본이 되는 경전은 반드시 근본이 되는 고문으로 해석되어야 한다.

> 『서(書)』에는 "내가 고인(古人)이 만든 상(象)을 보려 한다."라는 구절이 있는데, 이 말은 반드시 옛 글을 따르고 억지로 고집하려고 하지 않았다는 뜻이다. 공자가 말하기를 "내가 역사가들의 '모르는 곳을 비워 두는 전통[闕文]'을 따르려 하나 지금은 없어졌다."라고 하니, 이는 잘 모르면서도 묻지 않고 마음대로 이용하는 것을 비난한 것이다. 옳고 그름의 기준이 없어지고 교묘한 말들로 인해 경전의 말[辭]이 쇠퇴하였으니 천하의 학자들이 의심하게 되었다. 무릇 문자는 경예(經藝)의 근본이고 왕정(王政)의 시작이며 옛사람들이 후세에 남긴 것이기도 하며 후인들이 과거를 아는 방법이 되는 것이다. 그러므로 근본이 서야 올바른 도가 생기며[本立而道生] 천하의 지극한 근본을 알아야 어지럽지 않다고 말할 수 있다.[37]

허신은 대전에서 예서까지 역사적인 변천을 논술하는 대목을 자신의 '고문'중심주의와 적절하게 연결시켰다. 이러한 허신의 역사적인 관점은, 당시 예서에만 근거하여 자행되던 무분별한 자형상의 의미 설명과 아전인수(我田引水)격의 해석에 비하면 실증적인 장점을 가지고 있다. 허신이 "근본이 서야 올바른 도가 생긴다[本立而道生]"는 공자의 말을 인용한 이유도 실은 '공자'라는 이름이 가진 도덕성에 기대면서 '고문'의 역사적인 실증성을 부각시키기 위해서였다.

허신의 象 중심의 근원주의와 고문 중심론이 그의 문자 연구에 어떤 영향을 끼쳤는가를 『설문해자』의 형식과 『이아(爾雅)』의 형식을 비교함으로써 일별해 보기로 하겠다. 원래 『이아』·『방언(方言)』 계통의 사전들은 전주(轉注)나 가차(假借) 계열의 글자들을 항목별로 정리하였고 『창힐(倉頡)』·『훈찬(訓纂)』·『방희(滂熹)』·『범장(凡將)』·『급취(急就)』 등의 여러 편은 요즈음 볼 수 있는 『천자문(千字文)』처럼 4언으로 구성되어 있거나 7언으로 구성된 것들로서 글자 하나하나에 대한 설명은 전혀 없다. 『설문해자』에 와서야 비로소 낱개 글자에 대한 분석과 의미 구별이 가능해졌다. 『설문해자』 '一'부 속자들의 해설을 살펴보면 다음과 같다.

元: 始也, 从一兀聲

'元'은 '시작'이라는 뜻이다. '一'은 의미성분이고 '兀'은 발음성분

37 『說文解字·敍』: "書曰, 予欲觀古人之象. 言必遵修舊文, 而不穿鑿. 孔子曰: 吾猶及史之闕文, 今亡矣夫! 蓋非其不知而不問. 人用己私, 是非無正, 巧說衺辭, 使天下學者疑. 蓋文字者, 經執之本, 王政之始. 前人所以垂後, 後人所以識古. 故曰 本立而道生. 知天下之至嘖而不可亂也."

이다.

天: 顚也 至高無上, 从一大

'天'은 '머리 꼭대기'라는 뜻이다. '一'과 '大'를 의미성분으로 한다.

丕: 大也 从一不聲

'丕'는 '크다'는 뜻이다. '一'은 의미성분이고 '不'은 발음성분이다.

吏: 治人者也 从一从史 史亦聲

'吏'는 '다른 사람을 다스리는 자'다. '一'과 '史'를 의미성분으로 하고, '史'는 발음성분이기도 하다.

허신은 하나하나 글자의 구성성분[从]을 나누어 의미와 발음을 분명히 구별해 주고 있다. 이러한 방법은 문자의 형상[形]에 대해 깊은 연구와 분석을 보여 준다. 『이아(爾雅)·석고(釋詁)』 첫 번째 항목과 두 번째 항목을 비교하여 살펴보자.

初哉首基肇祖元胎俶落權輿, 始也

初, 哉, 首, 基, 肇, 祖, 元, 胎, 俶, 落, 權輿는 '시작(始)'이라는 뜻의 글자들이다.

林烝天帝皇王后辟公侯, 君也.

林, 烝, 天, 帝, 皇, 王, 后, 辟, 公, 侯는 '임금(君)'이라는 뜻의 글자들이다.

『이아』에 의하면, '元은 始이다', '天은 君이다'라고 정의하게 된다. 그에 비해서 『설문해자』에서 "元의 一은 의미성분이고 兀은 발음성분이다.", "天은 一과 大를 의미성분으로 한다."라고 말하게 된 것은 실로 엄청난 전환이다.

허신이 『이아』 등에 보여 주는 문자 나열 방식의 의미풀이에서 벗어날 수 있었던 배경에는 『주역·계사』로부터 발전한 象 개념이 있었으며, 문자의 원형을 보존하여 경전을 해석하려는 고문학(古文學)의 발전이 있었다. 특히 허신은 자신의 고문학을 공자의 경학과 연관시켜 강조하였고, 『설문해자』의 탄생은 그 결과물이었다.

II

분류의 근거와 동이론同異論

언어에 주목한 묵가(墨家)의 실험

일반적으로 인간의 의식은 대상을 고정시켜 장악하고자 한다. 즉 의식은 의식의 외부에 연속되어 있는 대상을 불연속의(정지된) 장치 속으로 끌어들여 의식화한다. 그런 의미에서 광범위하게 말해서 '언어(言語)'는 의식을 특정 대상에 고정시켜 장악하려는 장치다. 서구 언어학에서의 주요 과제는 이 의식의 주체와 대상의 관계 규명이었다. 그 대표적인 해답으로서 하나의 예를 들어 보자. 서양 언어의 어법 구조는 의식하는 것은 주어가 되고 의식되는 것은 기술의 대상, 즉 목적어가 되며 의식체와 피의식체의 관계는 술어가 담당하도록 되어 있다. 그렇게 본다면 '어법(語法)'은 언어가 지향하는 궁극적인 목표가 아니라 실은 대상에 대한 기본 인식과 이해를 향한 최소한의 장치 가운데 하나다.

만약 인간의 의식 밖에 있는 대상을 인식하고 이해하는 장치가 지구상에 존재했던 수많은 문화의 양태들처럼 다양하며 그것을 반영하는 언어적인 장치도 다양하다면, 하나의 방법론만으로 그것들을 설명할 수 없다. 그런데 서구 근대적 사고의 영향을 강하게 받은 이후 언어현상에 대한 설명은 주로 서구적인 어법 틀에 의존하게 되었다. 서구의 언어학은 고대 이후로 의식의 주체와 대상의 철저한 분리에 근거하고 있다. 그것에 비해 고대 중국의 경우 분명히 다른 원리와 사유방법을 가지고 있었다. 그것을 어떻게 보다 분명하게 비교하고 명료화할 수 있겠는가? 필자는 이러한 질문에서 출발하여 고대 그리스의 언어론을 일별하고, 그것과 비교하여 고대 중국 묵가(墨家)의 언어론을 살펴봄으로써 중국적인 언어관의 단면을 고찰해 보고자 한다.

언어가 표상하는 것

고대 그리스의 철학자들은 사물의 궁극적인 발단, 근원 등을 찾아서 규명하고자 하였다. 예를 들어 아리스토텔레스는 다음과 같이 말하였다.

> "최초의 철학자 대부분은 모든 것의 질료적인 근원(아르케, arche)들만이 있다고 생각했다. 왜냐하면 존재하는 모든 것이 그것으로부터 있게 되고 그것으로부터 최초에 생겨나서 마침내 소멸되어 그것으로 되돌아가는데, 그것의 상태는 변하지만 본질은 영속하므로 그들은 그것을 있는 것들의 스토케이온이자 아르케라고 말하기 때문이다."[1]

우리는 여기에서 그들이 근원으로서 추구한 것이 변하지 않는 영원한 본질이었음을 주의해서 보아야 한다. 이후로 서구 사상사에 결정적인 영향을 미쳤던 플라톤의 경우 본질적인 형상, 즉 이데아를 추구하게 되면서 근원적인 이분법을 제시한다. 그것은 참으로 존재

1　아리스토텔레스 지음, 조대호 옮김, 『형이상학』, 길, 2017.

하는 것과 참으로 존재하지 않는 것 사이의 구분이었다. 플라톤은 다음과 같이 말하였다.

> "따라서 나의 판단으로는 먼저 다음의 것들이 구분되어야 한다. 즉 언제나 존재하는 것이되 생성을 갖지 않는 것은 무엇이고, 언제나 생성되는 것이되 결코 존재하지 않는 것은 무엇인지가 구분되어야 한다. 분명히 앞의 것은 합리적 설명과 함께하는 지성에 따른 앎에 의해 포착되는 것으로서 언제나 같은 상태에 있는 것인 반면에 뒤의 것은 비이성적인 감각과 함께하는 의견(속견)의 대상이 되는 것으로서 생성, 소멸되는 것이요, 결코 참으로 존재하는 것이 아니다."[2]

플라톤에 의해서 구체화된 이러한 이분법은 일련의 대비쌍들을 만든다. 참으로 존재하는 것과 참으로 존재하지 않는 것, 언제나 존재하는 것과 언제나 생성되는 것, 지성적 앎에 의해 포착되는 것과 의견(속견)의 대상인 것 등이 서로 대비되면서 동시에 연계되는 다른 명제를 만든다. 예를 들면 참존재는 언제나 같은 상태로 존재하며 지성적 앎에 의해 포착되지만 참존재가 아닌 것은 언제나 생성되며 비이성적인 의견의 대상이 된다. 이러한 이분법은 아리스토텔레스에게서 더욱 정교하게 설명되고, 후대에 실체와 속성의 구분, 형상과 질료의 구분으로 정리되는데 이것이 서구 언어학을 정초한 중요한 이론적인 기초다.

다음의 문장을 보자.

---

2 플라톤 지음, 김유석 옮김, 『티마이오스』, 아카넷, 2019.

'이것은 기다랗다.'

'이것은 희다.'

'이것은 원통형이다.'

'이것은 물에 잘 젖는다.'

'이것은 잘 부러진다.'

'이것은 단단한 것과 마찰하면 흔적을 잘 남긴다.'

이들 문장에서 주어에 해당되는 '이것'은 실체이고, 술어에 해당되는 '기다람', '흼', '원통형임', '물에 잘 젖음', '잘 부러짐', '단단한 것과 마찰하면 흔적을 남김' 등은 속성이다. 모든 있는 것들은 이러한 언어 구조를 통해 표현되므로, 실체를 지칭하는 주어가 생겨나고 속성을 지칭하는 술어가 생겨난다.

다시 말해서 현실의 일상적인 언어는 불변의 실체를 주어로 하여 그것의 속성을 기술하는 술어로 구성되어 있다. 그러나 이 논리의 끝에 도사린 위험성은 생성, 소멸하는 속성적인 것들을 참존재가 아닌 것으로 정의하고 이들을 참된 본질적인 형상의 세계로 끌어들여야 한다는 당위를 만들게 되는 것이다. 그런 뜻에서 플라톤의 이데아 사상이 시사하는 바가 크다.

기호-이미지의 능력

그러나 언어적인 표상인 기호의 능력은 플라톤이 정의한 것처럼 언제나 불변의 합리적 이성에 의해서만 포착되는 것은 아니다. 앞에서 예를 들었던 '기다랗다'는 말을 다시 생각해 보자. 애초에는 기다랗던 분필도 자꾸 쓰다 보면 짧아진다. 어디까지가 긴 분필이고 어디서부터 짧은 분필인가? 또 3m짜리 긴 줄자에 비하면 10cm도 안 되는 분필은 길다고 할 것인가, 짧다고 할 것인가?

형상적인 기호의 능력이 생성, 소멸하는 실재세계를 죽이고 가짜로 재현의 세계를 만들고 있다고까지 통탄하는 장 보드리야르는 다음과 같이 말한다.

> "이미지에 걸린 문제는 항상 자기 자신의 모델인 실재를 죽이는 이미지의 살상력일 것이다. 이러한 살상력에 맞서는 것이 이미지의 재현력인데 이는 실재를 눈에 보이게 그리고 이해 가능하게 중재하여 주는 변증법적인 힘을 말한다. 서구의 모든 신념과 믿음은 이 재현에 대한 자신감으로 도박을 한 것이다. 기호는 의미의 심층을 지시할 수 있고 기호와 의미는 서로 교환될 수 있으며 이러한 교환에 무엇인가가 보증을 서 준다. … 그것은 하나의 거대한 시뮬라크르가 될 뿐이다. 그렇다고 해서 비현실은 아니지만 시뮬라크르다. 즉 더 이상 실재와 교환되지 않으며 어느 곳에 지시도 테두리도 없는 끝없는 순환 속에서 그 자체로 교환되는 시뮬라크르다."[3]

실재가 불변의 것으로 규정되는 한, 기호의 이미지는 그것에 부속되면서도 동시에 그것을 지배하게 된다. 왜냐하면 생성하는 실재를 따라갈 수 없게 되기 때문에 관념적으로 실재를 가두고 죽이게 된다. 플라톤 이후 서구의 사유는 실재에 대한 기호 이미지의 일치, 지시, 혹은 재현 가능성에 대하여 과도한 신념과 도그마를 가지고 있었

3 장 보드리야르 지음, 하태환 옮김, 『시뮬라시옹』, 민음사, 2001 참조.

다는 것이 보드리야르의 지적이다.

그렇다면 그것 이외의 대안이 있는가? 재현체계의 인과론적이고 직선적이며 엄밀한 위치를 규정하는 논리 대신에 제시되는 것이 순환논리다. 전자의 논리에서는 시간이란 무한으로 향해 있으며 한번 지나간 것은 다시 되돌아오지 못하는 직선의 길 위에 있지만 후자에서는 원적 혹은 타원적인 유한의 영역 내에서 끝없이 순환 반복한다. 순환논리에 따르면 재현체계의 핵심인 근원이 존재하지 않는다.

서구의 사유와 비교하여 고대 중국의 경우 불변의 본질을 추구하는 사유가 희박하다. 그러나 필자는 '왜 중국에 본질 추구의 역사가 없었는가?' 혹은 '그런 것을 반영하는 언어적인 추구가 없었는가?'를 묻는 입장에 서지 말고, '고대 중국인은 무엇을 해결하기 위하여 언어적인 장치를 이용하였는가?'를 묻는 입장에 서 있어야 한다고 생각한다. 변화하는 일상과 생성의 세계 너머로 불변의 본질 세계를 추구한 고대 그리스의 사유가 나름의 출발점을 가지고 있었다면, 그와 마찬가지로 중국적 사유도 그 나름의 출발점을 가질 수밖에 없었을 것이다. 고대 중국 사상가들이 고민하던 문제들의 심층에는 서구적인 실재론과 언어탐구가 드러나지 않는다.

예컨대 공자를 필두로 하여 고대 중국의 사상가들은 '윤리적으로 바른 세상'을 만들어 가기 위한 정치적인 노력을 아끼지 않았던 사람들이었다. 그들은 정교한 이론을 만들어 내기보다는 현실적인 당위와 실천에 언제나 우선순위를 두었다. 물론 그들도 주요 관심이 세밀하고 정교한 이론을 필요로 하는 시점으로 진행되면서 언어적인 논의를 다듬었다. 그 대표적인 예가 바로 『묵자(墨子)』의 언어에 대한 관심이었다.

그러나 고대 중국의 경우 묵자적인 실험보다는 일상의 변화와 생성을 배제하지 않는 '순환논리'로 세계를 설명하는 것에 주력하게 된다. 이후의 글에서는 이 과정을 일별하고 그 결과로서의 언어문자에 대한 이해가 어떻게 정착되는지를 살펴보려고 한다.

묵가(墨家)의 실험

공자의 사상이 언어[名] 자체의 규명보다는 혼란한 사회의 바로잡기[正]에 더 큰 비중을 두고 있는 것에 비하여 묵자의 이론은 언어 그 자체의 논리와 활용에 치중한다. 후기 묵가의 언어이론에서는 초기의 묵자사상보다 정교하게 다듬어지면서 인식[知]에 대한 논의, 이름과 실상[名實]에 대한 논의, 변화와 필연성[變, 必]에 대한 논의가 본격적으로 다루어지고 묘사의 방법, 논증의 방법 등이 치밀하게 탐구되었다. 묵자로부터 언어 행위에 대한 중시가 시작되었다는 것은 고대 중국의 언어에 대한 인식에서 중요한 전환을 마련해 주었다는 의의를 가진다.[4]

후기 묵가 이후 이름[名]에 합치되는 '실재'라는 것이 무엇인가를 보다 본격적으로 논의하게 된다. 그러나 초기 묵자의 사상에서부터도 분명하게 볼 수 있듯이 묵가들의 기본적인 관심은 겸애(兼愛)와 절용(節用) 등 윤리적인 근거를 일반화하는 것에서 출발한다. 따라서 이름[名]과 실재[實]의 합치를 주장하는 그들의 전제로서 '실상'은 윤

4 『墨子』의 40장부터 44장은 후기 묵가의 논리학, 윤리학, 과학적 사고를 보여 준다. B.C. 3~4세기에 발생한 '언어'에 대한 광범위한 논전에서 후기 묵가들은 당시 공동의 주제로 떠오르던 '名'과 '實'과 '法' 등에 대해 논리적인 관계를 밝힘으로써 일종의 '과학적' 언어를 만드는 데 중점을 두었다.

리적인 목적을 향해 있는 실상이다. 그들에게 언어적인 행위는 세상의 옳고 그름을 가리고 더 나은 세상으로 가기 위한 중요한 틀이었다.[5] 묵가들이 주장하는 名(명)과 實(실)의 합치는 '합치'를 주장하였기 때문에 의미가 있는 것이 아니라, '名'에 부합하지 않을 수도 있는 '실재[實]'를 명확하게 '분리'시켜 놓았다는 데 언어사적으로 획기적인 의미가 있다. 그들은 '名' 그 자체를 논의했다기보다는 이름에 일치하는 '실재[實]'에 주목하기 시작하였다.

후기 묵가의 이론은 언어, 논리, 인식에 관한 논의에서 초기 묵가의 사고를 반영하고 있는데 이것은 당시의 언어 논의에서 주도적인 역할을 할 만큼 자체의 논리가 갖추어져 있었다는 사실을 방증하기도 한다. 예를 들어 묵자는 상대의 생각이 틀리다는 것을 예증할 수 있는 논증방법을 가지고 있었으며[6] 또한 사물의 특수한 이유나 원인, 특히 세상이 혼란한 원인에 대해서 관심이 있었으므로 근거[法, 法儀]에 대한 끊임없는 논의를 하였다.[7] 후기에 오면 이런 논의는 한층 더 세련된 모습을 보여 준다.

우선 후기 묵가들은 인과관계에 대하여 다음과 같이 논의하고 있다.[8]

---

5 『墨子·小取』: "夫辯者. 將以明是非之分. 審治亂之紀. 明同異之處察名實之理. 處利害. 決嫌疑. 焉摹略萬物之然. 論求群言之比. 以名擧實. 以辭抒意. 以說出故以類取以類予. 有諸已不非諸人. 無諸已不求諸人."

6 『墨子·非命 上』: "故言必有三表." 논의 참조.

7 『墨子·法儀』: "子墨子曰, 天下從事者, 不可以無法儀, 無法儀而其事能成者, 無有也."

8 이하 인용문은 『墨子』의 「經」과 「經說」을 참조. 번역은 필자에 의한다. 염정삼 주해, 『묵경』 1, 2, 한길사, 2012 참조.

까닭[故]은 주어지는 것[得]이 있은 후에 완성되는 것이다.[9]

故(고)에 대하여 설명한다. 소고(小故)는 그것이 있다고 해서 반드시 그렇게 되는 것은 아니지만, 그것이 없으면 반드시 그렇게 되지 않는다. 그것은 부분적인[體] 것으로 마치 자에 끝단이 있는 것과 같다. 대고(大故)는 그것이 있으면 반드시 그렇게 되고, 그것이 없으면 반드시 그렇게 되지 않는다. 마치 그것을 얻으면 반드시 그 일이 이루어지는 것과 같다.[10]

이들은 자신들이 설명하는 바의 근거가 필요하였기 때문에 원인, 이유[故]에 대하여 주목하였다. 담계보(譚戒甫)는 이 논의 속에 대고(大故), 소고(小故)라는 용어로 인과율(causal law)을 설명하려는 의도가 있다고 말한다.[11] 묵가들은 또한 앎의 근원, 즉 우리가 인식하게 되는 근거와 과정에 대하여 논의하고 있다.

안다는 것은 바탕[材]이다.[12]

생각한다는 것은 무엇인가를 요구하는 것이다.[13]

안다는 것은 (외부의 사물과) 접하는 것이다.[14]

恕(완벽한 앎)는 명료하게 아는 것이다.[15]

---

9 『墨子·經上』: "故, 所得而後成也."

10 『墨子·經說上』: "故: 小故. 有之不必然. 無之必不然. 體也若有端. 大故. 有之必然. 體. 若見之成見也."

11 譚戒甫 撰, 『墨辯發微』, 中華書局, 1964 참조.

12 『墨子·經上』: "知. 材也."

13 『墨子·經上』: "慮. 求也."

14 『墨子·經上』: "知. 接也."

15 『墨子·經上』: "恕. 明也."

여기서 말하는 것은 '안다'는 일이 발생하는, 즉 인식이 이루어지는 과정에 대한 것이다. 이들의 주장에 의하면 우리는 먼저 '알 수 있는' 본능을 바탕[材]으로 가지고 있다. 이것이 없다면 기본적으로 '안다'는 행위는 이루어지지 않는다. 다음으로 우리는 요구가 있어야 알려고 하는 생각이 일어난다. 알 수 있는 바탕이 갖추어져 있어도 얻고자 하는 것이 있어서 알려고 하지 않는다면, 인식은 일어나지 않는다. 그렇게 알려고 하는 마음으로 감각기관이 외부의 사물에 접하는[接] 것은 바로 그다음 단계의 일이다. '바탕[材]'과 '요구[求]'와 '접속[接]'이 일어나고 난 후 분명하게 알고자 하는 대상을 인식하면 앎은 완성된다. 이것이 '恕(지)'의 단계다. 이렇게 완성되는 '앎'은 다시 다음과 같이 분류된다.

> 앎에는 다음의 세 가지가 있다. 직접 경험한 것을 전해 듣고 아는 것[聞], 남이 설명한 것을 통하여 아는 것[說], 자신이 직접 경험하여 아는 것[親]이다.[16]

이 단계에 오면 묵가들은 앎과 언어적인 행위를 상호 긴밀하게 연결시켜 설명하고 있다. 앎이란 직접 자신의 감각기관으로 '바탕[材]'과 '요구[求]'와 '접속[接]'의 단계를 밟아 완성되는 것[親]만 있는 것이 아니라, 남의 경험을 전해 듣거나[聞] 설명하는 말[說]에 의해서도 이루어지는 것이다. 이렇게 되면 언어적인 행위가 중시된다. 따라서 직접 경험을 벗어난 앎에는 또 다른 기준이 필요한데, 즉 이름[名]과 실

---

16 『墨子·經上』: "知; 聞, 說, 親."

재[實], 그리고 그것의 일치[合]와 일치시키는 작용[爲] 등이다.

> 名은 말해진 것, 實은 말하려는 것, 合은 名과 實이 만나는 것, 爲는 그 뜻을 실천하는 것이다.[17]

이때 주목해야 하는 것이 바로 '實'이다. 직접 경험이 아닌 경우 언어에 드러나는 이름이 '실재'와 합치하는가 여부는 앎의 완성에서 무엇보다도 중요해진다. 그래서 묵가들은 다음과 같이 주장한다.

> 말은 그 예를 올바르게 내어놓아서 (實을 헤아릴 수 있게 하는 것)이다.[18]
> 예를 올바르게 내어놓는다는 것은 實을 헤아려보는 것이다.[19]
> 說한다는 것은 분명하게 밝히는 방법이다.[20]

이름에 합치되는 '실재'라는 것이 무엇인가를 보여 주고 정의로운 세상을 만들기 위하여 설득할 수 있었던 방법을 찾던 묵가들은 서구의 인과론, 인식론, 실재론과 외형상 유사한 논의의 흔적들은 남겨 놓았다. 그러나 앞서도 말했듯이 묵가들의 기본적인 관심은 윤리적인 절대근거를 일반화시키는 것이었기 때문에, 그들에게 위의 모든 이론이 필요로 했던 언어적인 행위란 세상의 옳고 그름을 가리고 더 나은 세상으로 가기 위한 중요한 초석일 뿐이었다. 묵가들의 이론적

17 『墨子·經上』: "名, 實, 合, 爲."
18 『墨子·經上』: "言. 出擧也."
19 『墨子·經上』: "擧. 擬實也."
20 『墨子·經上』: "說. 所以明也."

실험에도 불구하고 결과적으로 묵가 이후 중국이 선택했던 방향은 언어적인 논리학이나 인식론이 아니라 순환론이었는데, 어쩌면 이것 또한 고대 중국의 주요 문제가 언어[名]와 세계[實]를 둘러싼 것이 아니라 인간과 세계를 둘러싼 것이었기에 필연적으로 가게 된 길이었는지도 모른다.

음양오행론(陰陽五行論)의 영향

전국(戰國) 시대 중기 이후로 제자백가들은 다양한 이론과 실험을 통하여 세계를 설명하고 운영하는 원리를 제시하여 득세하려는 움직임을 보여 주었다. 그런 움직임은 이론과 사상 간의 접합, 변형, 통합 등의 양상을 띠며 더욱 발전한다. 전국 시대 말엽에는 음양오행론에서 시작하여 인간과 자연현상을 포괄하는 방대한 체계화의 시도들을 만나게 된다. 그것이 『여씨춘추(呂氏春秋)』의 이론과 『회남자(淮南子)』의 우주론으로 반영되었으며 동중서(董仲舒, B.C. 179~104)에 와서는 세부적인 치밀함과 체계구성을 갖춘 종합적인 사상으로 정리된다. 음양오행론은 전국 시대 말에서 시작하여 한대를 통틀어 다른 어떤 이론이나 논설보다 인간과 세계를 설명하는 면에 있어서 압도적인 승리를 하게 되었다고 할 수 있다.[21]

그렇다면 춘추전국의 혼란 시기를 거치면서도 왜 음양론은 위력을 행사하였고 끝내는 다른 모든 사상을 압도할 수 있었는가? 해답은 두 가지 방향에서 나올 수 있다. 첫째는 음양론이 급변하는 상황

21 이 거대한 우주론과 세계관은『說文解字』의 문자론에도 큰 영향을 미쳤으며 허신의 文字 해설의 체계를 떠받치는 바탕이 되었다.

속에서 개인이나 국가가 통제하기 어려운 어떤 거대한 힘이 우주만물을 통제하고 있다는 통찰을 보여 주었다는 점이다. 그렇다고 이것이 허무주의적인 운명론과 길을 함께한 것은 아니었으며, 도가(道家)들처럼 신비주의적인 요소를 내포하고 있는 것도 아니었다. 둘째로는 당시의 많은 지식인이 이 음양오행론을 통해서 거대한 우주적인 힘에 의존한 인간이 그 힘을 '인식할 수 있다는' 확신을 얻었으며 그 힘을 인간이 '자연과 인간의 조화[天人合一]'를 위하여 사용할 수 있다는 '약속'으로서 받아들였다는 점일 것이다.[22] 인간은 음양오행론을 통해 자연의 힘과 인간의 힘 사이의 상호관계를 분명히 파악할 수 있게 되었다. 우주만물의 원리는 이해 가능한 것이고 심지어 그 내적인 관련에 대한 이해도 가능해졌다. 따라서 인간은 인간의 영역과 자연의 영역을 조화하여 적절한 문명을 이루어 낼 수 있으며 '자연'을 강압적으로 통제하지 않더라도 인간과 자연의 연관성에 대한 지식을 통하여 인간의 능력을 향상시킬 수 있다고 믿게 되었다. 음양오행론을 이용한 인간의 통찰과 지식에 대한 믿음은 아마도 다음과 같은 몇 가지 경로를 통하여 완성되었다고 생각된다.

첫 번째는 음양론 그 자체의 발전이다. 원래 음양가(陰陽家)들은 방사(方士)에서 나왔다고 알려져 있다. 옛날의 귀족들은 대부분 무축(巫祝)과 술수(術數)의 전문가들을 거느리고 있었는데 귀족 정치가 쇠퇴하면서 이들이 직업을 잃고 민간에 유랑하면서 자신들의 기예(技藝)를 팔아 생활하는 방사, 즉 도사(道士)가 되었다. 예를 들어 당시에는 일자(日者)라고 불리는 계층이 있었는데 이들이 당시 민간에 활약하

22 벤자민 슈월츠 지음, 나성 옮김, 『중국고대사상의 세계』, 살림, 1996 참조.

던 술수 전문가들이다.

> 사마계주(司馬季主)라는 자는 초나라 사람으로 장안성 동쪽 저잣거리에서 점을 치며 살았다. … 그는 천지의 시작과 끝을 분별할 수 있었으며, 일월성신의 운행 법칙을 밝혔고, 인의의 원리를 순차적으로 서술하였으며, 길흉의 조짐을 열거하였는데, 그의 수천 마디의 말은 이치에 맞지 않는 것이 없었다.[23]

사마천이 일자(日者)에 대해 서술하면서 말하고 있는 주제들은 음양가들이 토론하던 것이었다. 그 가운데 전국 시대 제(齊) 나라의 위왕(威王), 선왕(宣王) 시대에 유명했던 인물은 바로 추연(騶衍)이다. 그의 제자들은 오덕(五德)의 순환과 운세에 대해 논하고 저술하였으며 이 논리는 전국 시대 말 진한 시대를 걸쳐 크게 유행하였다.[24] 추연의 학술에서 소위 오덕이 사방(四方)과 사시(四時)를 지배하는 힘이라는 주장은 본래부터 유행하던 통설이었는데 추연은 그것을 역사해석에 적용함으로써 사람들의 주목을 끌었다.

두 번째로는 음양론이 그것을 이용하려는 지식인들의 욕구와 결합할 수 있었다는 점이다. 전국 시대 말엽부터 점차 유행하던 음양오행론은 한편으로는 전통적인 유가 사상에 있어서는 도전이었지만, 한대 초기 동중서에 의해서 오히려 '전통적인 유학의 신념'을 살려내는 기반이 되었다. '전통적인 유학의 신념'이란 우주만물 운행 원

23 『史記·日者列傳』: "司馬季主者, 楚人也. 卜於長安東市. … 分別天地之終始, 日月星辰之紀, 差次仁義之際, 列吉凶之符, 語數千言, 莫不順理."

24 『史記·封禪書』 참조.

리가 인간 세상에 개입한다는 것을 이해할 수 있는 인간 능력에 대한 깊은 신뢰를 뜻한다. 이것이 동중서에 오면 지식인으로서 공자나 맹자 혹은 순자를 능가하는 자신감의 표현으로 드러난다. 동중서에게서 하늘의 도는 이해 가능한 것일 뿐만 아니라 투명한 것이었다.

지식인들의 자신감과 결합되어 음양오행론이 이론적 토대를 쌓고 확산되는 과정에는 특히 『회남자』가 중요한 자리를 차지한다. 여러 사상의 이론을 종합하여 만들어진 『회남자』는 우주 발생에 관한 논의를 전개하여 온전한 규모를 갖춘 우주론을 제시하게 된다. 그곳에서는 태초의 근원인 '始(시)'를 기준으로 한 논의가 이어진다. 이런 논의는 허신에게도 강한 영향을 주었다. 지금은 전하지 않지만 허신이 『회남자』에 주석을 단 『회남자주(淮南子注)』라는 책이 있었을 정도로, 허신은 『회남자』의 우주론에 관심을 기울였으며 동시에 그것이 『설문해자』의 문자 해석에 반영되었다.[25] 다음은 우주의 근원에 대한 『회남자』의 해석인데 그곳에서는 음양의 개념이 어떻게 작동하고 있는지를 보여 준다.

> 이른바 '태초[始]가 있었다'고 하는 것은, 무성하고 왕성한 기운이 아직 발산되지 않고 온갖 싹이나 조짐들이 아직 모양을 갖추지 않았지만 충만한 상태로 꿈틀거리며 막 생명체로 일어날 듯하면서도 아직은 갖가지 사물의 유형으로 형성되지 않은 것을 뜻한다. 또한 '아직 태초가 있음이 시작되지 않았다'고 하는 것은, 천기(天氣)가 처음 하강하기 시작하고 지기(地氣)가 상승하기 시작하여, 음양이 서로 결합하고 함

25 『說文解字』 제1편 上 '一'부 해설 참조.

께 유유히 떠돌면서 온 우주에서 다투어 번성하여 덕(德)을 품고 화기(和氣)를 머금어서 어지러이 섞이고 무성하게 뒤엉켜서 다른 물체에 가까이 가서 결합하려고 하지만 아직 구체적인 조짐을 갖추지 못한 상태를 가리킨다.[26]

세상의 기원을 음양론에 기초하여 설경하는 『회남자』의 우주론은 「천문훈(天文訓)」에서 더욱 갖추어진 체계로 드러난다.

천지가 아직 형체를 이루지 않았을 때 아련하고 혼돈되고 공허하며 적막하였다. 그래서 크게 밝은 것[大昭]이라고 하였다. 그 도(道)는 확트인 공허함[虛霩]에서 시작되었고, 그 공허함이 우주를 낳고 우주는 기(氣)를 낳았다. 기에는 한계와 차별이 있었으니, 맑고 가벼운 것은 가뿐하게 발산되어 하늘이 되고 무겁고 탁한 것은 엉키고 뭉쳐서 땅이 되었다. 맑고 가벼운 것은 쉽게 모이고 무겁고 탁한 것은 응고하기 어려우니 그 때문에 하늘이 먼저 형성되고 땅이 나중에 정해졌다. 천지 화합의 정기[襲精]는 음양이 되었고 음양 취합의 정기[專精]는 사시가 되었으며 사시 분산의 정기[散精]는 만물이 되었다. 양(陽)의 뜨거운 기운이 축적되면 불이 생기고 화기(火氣)의 정수가 태양이 되었다. 음(陰)의 차가운 기운이 모이면 물이 되고 수기(水氣)의 정수가 달이 되었다. 일월의 넘쳐나는 기운의 정수가 별들이 되었으니 하늘은 일

26 『淮南子·俶眞訓』: "所謂有始者, 繁憤未發萌兆牙蘖, 未有形埒垠堮, 無無蝡蝡, 將欲生興而未成物類. 有未始有有始者, 天氣始下, 地氣始上, 陰陽錯合, 相與優游競暢于宇宙之間, 被德含和, 繽紛蘢蓯, 欲與物接, 而未成兆朕."

월성신을 받아들였고 땅은 물, 비, 먼지, 티끌을 받아들였다.[27]

더 나아가 「정신훈(精神訓)」에서는 이러한 우주론과 인간의 신체 및 감정에 대한 이론이 결합한다. 그것에 의하면 우주 자연과 인간의 신체는 그대로 상응하는 법칙을 가지고 있다.

무릇 정신은 하늘에서 받은 것이고 형체는 땅에서 받은 것이다. 그래서 하나[一]에서 둘이 생겨나고 둘에서 셋이 생겨나고 셋에서 만물이 생겨난다고 말하는 것이다. 만물은 모두 음(陰)을 업고 있고 양(陽)을 안고 있는데 이 두 기운이 합쳐져서 화기(和氣)를 이룬다. 그래서 다음과 같이 말할 수 있다. 첫 달에 점액의 물체였는데, 2개월째에 커지고, 3개월째에는 태아가 되고, 4개월째에는 살이 생기고, 5개월째에는 근육이 생기고, 6개월째에는 뼈가 생기고, 7개월째에는 완전한 모습을 이루고, 8개월째에는 움직이고, 9개월째에는 발길질하며, 10개월째에는 태어난다. 형체가 이루어지면서 오장도 형성되므로, 폐는 눈을 주관하고 신장은 코를 주관하며 쓸개는 입을 주관하고 간을 귀를 주관한다. 외부의 것은 피부가 되고 안의 것은 내장이 되어 열리고 닫히고 팽창하고 수축하는 데도 각각 일정한 법칙이 있다. 그래서 머리가 둥근 것은 하늘을 상징하고 발이 네모난 것은 땅을 상징한다. 하늘에 사시(四時)와 오행(五行)과 구해(九解: 八方과 중앙), 그리고 365일이 있는

27 『淮南子·天文訓』: "天墜未形, 馮馮翼翼, 洞洞灟灟, 故曰大昭. 道始于虛霩, 虛霩生宇宙, 宇宙生氣, 氣有涯垠, 淸陽者薄靡而爲天, 重濁者凝滯而爲地. 淸妙之合專易, 重濁之凝竭難. 故天先成, 而地後定. 天地之襲精, 爲陰陽, 陰陽之專精, 爲四時, 四時之散精, 爲萬物. 積陽之熱氣生火, 火氣之精者爲日, 積陰之寒氣爲水, 水氣之精者爲月. 日月之淫爲精者爲星辰, 天受日月星辰, 地受水潦塵埃."

것처럼 사람도 사지(四支)와 오장(五藏)과 구규(九竅), 그리고 360개의 관절이 있다. 하늘에 비바람, 더위, 추위가 있는 것처럼 사람에게도 주고받음, 기쁨, 노여움이 있다. 그래서 쓸개는 구름이 되고 폐는 공기가 되고 간은 바람이 되고 신장은 비가 되고 지라는 우레가 되어 천지와 서로 배합하나니, 심장은 그것을 주관한다. 그러므로 눈과 귀는 해와 달에 해당하고 피와 기운은 바람과 비에 해당한다.[28]

세 번째로는 음양오행론이 한대에 이르러 본격적으로 발전하기 시작한 역학(易學)과 연계되었다고 하는 점을 주목해야 할 것이다. 한대에 오면 상수학(象數學)의 발전을 통해 易의 64괘의 순환논리를 간지(干支)와 연결시켜 해석하면서 고차원적인 수학 원리를 완성시키게 된다. 『한서(漢書)·유림전(儒林傳)』을 보면 『역』의 계승 관계가 나와 있는데 공자 계열의 역학을 계승한 계보가 서술되어 있다. 전통적으로는 역학을 크게 두 부류로 나눈다. 하나는 의리역(義理易)으로서 『역』 경문의 내용을 철학적인 '의리(義理)'로 해석해 내려는 부류로, 단적으로 말하면 역상(易象)이 보여 주는 것을 지나치게 확대 해석하지 않고 철학적인 의미로서 풀어내려는 것이다. 다른 하나는 상수역(象數易)으로서 『역』의 괘상(卦象)이 보여 주는 의미의 확산을 여러 가지 象에

28 『淮南子·精神訓』: "夫精神者, 所受於天也, 而形體者, 所稟於地也. 故曰, 一生二, 二生三, 三生萬物. 萬物背陰而抱陽, 沖氣以爲和. 故曰, 一月而膏, 二月而胅, 三月而胎, 四月而肌, 五月而筋, 六月而骨, 七月而成, 八月而動, 九月而躁, 十月而生. 形體以成, 五藏乃形. 是故肺主目, 腎主鼻, 膽主口, 肝主耳. 外爲表. 而內爲裏. 開閉張歙, 各有經紀. 故頭之圓也象天, 足之方也象地, 天有四時五行九解, 三百六十六日, 人亦有四支五藏九竅, 三百六十節. 天有風雨寒暑, 人亦有取與喜怒. 故膽爲雲, 肺爲氣, 肝爲風, 腎爲雨, 脾爲雷, 以與天地相參也, 而心爲之主. 是故耳目者日月也, 血氣者風雨也."

대한 해석과 수학적인 이론을 빌려서 설명하려는 부류다.[29]

상수역의 대표적인 인물이 바로 맹희(孟喜, 약 B.C. 90~B.C. 40)다. 『한서·유림전』에 의하면 그는 스승의 말을 날조하여 다른 사람들의 비난을 받는 비인격적인 인물로 묘사되지만 한대 상수역의 선구가 되었고 그를 이은 경방(京房, B.C. 77~B.C. 37), 우번(虞翻, 164~223) 등과 함께 한대 상수학 발전에 지대한 영향을 미친다. 맹희 이후 신속하게 역학은 변화하였고 상수역이 거대한 흐름을 형성하였다. 마융(馬融, 79~166), 정현(鄭玄, 127~200)과 같은 대학자들도 이 흐름을 거스를 수는 없었다. 전국 시대로부터 점진적으로 지식인의 사상 속으로 파고들어 본격적인 출현을 하게 되는 음양론은, 한대에 와서 『역』의 체계로 들어오면서 복잡하게 변화한다.[30] 「역전」의 사상이 도가의 사상과 연계성을 보여 주면서 서한 초기 『회남자』의 시대에 서로 합류하기 시작한 것과 비교하면[31] 상수학은 음양오행론과 합류하면서 새로운 『역』 해석을 완성하였던 것이다. 그 이후 융합의 경향은 더욱 강화되고 맹희에 이르면 상수역의 성행 시기가 되었으며 이때에는 음양사상이 정식으로 역학 안에 흡수되어 인정받게 된다. 오행론 역시 한대 상수역의 흥기와 함께 괘상과 새롭게 배합되는 구조를 형성한다.

특히 음양론의 발전에서는 한대에 드러난 역의 괘상(卦象)과 간지(干支)의 합류현상을 주목해야 한다. 한대 상수역이 일어나기 전에

29 高懷民 지음, 신하령·김태완 옮김, 『兩漢易學史』, 신지서원, 1994 참조.

30 음양사상은 역과 결합하면서 미묘하게 변화하는데 그 내용은 『孔子家語』 「執轡」편에 나온다. 『孔子家語』의 구절들은 『淮南子·墬形訓』이나 『大戴禮·易本命』의 기록과 비슷하다.

31 『淮南子·天文訓』은 그런 의미에서 도가적인 우주론의 완전한 체계를 보여 주고 있을 뿐만 아니라 천문, 역법 등의 분야에서 「易傳」의 세계관을 반영하고 있다.

는 표면적으로는 괘상과 간지가 합류한 흔적은 없었다. 그러나 상수역이 일어나자마자 간지가 가장 활발하게 활용되었다. 간지는 황제(黃帝) 시대에서부터 사용되었다고 알려져 있었다. 『사기(史記)·역서(曆書)』에는 "신농(神農) 이전부터 있었던 성력(星曆)을 황제가 개정하였다"는 기록이 나온다. 그렇다면 60갑자로 날짜를 기록하는 것은 아무리 늦어도 은상 시기에 시작되었다고 볼 수 있다.[32] 간지의 글자들은 날씨의 변화, 계절의 변화와 애초부터 밀접한 관련을 가진다. 이것은 『회남자·천문훈』에도 반영되어 있는데, 이곳에서는 별자리의 위치와 방위를 나타내는 데 이미 간지의 글자들을 사용하고 있다.

한대에 이르면 음양론과 관련지어 십간(十干)과 십이지(十二支)의 각 글자에 대한 해석이 정리되어 나타난다. 예를 들면 『사기(史記)·율서(律書)』에는 '팔풍(八風)'에 대하여 설명하는 단락이 나오는데 그곳에서는 팔풍과 연관된 방위, 계절, 음양의 기운 변화, 그리고 간지의 글자들을 계열화시켜서 정리하고 있다. 『한서(漢書)·율력지(律曆志)』, 『예기(禮記)·월령(月令)』의 정현의 주석, 그리고 『석명(釋名)』 등에 등장하는 간지에 대한 이해도 그것과 거의 일치하고 있다. 간지와 계절의 음양 변화, 그것을 인체와 연관하여 설명하는 방법은 『설문해자』의 간지 글자에 대한 설명에서도 크게 다르지 않다.[33] 다음은 『한서·율력지』의 설명이다.

32 은대 말기 갑골에 기록되어 있는 것에 의하면 干支는 고대 중국에서 이미 오래전부터 사용되었음을 알 수 있다.

33 『說文解字』 제14편 下 '子'부 이하의 部首字 해설 참조.

> 子(자)에서 씨가 생기고 丑(축)에서 연결되며 寅(인)에서 끌어 당으며 卯(묘)에서 무성히 자라고 辰(진)에서 아름다움을 떨친다. 巳(사)에서 왕성하며 午(오)에서 펼쳐지며 未(미)에서 혼미해지고 申(신)에서 견고해지며 酉(유)에서 머물고 戌(술)에서는 반드시 들어가 亥(해)에서 숨는다. 甲(갑)에서 껍질을 벗고 乙(을)에서 꿈틀거리며 丙(병)에서 밝게 드러나고 丁(정)에서 크게 성하며 戊(무)에서 풍부해져서 己(기)에서 다스려지고 庚(경)에서 거두어 바뀌며 辛(신)에서 다 새롭게 되어 壬(임)에서 잉태하며 癸(계)에서 헤아려진다. 그러므로 음양의 펼쳐짐은 민물의 끝과 시작이다. 그 부류를 따라 율려(律呂)에서도 적용되고 해와 별의 운행에도 드러나므로 변화의 양상을 그것에서 볼 수 있다.[34]

이제까지 논의한 것은 고대 중국의 사유에서 순환론과 역상의 결합이 어떻게 교묘하게 결합되어 가는지 보여 주는 대표적인 예다. 음양오행론은 서구적인 인과론으로 설명할 수 없는 해석 방법이기 때문에 중국에서 과학이 부재한 하나의 원인으로까지 간주되었다. 그러나 이러한 해석들은 한편으로는 변화, 생성하는 것을 인식의 틀에 넣으면서도, 변화하는 실상을 의식의 고정된 형상 속에 가두지 않는다.

34 『漢書·律曆志』: “孳萌於子, 紐牙於丑, 引達於寅, 冒茆於卯, 振美於辰, 已盛於巳, 咢布於午, 昧薆於未, 申堅於申, 留孰於酉, 畢入於戌, 該閡於亥. 出甲於甲, 奮軋於乙, 明炳於丙, 大盛於丁, 豐楙於戊, 理紀於己, 斂更於庚, 悉新於辛, 懷任於壬, 陳揆於癸. 故陰陽之施化, 萬物之終始, 既類旅於律呂, 又經歷於日辰, 而變化之情可見矣.”

역상(易象)과 의미의 계열화

고대 중국의 순환론과 역상(易象)이 어떻게 교묘하게 결합되어 가는지를 보여 주는 대표적인 예는 중국적 사유의 결정이라고 하는 『역』을 통해서 드러난다. 「역전」에서 '象(상)'의 의미 자체가 이미 순환적인 계열화의 이론을 배경으로 만든 것은 아닐까 추정한다.

이정우(2000)에 의하면 象은 '기-의미'의 구조화된 장이다. 상 안에는 물질/사물만이 계열화되어 있는 것이 아니라 의미 자체도 조직화되어 있다. 易이 말하는 象은 이미 의미를 해석하는 인간의 주관 속에 드러나 있는 세계다. 장을 먼저 전제하고 주체가 그 안에서 구성되는 구조주의적 사유와는 다르다. 역학에서 말하는 이치, 혹은 구조는 객관적인 법칙성이 아니다. 구조 자체가 이미 인간적 의미를 함축하고 있는 장, 기의 운동이자 의미가 이미 조직화되어 있는 장이다. 따라서 역에서의 象은 경험의 차원에서 드러나는 의미구조일 뿐이며 따라서 이 의미에는 이미 감성적 차원이 스며들어 있다.[35]

35 들뢰즈의 의미론과 易의 이론을 연결시켜 보려는 이정우는 '象'의 의미를 다음의 세 가지로 설명하고 있다. (1) 현상, 사건, 나타나는 것, 드러나는 것으로서 상은 부호화되는 그 존재라는 뜻에서 존재론적인 개념이다. 상의 일차적인 의미는 존재로부터 솟아오르는 현상, 사건 자체이며 그 현상, 사건의 기호화가 아니다. (2) 본뜨

이런 사유방식을 언어에 적용한다면 말이 지시하는 대상의 의미는 충분히 감성적으로 계열화되고 구조화될 수밖에 없다. 그것이 중국의 문자를 통해서 어떻게 드러나는지 이제부터 자세히 논의해 보자.

易은 변화와 불변의 상호작용을 도식화한 이론이다. 즉 변화하는 현상 자체를 무상(無常)한 것으로 보는 데서 그친 것도 아니며 불변(不變)의 원칙을 보여 줌으로써 그것으로 세상을 재단한 것도 아니다. 문자를 가지고 고민했던 허신의 입장에서 질문해 보자. 변화하는 현상을 표현하는 문자에서 우리가 어떻게 지시하는 의미를 이해할 수 있겠는가. 그렇다면 우리가 의미를 알아내는 것은 원론적으로 불가능하다. 왜냐하면 변화하는 현상이란 곧 말하고자 하는 '의미'의 변화와 직결되어 있으며 그 의미를 붙잡으려는 문자가 고정된 형상을 가지자마자 '의미'는 변화를 따라 옮겨 가기 때문이다.

서양의 철학자들은 언어와 지시 대상의 명백한 일치에서 언어학적 의미를 찾아내려고 고심하였다. 이 작업은 의미를 대상에 고정시켜 인식과 이해의 명료함을 얻게 한다는 중요한 성과를 이룬 것이 틀

다, 닮아 가다의 뜻으로서 타자를 나의 본으로 삼고 내가 거기에 닮아 가다, 즉 상은 추상화해 내는 것을 뜻한다. 그러나 상은 정적인 구조가 아니라 우주의 生生을 표상하고자 하는 것으로서 역의 괘처럼 바로 어떤 상황, 어떤 사태, 어떤 흐름에 내재하는 고도의 추상적인 운동 구조를 뽑아내 주는 것이다. 이때의 구조적인 뼈대란 소박한 의미에서 현상들 간에 성립하는 계열화의 장으로 보아야 한다. 그 계열화가 가장 고도로 추상화되었을 때 四象이 성립하고 궁극적으로는 陰陽이 성립한다. (3) 기-의미로서의 象이다. 이것은 현실과 존재론적 층위를 달리하는 구조가 아니라 세계와 인간이 맞물려 있는 현실 차원 자체의 구조다. 상이 바로 한편으로는 세계/기의 운동이지만 다른 한편으로는 특정한 의미를 띠고 있는 그런 이중체라는 뜻이다. 상은 다름 아닌 기-의미의 구조화된 장이다(이정우, 『접힘과 펼쳐짐』, 거름, 2000, pp. 311-345 참조).

림없다. 하지만 주관적인 인식과 의미와 대상의 일치를 전제로 하다 보니, 무상한 변화와 우발적인 사건 속에 있는 대상과 그로부터 생겨나는 의미의 문제를 도외시하지 않을 수 없었다. 변화를 중시하는 易의 관점에서 본다면, 무상한 현실 속에서도 인식이 가능해지도록 대상을 지정하는 언어적인 방법이 나와야만 한다.

'운동과 변화를 가장 잘 표현할 수 있는 논리란 어떤 것인가? 혹시 우리는 자연 속에서 그러한 모델을 찾을 수 있지 않겠는가?' 특히 「계사전(繫辭傳)」을 비롯한 역전(易傳)의 사상가들은 이러한 질문에 답해 보려고 노력하였다. 이때의 자연이란 '인간'이라는 개념과 대립하는 의미에서의 근대적인 자연, 즉 nature가 아니다. 자연은, 제 스스로[自] 운동해 가고 변화해 가는 그러한[然] 것이다. 인간이 주체가 되고 자연이 대상인 것이 결코 아니었다.

인간 또한 변화하고 운동하고 있다는 인식이야말로 자연에 대한 대상화를 용납할 수 없는 것이다. 인간은 태어나고 병들고 죽는다. 삶과 죽음의 두 점 사이에서 쉼 없이 움직이고 있는 인간이야말로 바로 변화의 전형을 보여 주고 있다. 고대 그리스의 철학자들도 변화를 이야기했었지만, 변화하는 것을 본질로 두지 않고 불변하는 것을 존재의 본질로 규정하는 플라톤 철학 이후 변화를 거짓, 가짜, 환상으로 규정하고 불변을 진리, 실체로 규정하는 길을 걸었다. 논리에서도 동일성과 일치 개념을 중시하게 되는 이유도 바로 거기에 있다. 그러나 이러한 서양철학의 경향도 사실은 인간을 포함한 세계가 변화하고 있다는 것을 분명히 인지하고 있다. 다만 변화에 대한 불변을 말하는 것이며, 운동하는 현상에 대한 부동(不動)의 주체를 말한다. 하지만 그 중점은 어디까지나 '불변'에 있다.

중국의 경우 중점을 불변하는 그 무엇에 두지 않았다는 것이 여러 가지로 명백하다. 하지만 '변화'에 초점을 맞추게 되면 생겨나는 난제들이 있다. 우선 변화와 운동을 적극적으로 인정하면 혼란을 배제할 수가 없다. 이때 '혼란'이라는 개념을 두고 좋고 나쁨의 가치 판단을 하기는 어렵다. 중국에서 인식의 상대성을 이야기하고 자연의 개념을 만든 노자(老子) 사상의 경우, 이 혼란의 개념을 적극적으로 인정하였고 그것은 극단적으로 양주(楊朱) 식의 유아론(唯我論)적인 사상으로까지 발전하였다. 예컨대 『장자(莊子)』는 혼돈이라는 것에 질서를 줌으로써 인간의 비극은 시작되었다고까지 말할 정도였다.[36] 이러한 사상은 중국 사상사에서 도도한 또 하나의 줄기를 형성해 온 '무위적(無爲的)인' 계열의 것이다. 이것은 변화하는 삶 그 자체를 인정한다는 아주 높은 달관과 체득의 경지를 보여 주는 철학으로 발전할 수도 있고, 피상적으로 혼란을 도피하여 향락적으로 삶을 영위하게 하는 근거로 작용할 수도 있다. 전자와 후자의 경우는 모두 같은 근거에서 출발하지만 후자의 경우 매우 개체적인 활력에 치우치다가 전체적인 혼란을 다시 초래하게 하는 악영향을 가져온다. 맹자(孟子)가 양주 식의 유아주의에 대해 극단적으로 비판했던 것도 그러한 경향이 몰고 올 사회적인 혼란을 우려했던 것이다.

따라서 변화를 부정하지 않으면서도 혼란으로 귀결되지 않는 해법이 나와야 한다. 이 난제(아포리아)는 어떻게 해결되겠는가? 이상의

36 『莊子·應帝王』: "南海之帝爲儵, 北海之帝爲忽, 中央之帝爲混沌. 儵與忽, 時相與遇於混沌之地, 混沌待之甚善. 儵與忽, 謀報混沌之德, 曰, 人皆有七竅, 以視聽食息, 此獨無有, 嘗試鑿之. 日鑿一竅, 七日而混沌死."

논의를 토대로 다시 질문한다면 다음과 같은 형식이 될 것이다. '운동과 변화를 인정하면서도 혼란으로 제시하지 않으며 동시에 질서 있게 표현하는 논리는 무엇인가? 그 모델이 변화하고 있는 자연 속에 있는가?'

易의 사상가들은 그것을 설명하기 위하여 아주 간단하면서도 일상적인 모델을 제시한다. 다음에 제시한 『주역』의 「睽(규)괘」와 「解(해)괘」의 「단전(彖傳)」과 「상전(象傳)」을 보자.

> 단전에 이르기를 睽(규)는 불은 움직여서 위로 오르고 못은 움직여서 아래로 내려가는 모양이다. 두 여자가 한곳에 거하나 그 뜻이 같이 행하지 아니하는구나. 기뻐해서 밝은 데 걸리고 유약함[柔]이 나아가 위로 올라가서 中을 얻어 강건함[剛]과 호응하는구나. 이로써 小事가 吉하도다. 천지가 어긋나도 그 일은 함께[同]하며 남녀가 어긋나도 그 뜻은 통하며, 만물이 어긋나도 그 일은 같으니 睽의 시기와 용도는 위대한 것이구나! 상전에 이르기를 위에는 불이 있고 아래에는 못이 있는 형상이 睽이니, 군자가 이로써 함께하면서도 다르게 할 수 있는 것이라고 하였다.[37]

'睽'는 어긋난다는 뜻이다. 서로 달라서 분규가 생기는 것이다. 우리가 여기에서 보고자 하는 것은 이 '다름'에 대한 논의다. 睽는 '다르다, 다름, 차이, 차이가 난다, 달라지다' 등에 대해서 말하고 있는

37 『周易·睽卦』: "彖曰, 睽, 火動而上, 澤動而下, 二女同居, 其志不同行. 說而麗乎明, 柔進而上行, 得中而應乎剛, 是以小事吉. 天地睽而其事同也, 男女睽而其志通也, 萬物睽而其事類也, 睽之時用大矣哉! 象曰, 上火下澤, 睽 君子以同而異."

괘다. 만물을 다르게 하는 가장 기본적인 차이는 자연 가운데서, 예를 들면 여성과 남성에게서 발견된다. 암컷과 수컷이라 해도 크게 다르지 않은데, 왜냐하면 수태시키는 것과 수태하는 것이라는 의미에서의 차이이기 때문이다. 그 의미는 바로 하늘과 땅이 보여 준다. 하늘에서는 비를 내려 주고 땅에서는 만물을 수태시키고 있다. 이만큼 명백한 차이를 보여 주는 자연물은 흔치 않다. 여기에서 다름이 규정되고 동시에 분류의 근거가 생기며 혼란스러운 변화의 질서를 정할 수 있는 논리가 생겨난다.

이것과 비교하여 다른 것과의 차이에 의하여 어떻게 화합이 이루어지는가를 설명하기 위하여 제시한 다음의 解(해)괘를 보자.

> 단전에 이르기를 解(해)는 험난함으로 인해서 움직이는 것이다. 움직여서 험한 것을 면하고 화해한다. '解, 利西南'이라고 한 것은 가서 무리를 얻음이요, '其來復吉'은 이에 中을 얻음이요, '有攸往, 夙吉'은 가서 공적을 이루는 것이다. 천지가 화해함[解]에 우레와 비가 일어나고 우레와 비가 일어남에 백과 초목이 모두 열려서 터지나니 화해[解]의 시기는 정말 위대한 것이구나. 상전에 이르기를 우레와 비가 일어나는 것이 解니, 군자가 이로써 허물을 용서해 주고 죄를 감해 주는 것이라고 하였다.[38]

'解'괘는 화해한다는 뜻이다. '睽'괘가 차이에 의해 대립하는 것

38 『周易·解卦』: "彖曰, 解, 險以動, 動而免乎險, 解. '解, 利西南', 往得衆也, '其來復吉', 乃得中也, '有攸往, 夙吉', 往有功也. 天地解而雷雨作, 雷雨作而百果草木皆甲坼, 解之時大矣哉! 象曰, 雷雨作, 解, 君子以赦過宥罪."

이라면 解괘는 대립하던 것이 화해하는 괘다. 그 결과 하늘과 땅은 남녀가 사랑하듯이 교합한다. 서로 화해하고 하늘은 우레와 비를 내려 땅과 교합한다. 그러면 땅에서는 만물을 수태하고 성장시킨다.

睽괘에서 '하늘과 땅의 어긋남이 있으나 그 일은 같이한다[天地睽而其事同]'고 언급하고 있는 이유를 여기서 알 수 있다. 차이가 먼저 있었으나, 화해 이후로 만물의 생장 변화를 설명하게 되는 것이다. 이것으로부터 분류의 이론이 가능하게 된다. 남녀, 천지처럼 다름을 알려 주는 기본적인 모델을 제시하는 것에서 시작하는데 이것이 곧 음양의 이론을 접목시키는 데 큰 몫을 한다. 뒤이어 그 다름이 영원히 불변하여 다른 채 있지 않고, 서로 접근하여 화해하고 같아지면서 또 다른 많은 차이를 가진 만물을 낳게 된다. 그것을 도식화해 보자.

다름, 차이 ---- 분규, 화해 ---- 생장, 분화
천지, 남녀, 만물 ---- 睽괘, 解괘 ---- 생장

이 도식을 살펴보면 마치 서양의 변증법처럼 '정-반-합'의 구도로 보이지만 사실은 중요한 차이가 있다. 변증법의 경우 대립적인 것들이 투쟁하고 그 이후에야 새로운 모습으로 합쳐져 발전하게 된다는 논리이지만 역전의 경우에는 차이나 대립이 바로 분규를 낳는 것은 아니다. 하늘, 땅 혹은 남과 여처럼 자연 속에는 명백한 차이를 보여 주는 대립쌍이 존재한다. 그러나 크게 본다면 그 대립은 함께하려는 것[同]이며 상호 소통하자는 것[通]이며 무리로서 묶이려고 하는 것[類]이다. 그러므로 '睽'라는 상이 보여 주는 결정적인 특징은 결코 차이나 대립에서 머물지 않게 된다. '다름'이 변증법처럼 순차적으로 진행하는 것이 아니라, 결국은 동시에 같이 있게 되는 이유가 여기에

있다. 그렇다면 변화와 운동 속에서 '질서', 즉 함께하는 것, 소통하는 것을 찾아가는 일은 '차이, 다름'에 주목하는 것과 함께 가지 않을 수 없다. 그렇다면 이 같음[同]을 지향하는 다름이 어떻게 더 세분된 분류론을 만들어 낼 수 있을까?

이번에는 역의 「계사전」으로부터 이 문제에 접근하는 방법을 살펴보겠다.

> 하늘은 높고 땅은 낮으니 乾(건)과 坤(곤)이 정해지고, 낮고 높음으로써 베풀었으니 귀함과 천함이 자리를 잡고, 움직임과 고요함이 항상성이 있으니 강건함과 유약함이 판단된다. 일들은 類(류)를 가지고 모으고 무리를 가지고 나누니 길함과 흉함이 생긴다. 하늘에 있어서는 象(상)을 이루고 땅에 있어서는 形(형)을 이루니 변화가 나타난다. 이런 까닭으로 강건함[剛]과 유약함[柔]이 서로 마찰하며, 팔괘가 서로 움직인다. 우레와 번개로써 고동치며, 바람과 비로써 윤택하게 하며, 해와 달이 운행하여 한 번은 춥고 한 번은 덥다.[39]

앞에서 예로 든 건곤(乾坤), 귀천(貴賤), 강유(剛柔), 길흉(吉凶)의 개념은 곧 대립, 차이를 말해 주는 것이다. 변화를 생기게 하는 것도 사실은 이러한 대립에서 존재한다. 자연계에서도 이러한 대립을 통하여 변화를 보여 주는 예가 있는데, 바로 해와 달의 운행이며 그것을 통한 춥고 더움의 대기 변화다. 아래 「계사전」 인용문을 보면 대립을

---

39 『周易·繫辭上』: "天尊地卑, 乾坤定矣. 卑高以陳, 貴賤位矣. 動靜有常, 剛柔斷矣. 方以類聚, 物以羣分, 吉凶生矣. 在天成象, 在地成形, 變化見矣. 是故剛柔相摩, 八卦相盪. 鼓之以雷霆, 潤之以風雨, 日月運行, 一寒一暑."

사계절의 변화와 연결시키고 있음을 알 수 있다.

> 무릇 易(역)은 넓고도 큰 것이구나! 먼 것에 대하여 말하면 그것을 막지 못하고 가까운 것에 대하여 말하면 고요해서 바르고, 천지의 사이에 있는 것들에 대하여 말하면 모두 갖추어져 있구나. 무릇 乾(건)에 있어서 그 고요함[靜]이란 오로지 하는 것이고 그 움직임[動]은 곧게 하는 것이다. 이로써 큼이 생겨난다. 무릇 坤(곤)은 그 고요함[靜]은 닫히는 것이고 그 움직임[動]은 열리는 것이다. 이로써 넓음이 생겨난다. 넓고 큰 것은 천지와 짝하고, 변하고 통하는 것은 사시와 짝하며, 음양의 뜻은 일월과 짝하고, 쉽고 간단함의 선함은 지극한 덕에 짝한다.[40]

「단전」, 「상전」, 「계사전」을 비롯한 역전의 논리는 다름이 생겨나는 변화의 원리를 보여 주면서도 동시에 그것을 통해 화합과 일치가 어떻게 생성되는지 보여 준다. 이 가운데에는 건곤, 귀천, 강유, 길흉 등 사물의 분류 기준이 대립적으로 제시되어 있다. 그러나 역에서 말하는 天과 地는 확연히 구분되는 절대 영역이 결코 아니다. 왜냐하면 음이 양이 될 수 있고 양이 음이 될 수 있는 것처럼 서로 전환이 가능한 것들이기 때문이다. 주역에서 건괘와 곤괘가 가리키는 것이 결코 하늘과 땅이라는 이미지에만 갇히지 않는 이유도 바로 여기에 있다. 변화가 가능하도록 상반되는 두 축을 설정한다는 데 중요성

40 『周易·繫辭上』: "夫易廣矣大矣! 以言乎遠則不禦, 以言乎邇則靜而正, 以言乎天地之間則備矣. 夫乾, 其靜也專, 其動也直, 是以大生焉. 夫坤, 其靜也翕, 其動也闢, 是以廣生焉. 廣大配天地, 變通配四時, 陰陽之義配日月, 易簡之善配至德."

이 있는 것이다. 그 원리를 자연물에서 보면 대표적으로 해와 달을 들 수 있다. 일(日)은 곧 '태양'이라는 하나의 물건, 월(月)은 '달'이라는 하나의 물건을 지칭하는 데서 끝나지 않는다. 그것은 하늘과 땅의 관계로도 비유될 수 있고, 강한 것과 약한 것의 관계로도 비유될 수 있으며 양과 음의 관계로도 비유될 수 있는 그 어떤 상징물이다.

이러한 논리는 사물에서 같음과 다름의 영역이 절대적으로 구획되지 않음을 보여 주고, 그 관계에서의 주고받음을 통해 세계를 설명하고 분류하고자 하였다.

특히 「역전」에서 설명하고 있는 논리는 변화의 원리를 보여 주면서 사물의 분류 기준을 논하고 있다. 아래의 인용문을 살펴보자.

> 이런 까닭에 문을 닫는 것을 坤(곤)이라 이르고, 문을 여는 것을 乾(건)이라 이른다. 한 번 닫히고 한 번 열리는 것을 變(변)이라 이르고, 끝도 없이 가고 오는 것을 通(통)이라 이른다. 나타나는 것을 일러 象(상)이라 하고, 형체를 이루는 것을 일러 器(기)라고 한다. 그것을 만들어서 사용하는 것을 法(법)이라고 하고, 들고 남에 이용하여 백성들이 모두 쓸 수 있게 된 것을 神(신)이라고 이른다. 이런 까닭으로 易에 태극이 있으니, 이것이 양의(兩儀)를 낳고, 양의가 사상(四象)을 낳고, 사상이 팔괘를 낳으니, 팔괘가 길흉을 정하고 길흉이 대업(大業)을 낳는다. 이런 까닭으로 象(상)을 본받는 것으로는 천지보다 큰 것이 없고, 변화하는 것에서 四時(사시)보다 큰 것이 없고, 象을 매달아 밝히는 것에서 일월보다 큰 것이 없고, 높은 것을 숭상함에서 부귀보다 큰 것이 없고, 물건을 갖추어 사용할 수 있게 하여 그릇을 이룸으로써 천하를 이롭게 하는 것에서 성인(聖人)보다 큰 것이 없고, 깊은 곳에 숨어

있는 것을 더듬어 찾아서 깊은 것을 끌어 올리고 멀리서 오는 것을 이룸으로써 천하의 길흉을 정하여 천하의 힘씀을 이루게 하는 것으로는 시초점·거북점보다 큰 것이 없다. 이런 까닭에 하늘이 신령한 물건을 내놓음에 성인은 그것을 법으로 삼으며, 천지가 변화함에 성인은 그것을 본받으며, 하늘이 형상을 드리워서 길흉을 나타냄에 성인은 그것을 형상하며, 河水(하수)에서 河圖(하도)가 나오고 洛水(낙수)에서 洛書(낙서)가 나옴에 성인은 그것을 본받는다.[41]

「계사전」의 단락은 세상을 변화시키는 큰 틀이 어떻게 서로 관계되어 있는지를 설명하고 있다. 마치 가을과 겨울의 추위가 닥치면 문을 닫고 들어앉아 보온에 힘써야 하고 봄과 여름의 더위가 찾아오면 문을 열고 나가서 일해야 하는 것처럼, 坤과 乾은 한 번씩의 열리고 닫힘을 의미한다. 그런데 열리고 닫힘은 서로 끝도 없이 이어져 있기에 변화와 통합이 가능하다.

易이 '변화'와 '불변'과 '단순명료함'을 추구하는 것이라고 한대 정현(鄭玄, 127~200)이 갈파했을 때 사실은 이 점을 염두에 둔 것이라고도 할 수 있다. 易의 관계론은 변화를 인식 가능하게 하는 명쾌하고도 단순한 논리적인 전제다. 따라서 음양적인 두 축은 단선적인 분석

41 『周易·繫辭上』: "是故闔戶謂之坤, 闢戶謂之乾. 一闔一闢謂之變, 往來不窮謂之通. 見乃謂之象, 形乃謂之器. 制而用之謂之法, 利用出入, 民咸用之謂之神. 是故易有太極, 是生兩儀, 兩儀生四象, 四象生八卦, 八卦定吉凶, 吉凶生大業. 是故法象莫大乎天地, 變通莫大乎四時, 縣象著明莫大乎日月, 崇高莫大乎富貴, 備物致用, 立成器以爲天下利, 莫大乎聖人, 探賾索隱, 鉤深致遠, 以定天下之吉凶, 成天下之亹亹者, 莫大乎蓍龜. 是故天生神物, 聖人則之, 天地變化, 聖人效之, 天垂象, 見吉凶, 聖人象之, 河出圖, 洛出書, 聖人則之."

으로 환원되기가 어렵다.

이와 같이 상반되는 두 개의 축을 싸고 변화하고 있는 그 무엇을 그 이후로 점차 '氣(기)'라고 부르게 된다. 이 氣는 뜨거운 것과 차가운 것의 순환으로 표현되고 구체적으로는 사계절의 변화로 우리 앞에 나타난다. 우레, 비, 바람 등은 바로 자연에서의 그러한 기의 변환을 드러내 주는 존재들이다. 그리고 그것은 기본적으로 추위와 더위라는 두 개의 대표적인 기운 사이의 관계로부터 생성된다. 「역전」에서는 이 관계론과 변화론에서 더 나아가 성인의 덕과 역상 및 계사의 관계까지 이야기하고 있는데 이것은 자연철학 및 형이상학, 그리고 인문학의 만남을 이야기할 수 있는 거대한 사상적 근거로 작용하게 된다.

허신에 의하면 '氣'는 구름 덩어리[雲气]가 보여 주는 것과 같은 변화를 말하는데, 즉 변화 그 자체를 가능하게 하는 어떤 에너지와도 같은 것이다. 따라서 사물의 분별과 차이를 설명하는 문자에서 허신은 氣의 분산을 말하게 된다.

자연 가운데 무엇보다 氣의 분산을 극명하게 보여 주는 것은 바로 기후의 변화이고 그 기후의 변화는 계절의 변화와 함께 간다. 사계절의 변화로 체계를 세워 세상을 운용하는 원리를 세우려 했던 『여씨춘추』의 시도 이후에 고대 중국에서는 정식으로 이러한 체계화를 받아들인다. 물론 이것은 『예기·월령』 등 상고 시대의 기록이라고 전해지는 것들에서도 발견되지만 이론화를 거친 것은 아니었다. 전국 말의 추연의 음양오행설에서부터 『여씨춘추』, 『회남자』, 동중서, 한대의 상수학 등의 단계를 거치면서 이론화되고 정교한 틀이 만들어졌다. 허신의 『설문해자』는 이러한 체계를 적극 수용하였다.

III

육서六書의 이론적 기초와 허신許愼의 해석

자형과 의미의 상관관계

춘추전국 시기의 오랜 혼란을 거쳐 전국통일을 이룩한 진대의 뒤를 이어받은 한대는 秦(진)의 형식적인 통일을 이어 실질적인 통일의 토대를 공고히 한 시대라고 할 수 있다. 이러한 시대에 허신(許愼)은 '文字(문자)'를 통해 세계를 이해하고 만물을 조망해 보려는 야심을 가지고 있었던 것으로 보인다. 이는 허신이 『설문해자(說文解字)·서(敍)』에서 '만물을 두루 통찰하고[萬物咸覩]', '변화의 이치를 알아서 궁극의 진리를 규명한다[知化窮冥]'고 말한 것을 통해서도 짐작할 수 있다.

그러나 허신이 선택한 길은 전국 시대에 유행하던 순자(荀子)나 묵가(墨家)류와는 다른 길이었으며, 동시대의 정현(鄭玄)이 유가경전의 면밀한 자구훈고를 통하여 세계를 조망해 보려고 했던 것과도 다른 길이었다. 허신은 '문자'를 통한 세계관을 어떻게 표출하였는가? 허신이 자신의 문자관을 완성해 나가기까지의 여정을 탐구하려면, 무엇보다도 먼저 그의 문자관이 기반을 두고 있는 이론적인 틀을 명확하게 이해하는 것이 필요하다.

허신은 변화 발전하는 구체적인 현실에서 드러나는 다양성을 분석하고 종합하여 판단할 수 있는 어떤 원칙을 보여 주는 문자의 구조론을 필요로 하였다. 그는 '문자 형상만으로 의미 해석을 하는[望文生義]'

시대적인 폐해를 시정하고 근원적인 원리로 회귀할 수 있는 문자에 관한 초역사적인 틀을 만들어 보고자 하였다. 그러나 허신이 만들려고 했던 초역사적인 틀은 언어문자가 가진 속성과 어느 정도 대립되는 것일 수밖에는 없다. 즉 언어를 구성하고 있는 중요한 성분인 '소리'와 '의미'는 변화하는데, 그것을 극복하는 '불변'의 틀을 만들어야 하는 자기 부정적인 작업을 하지 않을 수 없었다. 허신이 어떻게 '자형'과 '소리'와 '의미'의 결합이 가능한 문자이론을 만들어 낼 수 있었을까?

언어에는 '자형'과 '발음소리' 외에 중요한 구성요소로 '의미'가 있다. 전통적으로 중국에서는 그것을 각각 '形(형)', '音(음)', '義(의)'라고 불렀다. 그런데 눈으로 볼 수 있는 자형과 귀로 들을 수 있는 소리는 물리적인 현상으로서 우리가 직접적으로 우리의 감각기관을 통하여 인지할 수 있지만 '의미'는 어떻게 알 수 있게 되는가?

플라톤 이후 서양의 전통적인 인식론이 서구인들의 언어에 깊이 반영되어 있기 때문에 그들이 발전시켜 놓은 언어이론은 그 나름의 한계를 가질 수밖에 없다. 서구의 언어론이 가지고 있는 기본적인 가정은 우리가 인식하는 대상물을 어느 고정된 시간과 공간 속에 고착시켜야 한다는 것이다. 그렇지 않다면 우리의 인식은 불가능하다. 이것이 기본적으로 그들 논리의 바탕인 '동일률', '모순률', '배중률'의 근저를 이룬다. 최근까지도 제기되는 '지시성'의 개념이 여기에서 크게 동떨어진 것이 아님을 바로 알 수 있는데 지시하고 있는 '마음'은 지시되고 있는 '대상'과 일치되는 시간, 공간 안에서 '의미'를 가지기 때문이다. 이 일치성, 즉 다른 말로 하면 동일성의 원리야말로 서구 언어학을 지탱해 왔던 가장 중요한 기초다.

허신은 서구의 방식과는 현저하게 다른 사고방식을 가진 것을 발견할 수 있는데 우선 무엇보다도 의미작용, 즉 지시작용이 일어나는 지시물(대상)로의 언어[말]가 일차적으로 대응해야 한다는 전제가 없다. 서구의 언어학은 기본적으로 언어가 대상과 일치되는 데 의미작용을 두고 있다. 그러나 허신의 인식을 포함하여 고대 중국적인 사고방식은 이러한 일차적인 일치에 우선적인 중점을 두지 않는다. 그것은 궁극적으로 언어가 지시하는 대상이라는 것이 고정된 '실체'가 아니라는 뿌리 깊은 전통이 중국에서는 내재하고 있기 때문이다.

서구의 언어이론과 허신의 이론을 단순하게 비교할 수는 없다. 그러나 우리는 '의미[義]'에 관한 진지한 질문을 허신의 눈을 통해 대답해 보려는 노력을 하려고 한다. 언어의미와 지시대상의 일치를 전제로 논의를 전개하지 않은 허신에게 있어서 대상세계란 없는 것이 아니라 '고정시킬 수 없는 것'이다. 그것을 고정시켜 인식하기 시작하면 이미 본래의 것이 아닌 것이 되어 버린다. 만약 '의미'가 대상의 실제세계에서부터 생성된다면 그 실제라는 것이 고착된 것이 아닌 만큼 의미도 고정된 것은 아니다. 따라서 이 비고정적인 의미는 '없음'이기보다는 실제가 변화함에 따라 다른 언어적 의미를 생성하는 '빈 공간'과도 같은 것이다. 다시 말해서 의미의 생성이란, 바로 '의미'라는 진공 안에서 변화하는 대상을 둘러싸고 있는 언어 표현의 '부침(浮沈)'이다. 만약 이것을 언어의 '소리-자형-의미'로 연결시켜 이야기해 본다면, 자형[시각적인 표현]과 소리[청각적인 표현]는 '의미'를 중심으로 돌고 있을 뿐이다. 따라서 소리만으로도 자형만으로도 언어적 의미의 핵심에는 접근할 수 없다. 의미 그 자체가 이미 소리와 자형의 '관계 맺음'에 의해서만 '생성되고' 있기 때문이다. 이러한 관계론이 사실상 허신의 문자론을 지탱하게 한 주요 골자였다.

전통적인 관계론-감응론(感應論)

허신은 문자에서 의미의 표상이 관계에 의해서 지탱되고 있다는 것을 알고 있었으며 그것을 '육서(六書)'라는 이름으로 정리하였다. 그러나 한편으로는 이러한 관계론이 그의 독창은 아니며 뿌리 깊은 중국의 전통적 사고방식의 한 반영이다. 허신에게 있어서 또 한 가지 간과해서는 안 되는 것은 그가 문자의 구조론인 육서론을 주장하면서도, 구조 그 자체를 가능하게 한 중요한 개념을 강조하고 있다는 점이다. 그것이 바로 '道(도)'라고 불리는 것이었다. 허신이 편찬한 『설문해자』 '一'부의 해설을 보자.

> '一(일)'에 대하여 설명한다. 천지만물이 형성되기 전 애초에는 오직 태극(太極)이 있었다. 道(도)는 一에 근거하고 있다. 그것으로 천지를 만들고 변화시켜 만물을 이루어 낸다.[1]

'一' 자에 대한 해설은 『설문해자』에서 최초로 등장하는 글자에 대한 것임과 동시에 허신 자신의 세계관의 일부를 드러내고 있는 대

1 『說文解字』 제1편 上 '一'부: "一, 惟初太極, 道立於一, 造分天地, 化成萬物."

목이라는 점에서 무엇보다도 중요한 의미를 찾을 수가 있다. 허신은 여기에서 '一'과 '태극'과 '도'와 '천지'와 '만물'을 연결시키고 있다. 우리가 현재 보고 있는 현상의 세계인 만물은 바로 근원인 태극으로부터 발원하고 있다. 그 만물을 표상하는 문자세계에서도 역시 그 근원을 반영하고 있는 글자가 있으니 바로 '一' 자다. 따라서 '一' 자는 태극과 직결되는 글자이며 만물 변화의 원리를 뜻하는 道 역시 그 '一'에서 비로소 세워진다.

여기서 주목해야 하는 곳은 '천지를 만든다[造分天地]'는 구절이다. 만약 허신이 '一'과 태극과 도로부터 바로 만물의 변화 생성을 말하려 했다면 천지에 대한 말이 왜 필요했겠는가? 허신은 근원으로서 道를 설정한 것과 문자세계의 현실적인 대상인 만물이 그로부터 변화 발전하는 과정임을 보여 주는 원리를 강하게 필요로 했을 것이다. '조분천지(造分天地)'는 바로 그 원리를 표명했던 문장으로서, 道와 만물 사이에 천지가 중재하고 있음을 알려 준다.

『설문해자』에 의하면 '造는 나아간다[就]는 뜻이며'[2] '分은 나눈다[別]는 뜻이다.'[3] 이들 글자는 道가 천지에 대해 작용하는 방법을 나타내고 있다. '造' 자에 대한 단옥재(段玉裁, 1735~1815) 주석에 의하면 '就(취)'라고 허신이 정의한 것은 단순한 '나아감'의 뜻만이 아니라 '이룸, 완성'의 의미를 가진 '成(성)'으로까지 해석될 수 있다고 하였다. 이에 비해 '分(분)' 자는 '나뉨,' 즉 분화를 뜻하는 글자임이 분명하다. 이렇게 본다면 造와 分은 서로 대비되는 뜻으로까지 풀이할 수 있다.

2 『說文解字』 제2편 下 '辵'부: "造, 就也."

3 『說文解字』 제2편 上 '八'부: "分, 別也."

이것은 天과 地가 명백하게 대비되는 것을 참조하면 어느 정도 수긍이 가능하다.

다시 이 구절을 '변화시켜 만물을 이루어 낸다[化成萬物]'는 것과 비교해 보면 道와 '조분천지'와의 관계가 조금 더 명확해진다. '化成'과 '造分'을 나누어 분석해 보면 '造'와 '成'의 의미상의 어울림이 '分'과 '化'의 어울림처럼 자연스러워지기 때문이다. '造'에서 '成'으로의 의미상의 진전이, '分'에서 '化'로의 의미상의 변화와 같은 양감으로 느껴진다는 데서 그 관계를 살펴볼 수 있다. 天地와 造分이 대립적인 의미의 조합인 듯이 보이는 데 반하여 化成과 萬物이 조화로운 의미를 드러내고 있다는 것도 그러한 단어 배열의 효과다. '조분천지'의 분석을 통해서 허신이 道와 만물 사이에 천지를 위치시켰던 이유를 찾아본다면, 결론적으로 허신은 근원이 되는 道와 그 道로부터 만물의 분화, 생성을 설명하는 이론이 필요했고 그것을 관계론으로 정립해야 한다고 생각하였기 때문에, '天地'와 같은 대립적인 구도가 필요했던 것이다.

이는 허신의 문자론에서 자형과 자음의 관계에 의해서 의미가 생성되는 '육서'의 원리와도 부합하는 것이다. 문자의미 생성과 변화를 설명하는 구조론이 필요한 만큼, 이를 떠받치는 근원적인 원리도 필요했다. 그 근원이 허신에게는 바로 '道'였다. 그런 뜻에서 허신의 문자론은 道에 근거한 문자창생론이자 관계적인 의미론이다.

그러나 만물 분화 발전의 원리를 관계론으로부터 이끌어 내는 것은 결코 허신의 독창은 아니다. 당시에는 이런 대립적인 관계에서 의미의 분화와 생성을 말하는 이론이 상당한 체계를 갖추고 있었다. 다음 『역』의 '咸(함)'괘를 보자.

> 咸괘에 대하여 말하면 … 단전에 이르길, 咸(함)은 느낌이라는 말이다. 柔(유)가 올라가고 剛(강)이 내려와 두 기운이 느껴 응함으로써 서로 함께하게 된다. … 천지가 느낌이 있어서 만물이 화생하고 성인이 인심을 느껴서 천하가 화평하다. 그 느끼는 바를 보아 천지만물의 情(정)을 볼 수 있다.[4]

咸괘에서 말하고 있는 것은, 두 개의 서로 다른 기운인 유(柔)와 강(剛)이 관계하여 천지와 만물이 변화, 생성하고 있다는 점이다. 이 대목은 허신의 '一' 자 해설에서 본대로 '太極-道-天地-萬物'의 구도와 크게 벗어나지 않는다. 조금 차이가 있다면 天地에 앞서 두 개의 다른 기운인 柔와 剛을 설정하고 있다는 점이다. 이들은 陰(음)과 陽(양)이라고 바꾸어 해석해도 무리가 없다.

咸괘가 보여 주고 있는 것은 두 대립적인 기운의 관계로부터 발전해 나가는 복잡한 현상세계에 대한 것이다. 그런데 이곳에서 주목해 보아야 할 것은 바로 咸을 '感(감)', 즉 느낌으로 해석하고 있다는 점이다. 도대체 여기서 말하는 '느낌'이란 무엇인가. 우리가 차갑고 뜨거운 것을 '느낀다' 할 때의 단순한 감각적인 느낌인가. 그러한 느낌과 천지만물의 연관성은 어디에서 오는가. 이러한 질문에 답하기 위하여 咸괘 「단전(彖傳)」에서 말한 내용을 조금 더 자세히 살펴보자.

柔와 剛의 두 기운이 서로 느끼고 반응한다[感應]는 것은, 예컨대 남녀가 서로 사랑을 느끼고 함께 교합하여 짝을 짓게 되는 것과 같은

4 『易·咸卦』: "咸, … 彖曰, 咸, 感也, 柔上而剛下. 二氣感應以相與. … 天地感而萬物化生, 聖人感人心而天下和平, 觀其所感, 而天地萬物之情可見矣!"

일이다. 그래서 咸괘는 짝지을 여인을 취하는 괘다. 그런 비유와 같이 天과 地도 '느낌'이 생기면 萬物을 낳게 된다. 剛柔의 기운 속에서 '느낌'이 생겨나는 것은 아주 근본적인 원리이며 온갖 형태의 비유를 가능하게 하는 근거이기도 하다. 그에 따라 天地의 관계에서도 '느낌'과 만물의 출생이 가능해진다. 그런데 咸괘 「단전」의 마지막 부분에서 말하는 '성인'의 느낌은 또 무엇인가. 성인은 보통 사람의 마음[人心]과 더불어 느낌을 갖는다. 그러한 '느낌'이 천하를 화평하게 하는 데 쓰이며 그 '느낌'을 관찰하면 천하 만물의 온갖 현상을 다 보아 낼 수 있다. 이러한 관계론을 다시 한번 정리하면 [표 3-1]과 같다.

[표 3-1] 咸괘 감응의 관계론

剛과 柔	두 개의 서로 다른 기운, 느낌이 생겨나는 원리
天과 地	두 개의 서로 다른 물건, 만물이 생겨나는 원리
聖人과 人心	두 개의 서로 다른 관점, 세상이 다스려지는 원리

[표 3-1]은 서로 대립하는 것들 사이에 어떠한 관계가 맺어지고 있는가를 보여 준다. 이곳에서 그 관계를 총칭하는 말을 찾으라면 바로 感(감)과 應(응)일 것이다. 여기에서 논의할 것은 우리가 '느낌'으로 번역하고 있는 感 자다. 만약 이 感을 '느낌'으로 번역한다면, 인간처럼 유기체적인 감각기관을 가진 인식의 주체를 위주로 한다. 하지만 感은 그렇게 국한된 개념이 아니다. 그것은 마치 자석의 양극과 음극이 서로 작용하는 것과도 같은 아주 포괄적인 개념이다. 그래서 야마다 케이지(山田慶兒, 1932~)는 感을 '작용'으로 해석하고 있다.[5] 그의 해석에 따라 感과 應을 '작용'과 '반응'으로 해석한다면, 咸괘 「단전」에

보이는 해석을 관계론에서 의미의 생성까지 가능하게 하는 설명으로 다시 조명해 볼 수 있다. 왜냐하면 작용이 일어나는 모든 관계에서 반응하는 현상들이 바로 의미의 출현을 말해 주는 것이기 때문이다.

『역 · 계사전』에 보이는 감응의 이론을 자신의 사상으로 계승한 정이(程頤, 1033~1107)의 말을 들어 보자.

> 작용이 있으면 반드시 반응이 있다. 일반적으로 사물이 움직이면 모두 다른 사물에게 작용을 가한다. 작용을 가하면 반드시 반응이 있다. 반응하는 데에는 다시 작용이 있고 작용하는 데에는 다시 반응이 있다. 그칠 줄을 모르기 때문이다. 이런 작용을 통해서 천하의 모든 것에 정통하는 이치에 대해서, 道를 아는 사람은 조용히 관찰하여 파악하는 것이 좋다.[6]

정이의 주장은 한마디로 세계에는 작용과 반응이 있는 데 지나지 않다는 것이다. 사물이 움직인다는 것은 반드시 다른 사물에 대해서 작용하게 된다는 것, 다시 말해 어떤 작용을 미친다는 것을 의미한다. 이 경우 사물이 움직인다는 것은 결코 물체의 위치이동에 한정되는 것이 아니며 열의 이동이든, 화학 반응이든, 인간의 정신적인 활동이든 모두에 해당한다. 작용이 있으면 모든 다른 사물에 반응을 불러일으킨다. 반응은 그 자체가 하나의 움직임이며 따라서 작용으로서의 역할을

---

5 야마다 케이지(山田慶兒) 지음, 김석근 옮김, 『주자의 자연학』, 통나무, 1991, 69~82쪽 참조.

6 『近思錄』: "有感必有應, 凡有動皆爲感, 感則必有應, 所應復爲感, 所感復有應, 所以不已也. 感通之理, 知道者黙而觀之可也."

다시 하게 된다. 이렇게 하여 무한한 연쇄반응이 일어난다.

우주에 존재하는 사물은 전체로서 하나의 복잡하기 짝이 없는 무한한 연쇄반응체계를 이룬다. 만약 우주가 이런 무한한 연쇄반응 체계라고 한다면 그것을 이해하고 인식할 수 있는 방법이란 단순한 분석적 방법일 수 없다. 이때 정이에 의해 적극적으로 제시되고 있는 방법이 '조용히 관찰하는[黙而觀之]' 방법이다. 다시 말해서 마음으로 느끼는[內感] 방법이다. 이것은 분석적인 방법은 분명히 아니다. 왜냐하면 파악되는 것도 단순한 인과관계가 아니기 때문이다.

감응이란 작용과 그것에 대한 반응이라는 작용이 있으며, 이르는 곳마다 작용의 동일한 '패턴'[7]이 반복되고 있다는 인식이다. 이러한 인식방법과 인식되는 작용은 뗄 수 없는 관계에 있다. 이러한 비분석적이고 다분히 직관적인 인식방법의 유효성을 보증해 주는 것은 작용과 반응에 의해서 유기적으로 통일된 연쇄반응체계로서의 세계의 존재이며, 인간이란 바로 그 세계 내부에 위치해 있기 때문이다.[8]

이러한 감응 개념에 기초를 중국 사람들의 보편적인 이론이 된 것이 천인상관론(天人相關論)이다. 예를 들어 어떤 위정자가 포악한 정치를 하고 있다고 하자. 그렇게 되면 그러한 정치를 그만두게 하고 싶은 사람들이 많아진다. 그때 가뭄이나 홍수와 같은 재앙이 일어났다면 사람들은 재앙에서 포악한 정치에 대한 하늘의 노여움을 읽어

---

7 야마다 케이지는 이것은 '패턴'으로 불렀는데 일종의 작용-반응 체계라고 할 수 있는 것으로서 그렇다고 기계적인 체계를 적용할 수는 없기 때문에 부득이 '패턴'이라는 용어를 사용한 듯하다. 이 책에서는 이것을 감안하면서 '패턴'이라는 용어를 사용하겠다.

8 董仲舒의 『春秋繁露』 권13의 '同類相同.'이라는 명제도 '감응'의 이론에 근거하여 설명할 수 있다.

내고 반란을 정당화시키려 한다. 이때 포악한 정치와 재앙 사이의 관계가 감응이다. 따라서 감응의 관계에는 기후와 병의 관계처럼 때로는 인과관계가 존재하는 경우도 있지만 포악한 정치와 재앙처럼 단순히 동시적으로 일어나는 사건들에 지나지 않는 경우도 많다. 어느 두 가지 사건을 이어 주는 것은 어디까지나 인간의 실천, 행동이다. 어떤 실천의 필요성 속에 있을 때 비로소 인식의 주체는 어떤 사건의 정보 속에서 또 다른 사건을 읽어 내고 행동의 다양한 선택가능성 중에서 다른 것을 선택할 수 있게 된다. 결국 감응 현상이란 어떤 사회에서 관습적으로 옳다고 생각되는 인간들의 행동양식의 총체를 전제로 할 경우, 인간의 행동에서 '가장 적절한 값'을 나타내는 상징이다.

이것이 감응작용의 패턴에 대한 인식이며 이러한 인식은 존재의 패턴에 대한 인식과 깊이 연결되어 있다. 송대 정이가 세상에 존재하는 사물은 모두 그 대립물을 가진다고 말한 것은, 감응에 기초한 작용의 원리를 보다 냉정하게 표현한 것이다.

> 세상에는 모두 대립물이 존재한다. 음이 있으면 양이 있고 선이 있으면 악이 있다.[9]

세상에 존재하는 모든 사물은 대립하는 두 개의 계열로 나뉜다. 예를 들어 氣는 陰과 陽에 의해 대표되는데 이때의 음양(陰陽) 또한 두 개의 계열이다. 사물의 작용, 즉 감응은 같은 계열에 속하는 사물간의 관계인가 아닌가에 따라 두 개의 패턴으로 나뉜다. 이른바 동

9 『河南程氏遺書』 第十五 伊川先生語一: "天地之間皆有對. 有陰則有陽, 有善則有惡."

류상동(同類相同)은 음에는 음이 응하고 양에는 양이 응하는 현상으로서 같은 계열에 속하는 사물이 서로 끌어당겨 서로 호응하거나 한 군데로 모이는 현상이다. 천인상관론의 기초도 이 동류상동에 있다. 또 하나의 패턴은 서로 다른 계열에 속하는 사물 간의 관계에서 발생하는데 이것이 『역(易)·계사전(繫辭傳)』에서 말하는 '굴신상감(屈伸相感)'으로서, 즉 음과 양의 수축과 신장, 후퇴와 전진의 순환적인 교대다.[10] 두 개의 계열과 작용의 두 개의 패턴이 만들어 내는 전체야말로 곧 세계다. 이러한 세계를 체계적으로 인식할 수 있게 되는 것도 바로 패턴에 대한 인식에 의해서다.

이러한 관계론에 대해서 주의하면서 그것을 중국적 사유방식으로 설명한 사람은 앵거스 찰스 그레이엄(Angus Charles Graham, 1919~1991)이다.[11] 그레이엄은 그리스 철학에서 등장하는 사변적인 우주론과 대응할 만한 광대한 우주론이 『여씨춘추(呂氏春秋)』나 「역전(易轉)」 등에서 발견된다고 여겼다. 그 체계는 음양과 상관된 대조적인 성분들의 이합집산에 의해 뻗어 나가는데 그 과정에서 사계(四季), 사방(四方), 오행(五行) 등의 도식이 등장하며 더 나아가 팔괘와 육십사괘의 연속적인 분화에까지 이른다. 그는 이러한 관계적인 사유가 중국에서만 특성화되고 다른 사상에서는 폐기된 것은 아니며 모든 종류의 사유 배경에서 진행되고 있다고 하였다. 또한 '음양(陰陽)'이라는 개념이 나타내 주고 있는 것도 다른 사유방식이 은밀히 감추고 있는

10 『易·繫辭傳』: "往者屈也, 來者信也, 屈信相感而利生焉." 여기서의 信은 伸, 펼치다의 뜻이다.

11 A. C. 그레이엄 지음, 이창일 옮김, 『음양과 상관적 사유』, 청계, 2001.

비교(comparisons)와 대조(contrasts)의 전체적인 틀을 명백히 드러낸다는 점에서 흥미롭다고 말하고 있다.

고대 중국의 사상에서, 이러한 관계적인 도식화는 공자로부터 한비자에 이르는 유가 법가계열의 사상가들에게서는 잘 발견되지 않는 데 반하여 천문가, 점술가, 방사(方士) 등의 활동에서 명백히 드러난다.[12] 음양오행의 관계론은 전국 시대 말엽의 『여씨춘추』에서부터 체계화되어 등장하는데 한대에 와서 유가적이면서도 도가적인 우주론이 처음으로 개화하고 그것이 『주역』의 역전으로 정리되어 유가경전 속으로 포괄되면서 중국의 사상가들이 이후로는 관계론적인 우주론을 무시할 수 없게 된다. 「계사전」의 제1장을 한번 살펴보자.

> 하늘은 높고 땅은 낮으니 乾(건)과 坤(곤)이 정해지고, 낮고 높음으로써 귀와 천이 자리를 잡고 動(동)과 靜(정)이 항상됨이 있으니 剛(강)과 柔(유)가 판단된다. 方(방)으로 類(류)를 모으고 物(술)로써 무리를 나누니 吉(길)과 凶(흉)이 생겨나고 하늘에 있어서는 象(상)을 이루고 땅에 있어서는 形(형)을 이루니 변화가 나타난다. 이런 까닭으로 剛과 柔가 서로 마찰하며, 팔괘가 서로 움직여서 우레와 번개로써 고동시키며 바람과 비로써 윤택하게 하며 해와 달이 운행하며 한 번 춥고 한 번 더워진다. 乾의 도가 남자를 이루그 坤의 도가 여자를 이루니 乾은 크게 시작하는 것을 알며 坤은 만물을 이루어 낸다. 乾은 쉬움으로

12 『論語』에도 『墨子』에도 음양오행의 관계론적인 사유를 인정하는 대목은 전혀 등장하지 않는다.

써 알려 주고 坤은 간단함으로써 능력을 보인다. 쉬우므로 쉽게 알 수 있고 간단하니 쉽게 따르며, 쉽게 알게 되니 친함이 있고 쉽게 따르니 공이 있으며, 친함이 있으니 오래할 수 있고 공이 있으니 클 수 있다. 오래할 수 있으니 현인의 덕이 되고 클 수 있으니 현인의 업이 된다. 쉽고도 간략하여 천하의 이치를 얻게 되니, 천하의 이치를 얻어서 그 가운데에서 자리를 잡게 되는 것이다.[13]

여기에서는 중요한 관계론적인 사유의 체계를 알 수 있는 단면이 훌륭하게 드러난다. 첫 구절 '천존지비(天尊地卑)'에서부터 비교와 대조의 방식이 구사되고 있는데, 하늘과 땅의 비교는 높고 낮음의 대조로 드러난다. 이러한 관계는 乾과 坤의 정의로 이어지는 동시에 꼬리에 꼬리를 물고 계속해서 장 전체로 확산되어 나가는데 그것을 정리해 보면 [표 3-2]와 같이 대립되는 단어의 쌍들이 등장하고 있는 것을 알 수 있다.

[표 3-2] 관계의 확산

天	尊	乾	貴	動	剛	吉	象	變	摩	鼓	日	寒	男	易	知	親	久	德
地	卑	坤	賤	靜	柔	凶	形	化	盪	潤	月	暑	女	簡	從	功	大	業

정리한 단어의 조합을 살펴보면 반대되는 의미의 대조도 있지만

13 『易·繫辭傳』: "天尊地卑, 乾坤定矣. 卑高以陳, 貴賤位矣. 動靜有常, 剛柔斷矣. 方以類聚, 物以羣分, 吉凶生矣. 在天成象, 在地成形, 變化見矣. 是故剛柔相摩, 八卦相盪. 鼓之以雷霆, 潤之以風雨, 日月運行, 一寒一暑. 乾道成男, 坤道成女. 乾知大始, 坤作成物. 乾以易知, 坤以簡能, 易則易知, 簡則易從, 易知則有親, 易從則有功, 有親則可久, 有功則可大, 可久則賢人之德, 可大則賢人之業. 易簡, 而天下之理得矣, 天下之理得, 而成位乎其中矣."

유사한 의미 사이의 비교도 보인다. 그러면서도 전체적인 모양으로는 분명히 구별되는 두 개의 범주를 찾을 수 있는데, 즉 '天地-乾坤-動靜-剛柔' 등의 이원적인 구분 그 자체다. 그것은 '음양'이라는 말로 곧바로 대치될 수 있다.

허신(許愼)의 육서론(六書論)

허신은 당시에 이미 존재하고 있던 관계론적인 사유의 틀을 근거로 하여 분명히 구별되는 두 개의 범주를 잘 이해하고 있었다. 그것은 바로 '天地-乾坤-動靜-剛柔' 등의 이원적인 구분이다.

허신의 『설문해자』 해설에서 이러한 관계론의 증거를 살펴보자. 예를 들어 『설문해자』 1편 上 一부에 부속되어 있는 '天' 자는 "天, 顚也. 至高無上(天은 사람의 머리 정수리다. 대단히 높아서 더 이상의 위가 없다)."라고 풀이되어 있다. 허신이 하늘[天]을 사람의 머리 정수리[顚]로 해석하고 있는 것은 우선 두 가지 의미에서 접근할 수 있다. 첫 번째는 자형 자체에 '天' 자가 '사람의 머리 위쪽'을 가리키고 있다는 점에서 실증적으로 접근하는 것이다. 둘째는 실증적인 의미를 넘어서서 '인간의 머리 위'에서 인간 세상을 내려다볼 수 있는 어떤 거대한 주재자의 존재를 드러내는 형이상학적인 의미에서 접근하는 것이다. 허신이 말한 '지고무상(至高無上)'은 두 번째의 접근방법에서 나온 설명이다. 이 두 가지 의미를 모두 보여 주기 위하여 허신도 天에 대하여 '머리 정수리'와 '지고무상'의 두 가지 해설을 제시하였다.

한편으로 天 자를 '顚(전)' 자로 풀이하는 것은 天 자와 顚 자가 소리에서 유사함을 가지고 있기 때문이다. 이렇게 유사한 발음소리로 해설하고 있는 경우, 그 방식을 전통적으로는 '성훈(聲訓)' 방식이라고 부른다. 『설문해자주(說文解字注)』에서 단옥재(段玉裁)는 '天' 자의 주석에서 이 방식이 운용되는 예를 더 잘 보여 주고 있다. 단옥재의 주석을 살펴보자.[14]

> 天을 顚이라고 풀이한 것은 운(韻)이 같은 글자를 가지고 풀이한 것이다. 『설문해자』 전체의 범례로 보면 그런 예는 다음과 같은 것들이 더 있다. 門(문)을 聞(문)이라고 풀이한 것, 戶(호)를 護(호)라고 풀이한 것, 尾(미)를 微(미)라고 풀이한 것, 髮(발)을 拔(발)이라고 풀이한 것 등이 모두 그런 예들이다.

발음과의 연관으로 해설하는 것보다 더 중요한 것은 역시 의미의 연관성이다. 다시 단옥재의 '一' 자 주석이다.

> 또한 『설문해자』의 범례에서 元(원)을 始(시)라고 풀이한 것, 天(천)을 顚(전)이라고 풀이한 것, 丕(비)를 大(대)라고 풀이한 것, 吏(리)를 治人者(치인자)라고 풀이한 것 등은 모두 서로 의미의 연관성을 가지고 풀이하는 전주(轉注)의 방식에 해당한다. … 이러한 훈고의 방식은 같은 맥락으로 확산된다. 예를 들어 顚이 사람의 '머리 정수리'이므로, 그래서 그 글자를 가지고 '높다'는 말로 사용한다. 또한 始 자는 여자의 '처

14 『說文解字』 제1편 上 '天' 자 段玉裁 注: "此以同部疊韻爲訓也. 凡 '門, 問也', '戶, 護也', '尾, 微也', '髮, 拔也' 皆此例. 凡言 '元, 始也', '天, 顚也', '丕, 大也', '吏, 治人者也' 皆於六書爲轉注 … 然其爲訓詁則一也. 顚者人之頂也. 以爲凡高之稱. 始者女之初也. 以爲凡起之稱. 然則天亦可爲凡顚之稱. 臣於君, 子於父, 妻於夫, 民於食 皆曰天, 是也."

음 시작'을 뜻하므로, 그래서 그 글자를 가지고 '시작한다'는 말로 사용한다. 그렇다면 天 또한 모든 높은 것을 부르는 데 쓸 수 있다. 신하에 대하여 군주를, 자식에 대하여 부모를, 아내에 대하여 남편을, 백성에 대하여 식량을 天이라 하는 것이 그런 예들이다.

이처럼 단옥재는 발음과 의미의 두 측면에서 접근하여 주석하고 있다. 그레이엄은 자신의 책에서 음양적인 관계론을 구조주의적인 개념인 계열체(paradigm)와 연쇄체(syntagma)를 이용하여 『노자(老子)』 마왕퇴 백서본(馬王堆 帛書本)의 대구를 다음과 같이 분석하고 있다. 이는 위에서 살펴본 단옥재의 논리와도 부합한다.

陽	陰
1. 하늘[天]	땅[地]
2. 봄[春]	가을[秋]
3. 여름[夏]	겨울[冬]
4. 낮[晝]	밤[夜]
5. 움직임[動]	고요함[靜]
6. 펴다[伸]	구부리다[屈]
7. 군주[君]	신하[臣]
8. 위[上]	아래[下]
9. 남자[男]	여자[女]
10. 아버지[父]	자식[子]

위에서 가로로 이어지는 개념, 즉 天과 地처럼 대조되는 두 개의

개념은 서로 계열체적인 관계에 있다. 반면에 세로로 연결되는 개념들, 즉 하늘, 봄과 여름, 군주, 남자 등은 연쇄체적인 관계에 있다. 앞에서 세로로 연결되는 연쇄체적인 개념들은 바로 의미를 생성한다. 예를 들면 '하늘은 군주이고 위에 있다.', '땅은 신하이며 아래에 있다.' 등이다. 단옥재가 '天' 자를 주석하면서 '군주', '남편', '부모', '양식' 등은 모두 '天'으로 불릴 수 있다고 하였으니, 이들은 天의 계열에 들어갈 자격을 가진다. '地'의 계열 또한 같은 논리로 배열될 수 있을 것이다.

『노자』에서처럼 단순히 계열적이거나 연쇄적인 조합뿐만 아니라, 문자 그 자체에서 소리와 의미의 관계까지 허신은 『설문해자』에서 다루고 있다. 따라서 허신에게는 문자를 구성하는 부분으로서 자형과 소리와 의미의 관계 맺음이 이론으로 정리되는데, 그것이 바로 육서론이다.

이러한 관계론은 앞서 보았던 『역』의 '咸(함)'괘에서도 찾아볼 수 있는 당시 만연하던 논리이기도 했다. 또한 「계사전」의 이원론이 그대로 『설문해자』 안에서 의미의 상관관계의 흔적으로 뚜렷하게 드러나고 있다. 허신 이전까지 정리되어 오지 못하던 문자의 구조에 대한 이론이 허신에게서 정확한 모양을 갖추게 되는 것도 바로 이러한 관계론에 힘입은 것이다. 상관관계론을 염두에 두면서 그의 육서론을 한번 살펴보자.

> 첫 번째 지사란 보아서 알아볼 수 있으며 자세히 살펴보면 의미를 보아 낼 수 있는 글자들인데 上, 下 자가 그 예다. 두 번째 상형이란 사물의 모양대로 그려 내어 그 형체를 따라 구부러지게 쓴 글자들인데

日, 月 자가 그 예다. 세 번째 형성이란 사물로 이름을 삼고 (소리를) 비유하는 부분을 취하여 (사물로 이름을 삼은 부분과) 서로 어우러지게 이룬 글자들인데 江, 河 자가 그 예다. 네 번째 회의란 (서로 다른) 類를 병렬시켜 의미를 합하여 그것으로 드러내고자 하는 의미를 보이는 글자로서 武, 信 자가 그 예다. 다섯 번째 전주란 類를 세우고 하나의 부수를 만들어 같은 의미는 서로 주고받을 수 있는 글자들인데 老, 考 자가 그 예다. 여섯 번째 가차란 본래 그 의미를 나타내는 글자가 없는 것을 소리에만 의지해서 나타내고자 하는 사물을 표현하는 것인데 令, 長 자가 그 예다.[15]

지사, 상형, 형성, 회의, 전주, 가차의 여섯 가지 문자 표상의 방법은 자형과 소리의 두 축을 중심으로 서로 관계 맺으며 돌고 있다. 후쿠다 죠오노스케(福田襄之介)는 이러한 관계를 『역』 팔괘의 분화과정과 연관시켜 설명하고 있다. 그는 태극에서 양의(兩儀), 사상(四象), 팔괘(八卦)로의 분화를 문자(文字), 문(文), 자(字), 상형(象形), 지사(指事), 형성(形聲), 회의(會意) 등에 대응시키면서 유추하고 있다. 그의 대응론을 살펴보면 [그림 3-1]과 같다.[16]

그런데 『설문해자』에서 보여 주는 세계관과 방법론이 『역』과 대

15 『說文解字·徐』: "一曰指事. 指事者, 視而可識, 察而見意. 上, 下 是也.
二曰象形. 象形者, 畫成其物, 隨體詰詘, 日, 月 是也.
三曰形聲. 形聲者, 以事爲名, 取譬相成, 江, 河 是也.
四曰會意. 會意者, 比類合誼, 以見指撝, 武, 信 是也.
五曰轉注. 轉注者. 建類一首, 同意相受, 考, 老 是也.
六曰假借. 假借者, 本無其字, 依聲託事, 令, 長 是也."

16 福田襄之介, 『中國字書史の研究』, 明治書院, 1979, pp. 117-136 참조.

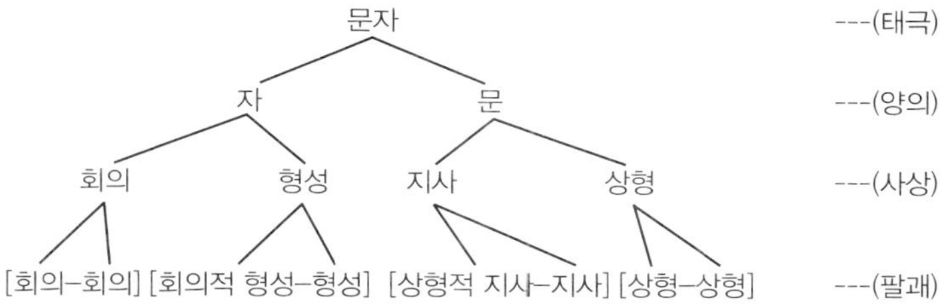

[그림 3-1] 육서의 분화

응될 수 있다고 해서 이와 같이 직접적으로 대응할 수 있겠는가. 첫째로 文과 字의 구별이 음양적인 양의(兩儀)로의 분화로 보기 어려운 점이 있고, 둘째로 사상(四象)에 대응하는 지사, 상형, 형성, 회의가 동일한 비중으로 자리 잡을 수 있는가 하는 문제가 있으며, 셋째로 팔괘로의 분화에 해당하는 각각의 용어가 번거로움을 피하기 어려운 동시에 육서의 중요한 한 축인 전주와 가차를 포함시키지 못한다는 점에서 또한 난제를 드러내고 있다.

여기에서 육서의 관계론을 다른 각도에서 한번 조명해 볼 필요가 생긴다. 팔괘로의 분화에서 육십사괘로의 확장은 『역』의 관계론이 보여 주는 도식이다. 그러나 육서는 8이라는 숫자를 사용하지 않는다. 정확하게 그것은 6이다. 하지만 이원론적인 상관관계론의 확장이라는 점에서 이 둘은 결코 다른 것이 아니다. 문제는 그저 단순하게 팔괘와 육서를 대응시킨다고 해서 해결되는 것이 아닌 것이다. 이것을 해결하기 위하여 허신이 문자를 바라보았던 관점을 소리[聲]와 모양[形] 두 축을 중심으로 정리하여 보겠다.

제1단계로 가장 기본이 되는 글자인 상형과 지사를 보면 이 두 가지는 자형과 소리가 아직 분화되지 않는 혼융의 경지를 보인다. 이것은 다시 말하면 자형과 소리와 의미의 분화현상이 보이지 않고 그대로 단순한 자형에서 의미를 알 수 있으며 소리도 자연스럽게 연결되어 있다는 뜻이다. 허신이 예를 들었던 '上', '下' 자와 '日', '月' 자의 경우 모양만을 보아도 의미를 곧 알 수 있으나 그렇다고 이들 글자에 해당되는 자음이 없는 것은 분명히 아니다. 그저 자형에서 드러나는 의미가 보다 직접적이며 근원적이라는 뜻으로 볼 수 있다.

그런데 제2단계로 들어서면 상황은 훨씬 복잡해진다. 자형과 자음과 자의가 혼융일체화(混融一體化)된 글자로부터 수없이 많은 글자가 파생할 수 있는데 단순하게 정리하면 형성과 회의의 방법으로 만들어진 글자들이다. 더 많은 글자의 파생 내지 생성은 나타내고자 하는 더 많은 의미의 출현을 말해 주는 것이다. 이 단계에서는 분화되지 않았던 단순한 글자에서 자형적인 특징과 자음적인 특징을 분화시켜 이합집산(離合集散)함으로써 새로운 의미의 생성을 알리는 방법으로 사용하게 된다. 회의의 방법은 어떤 의미를 가진 자형과 또 다른 의미를 가진 자형을 합성하여 그 합성자를 통해 새로운 의미의 유추가 가능해지도록 하는 것이다. 이것과 비교해서 형성은 어떤 의미를 가진 자형이 또 다른 자형과 만났는데, 이 경우에는 합성된 부분의 자형이 어느 자형은 '의미'로서 관계하는 데 반하여 다른 자형은 '의미'에의 연관성이 희박하고 '자음'을 명시하는 부분으로 포함된 것이다. 즉 새로이 생성된 합성 자형에 '의미'를 명시하는 부분과 '소리'를 명시하는 부분으로의 쪼개짐이 가능하다. 여기에서 특이한 것은 어떤 경우에 의미를 가진 자형과 소리도 관계하면서 의미도 상관된 자형이 합해질 수 있다는 것이다. 즉 회의 겸 형성의 방법이다. 어쩌면 한자를 만든 사람들은 이론적인 의미에서 회의나 형성의 방법보

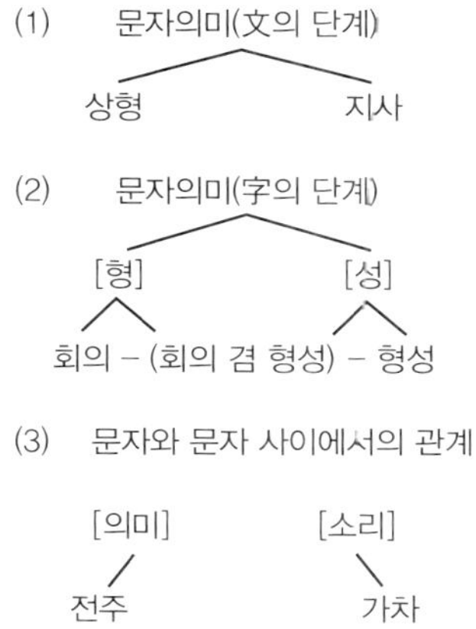

[그림 3-2] 육서 안의 관계론

다는 이 방법을 선호했던 것 같다. 이왕 글자를 만든다면 소리도 바로 알 수 있고 의미도 그것에서 멀지 않은 자형을 선택하지 않겠는가? 따라서 회의 겸 형성의 방법은 중국 문자의 구조론에서 쉽게 운용될 수 있다.

마지막 제3단계에서는 앞서 제시한 제1, 2단계에서 등장하는 방법으로 만들어진 글자들 사이의 관계론을 이용하여 새로운 의미의 출현을 알리는 방법이다. 그중에 전주란 어느 두 글자 사이의 의미의 주고받음이 자형상에서 가능할 때이고, 자형과 상관없이 발음소리만으로 의미를 주고받을 때는 가차의 방법을 사용하게 된다.

이러한 논의를 바탕으로 허신의 육서론을 도식화해 보면 [그림 3-2]와 같다.

허신의 육서론을 이와 같이 정리한다면 마치 실제적인 문자의 생성단계도 (1), (2), (3)단계의 순서를 밟아 가는 것처럼 보이지만 사실은 그렇지 않다는 점을 염두에 두어야 한다. 실제로는 이미 유통되어 오던 완성된 글자들을 가지고 여러 가지 의미로 바꾸어 쓰거나 대체하는 것이 언어적으로는 더 자연스러운 현상이다. 따라서 동의자 사전인 『이아(爾雅)』를 가능하게 한 전주의 방법이나, 소리의 연관성만으로 나타내려는 의미를 표음부호처럼 사용하는 가차의 방법이 손쉬운 문자활용법이자 의미 생성의 방법이다. 가차의 방법은 이미 갑골문의 시대에서부터 낯선 것이 아니었으며 중국에서 일찍부터 동의자사전이 만들어질 수 있었던 것도 전혀 이상한 것이 아니다.

그렇다면 허신의 육서론이 가지는 특징은 무엇인가? 그것은 실제로 당시에 있었던 언어현상을 설명하는 이론적인 작업을 완성했다는 데 있다. 허신의 작업은 '완성된 문자 사이의 유통 관계로부터 문자가 만들어지는 원리까지'의 순서를 밟았을 것이다. 다시 말해서 이미 세상에 유행하고 있던 문자를 모두 모아서 어떻게 그 문자들이 조직되었는지 귀납할 수 있는 간단한 원리를 찾으려는 노력을 먼저 기울였을 것이다. 일단 그 원리가 발견되면 그것으로부터 실제 언어현상을 설명할 수 있게 된다. 따라서 허신이 문자들을 정리하고 조작할 때 가장 기본이 되는 단위로 분할하는 것을 무엇보다 중시하게 되었다. 허신 자신이 말한 '文'과 '字'에 대한 설명을 보자.

> 창힐이 처음 서계를 만들 때 일반적으로 종류(類)에 따라 모양을 본떴으므로 문(文)이라고 하였다. 그 후에 모양과 소리가 서로 보태 주어 자(字)라고 하였다. 文이란 물상(物象)의 근본이고 자(字)란 불어나서 점점 많아진다는 말이다.[17]

17 『說文解字·敍』: "倉頡之初作書, 蓋依類象形, 故謂之文. 其後形聲相益, 卽謂之字. 文

[표 3-3] 이론화와 실제 작업 순서의 차이

문자구조의 원리	허신 실제 작업의 순서
1) 지사, 상형: 가장 기본이 되는 글자	1) 실제의 글자들 사이에서의 관계를 밝혀 보기(전주, 가차)
2) 회의, 형성: 기본글자가 단위가 되어 서로 조합하여 만든 글자	2) 의미를 가진 한 글자 안의 구조를 분석하기(회의, 형성)
3) 전주, 가차: 만들어진 글자 사이에서 관계를 맺는 양상	3) 구조분석이 가능하게 하는 가장 기본적인 단위의 글자를 찾기(지사, 상형)

허신의 설명에 의하면, 처음에 창힐이 만든 글자는 사물의 모양대로 본뜬 상형 방법의 글자들이었으며 그것이 바로 '文'이라고 불릴 수 있는 것이다. 여기에서 주목해야 하는 것은 허신이 '文'을 정의하는 방법이다. 허신은 '文'이 그것을 보면 해당하는 사물을 알 수 있게 외형을 본뜬 가장 기본적인 글자로 정의하고 있다. 이렇게 해석할 수 있는 이유는 그다음에 '字'를 해석하면서 자형만이 아니라 소리가 그 위에 더해진, 즉 '文'에서 한 단계 나아간 것으로 정의하고 있기 때문이다. 허신은 文과 字의 대비를 이용하여 자연스럽게 '文'을 사물의 외형을 본떠서 의미를 알 수 있게 하는 가장 기본적인 글자가 되는 것으로 설명하고 '字'를 그 단순하고 기본적인 글자들이 서로 모여 마치 남녀가 가족을 이루어 자식을 낳아 가며 번성하듯이 수가 늘어 가는 것으로 설명한다. 결국 허신의 육서론은 문자를 분석하는 원리상의 진행 순서와 실제로 언어현상을 두고 허신이 작업을 진행시킨 순서가 역행하고 있음을 보여 준다. 이를 표로 나타내면 [표 3-3]

者, 物象之本. 字者, 言孳乳而浸多也."

과 같다.

이는 기본적으로 문자가 표상하는 의미를 소리와 자형의 관계로서 바라보았기 때문에 가능한 구조다. 허신은 이 육서론을 통해 당시 유통되고 있던 문자들을 기본 단위로 분석하고 종합할 수 있는 힘을 얻게 된다. 허신이 해석한 '文'과 '字'의 관계는 문자가 외형상 분할될 수 없는 최소의 자형과 의미의 결합에서 그치지 않고 소리를 표상하는 요소가 어떻게 문자구조에 참여하는지를 분명하게 보여 준다.

상형으로부터 만들어진 '文'이라 해도 만약 약속된 발음을 가지게 되고 그것을 공유하는 사람들이 많아지면 의미 요소로도, 발음 요소로도 동시에 작용할 수 있게 된다. 이때부터 순수하게 원래 문자의 의미와 관련 없이 어떤 문자의 발음만을 가차하여 표현하고자 하는 의미를 나타낼 수 있게 된다. 또한 발음으로만 사용하는 문자를 다른 문자의 일부분에 포함시켜 전체 글자의 발음을 제시하는 방법을 활용할 수도 있다. 상형의 자형을 약속된 발음 부호로 활용하여 다른 문자의 구성 부분으로 편입시키는 것, 이것이 중국 문자에서 성부(聲符)가 가진 역할이며 '文'에서 '字'로 증식해 가는 중요한 하나의 방법이다.

예를 들어 '方'이라고 하는 문자를 [방]이라는 발음 기호를 활용하여 '防(방)', '訪(방)', '妨(방)', '舫(방)' 자 등에 포함시키면 이들 문자에는 方(방)이라는 발음 방법이 표상된다. 성부의 활용은 중국 문자 전체 글자 수의 변화에 결정적인 영향을 미쳤다. 역사적으로 성부가 문자의 중요한 요소로 발전하면서 중국에서는 의미부와 발음부를 합성하여 기하급수적으로 많은 문자를 생성할 수 있었다. 이러한 형성자가 차지하는 비율 변화를 살펴보면, 『설문해자』에는 형성자가 약 8천여 자로서 전체 비율 80%를 넘는다. 이는 갑골과 비교하면 1,200년 사이에 형성자가 20배 넘게 증가한 것이었다. 청대 『강희자전(康熙字典)』에 오면 형성자의 비율은 무려 전체 문자의 97%를 차지한다.

그러나 중국 문자의 표음성은 다음의 두 가지 문제를 제기한다. 첫째 성부는 정확하게 소리를 표상해 주고 있는가? 성부의 발음과 전체 글자의 발음이 언제나 반드시 일치하지는 않는다. 예컨대 '柏'과 '泊'은 모두 '白(백)'을 발음 요소로 하고 있지만 각 글자의 발음은 '백'과 '박'으로 일치하지 않는다.[18] 둘째 중국 문자가 전적으로 발음에만 근거하여 의미 구별을 할 수 있게 해 주는가? 다시 말해서 중국 문자에서 하나의 문자는 원칙적으로 하나의 음절로 발음되므로 같은 발음에 해당되는 글자가 너무 많은데 발음만으로 의미를 어떻게 구별할 수 있는지의 문제가 제기된다.[19]

이러한 사실들은 이러한 문자의 분석과 분류 문제를 직접 다루었던 허신에게 표음성과 상형성 사이의 긴장 관계를 확인하게 하였을 것이다. 허신은 그 관계를 통하여 文과 字의 개념을 분명하게 정의할 수 있었으나, 다른 한편 중국 문자를 분류하고 이해하는 데 있어서 표음성이 부각되는 방향과 상형성이 부각되는 방향의 두 가지 가능성 가운데에서 후자를 선택하게 된다. 허신은 문자에서 상형성의 우위를 확정하고 표음적 요소를 부차적인 기능으로 해석하였다.

그 과정에서 허신이 만들어 낸 결과는 크게 보면 두 가지다. 첫 번째 자형에서 상형을 중심으로 한 의미 요소를 지정하고 그것에 발

---

18 여기에서는 우리말 한자음을 주어서 구별했으나 원래 중국음으로 성조를 포함해서 표기하면 발음의 차이는 더 다양하다.

19 이하 IV장에서 이 문제들을 보다 자세히 설명하겠다.

음 요소인 성부를 귀속시킨 일이다. 예를 들어 '放(방)' 자를 살펴보자. 이 글자에는 두 개의 구성요소가 있는데, 하나는 '방[fāng]'이라는 발음을 나타내는 '方'이고 다른 하나는 '손으로 무엇인가를 들고 두드리다'의 의미를 나타내는 '攵(복)'[20]이다. 발음을 나타내는 '方'을 중심으로 분류할 것인가, '攵'을 중심으로 분류할 것인가의 선택 사이에서, 허신은 의미 요소를 선택하였고 발음 요소를 부가적인 것으로 간주하였다. 허신이 취한 방법은 '放' 자를 귀속시킬 상위의 단위로서 '攵'을 선택하고 '攵'이 포함된 문자 가운데 의미상 공통된 연관성이 있다고 판단되는 것들을 모아 놓았다. 이렇게 허신은 다수의 문자에서 형상으로 드러나는 공통된 의미 요소를 추출해 내었는데, 이것이 중국 문자 체계에서 처음으로 '부수(部首)'가 정의되는 과정이다. 공통된 의미 요소를 포함하면서 각기 다른 발음소리를 가진 문자들은 그 부수 아래에 귀속되었다.

두 번째 허신이 한 일은 그렇게 추출된 의미 요소 간에도 문자의 외형에서, 그리고 의미에서 서로 긴밀하게 연관되어 있는 것으로 해석한 일이다. 허신은 의미 영역을 대표하는 글자의 형태와 의미를 고정한 후, 문자의 외형과 연계되는 의미의 관계망을 만들어 나갔다.[21] 발음 요소를 추출하고 체계화하기보다는 의미 요소를 추출하고 그것을 체계화시키는 것에 주력한 셈이다. '一'에서 시작하여 '亥(해)'로 끝

20 攵 자는 원래 攴 자로 쓰는 것이 올바른 모양이다. 攴은 卜과 又로 이루어진 글자다. 다른 글자의 구성요소로 들어가면서 나중에 攵으로 표기하게 되었다.

21 『說文解字·敍』: "將以理羣類. 解謬誤, 曉學者. 達神恉. 分別部居, 不相襍廁也. 萬物咸覩, 靡不兼載. … 其建首也, 立一爲耑 方以類聚, 物以羣分, 同條牽屬, 共理相貫, 襍而不越, 據形系聯, 引而申之, 以究萬原, 畢終於亥, 知化窮冥."

나는 모두 540개의 의미부를 분류하고 그 의미부를 대표하는 문자의 자형을 부수로 지정하였다. 그리고 그 의미부 간에도 자형의 연관성과 의미의 연관성이 서로 이어지도록 배열하였다.

『설문해자』의 육서론은 당시 이미 상당히 표음적 특성을 표상하고 있던 중국 문자에 상형적 특성의 우위성을 강조함으로써 의미 변별의 결정적 기능을 상형적 형태에 부여한 셈이었다. 그 선택의 장점은 중국 문자가 발생의 초기로부터 가지고 있었던 상형과 의미의 연관 고리를 발전시켜 일관되고 체계적인 중국 문자 해석 체계를 만들어 낼 수 있었다는 데 있다. 반면에 단점으로는 의미를 중심에 두고 소리를 부가적인 요소로 간주하게 되면서 표음적인 특성을 가지고 있었던 중국 문자를 상형성 안에 가둬 두는 결과를 초래하게 되었다는 점이다. 허신은 표음 축과 상형 축 가운데 상형적 의미를 표상하는 형태에 주도권을 부여함으로써 이후의 문자 해석에 큰 영향을 미쳤다. 예컨대 허신이 추출해 낸 의미 요소로서 부수는 중국의 고전적인 자전(字典)의 기본 모형을 확립시켰고 중국 문자가 상형적 요소가 표상하는 의미로부터 벗어나지 않도록 한계를 분명히 하였다. 허신 이후로 중국 문자의 표음성은 상형성의 주도 아래에서 종속적으로 관계를 맺는 방식으로 이해되었다.

다른 측면에서 본다면, 허신이 의미 요소의 주도성을 강조한 점은 중국 문자의 표음성을 포섭하기 위한 방법으로서 이해할 수도 있다. 허신은 중국 문자에서 상형적 의미 요소가 배제되는 추상적인 표음 부호로의 변화의 가능성, 혹은 소리 위주의 분류 아래 상형적 요소를 종속시키는 가능성을 찾기보다는 상형적인 의미 요소를 주도적으로 활용하는 것이 중국 문자를 분류하는 틀로 더욱 적합하다고 판단했을 것이다.

허신의 육서론은 '文字'의 정의에서 살펴볼 수 있듯이, 외형상 표음 성분과 상형 성분의 긴장 관계 내면에 음양적 관계론의 사유를 바탕에 두고 있다. 의미의 주도성을 강조한 측면에서 바라본다면 더욱이 그러하다. 그렇다면 허신이 근저로 삼고 있는 음양의 상관관계적인 사유가 가지고 있었던 특징과 그 한계가 정확하게 무엇이었는가? 이 질문에 대해 그레이엄의 논의를 통하여 이야기해 보자. 앞에서도 잠깐 언급했듯이 그레이엄은 『회남자』의 「천문훈」을 인용하면서 음양의 관계적인 사유가 대구를 이루는 짝을 형성시키는 문장으로 들어가게 한다고 주장한다. 그에 의하면, 세계에서 보이는 유사점과 차이점을 중국의 문화 속에서 추출한 이항적인 대립, 즉 음양의 대립을 사용하여 가장 단순하면서도 최고도로 포괄적인 패턴을 보여주는 문헌이 『회남자』「천문훈」이다. 그 대립을 간단한 일람표로 만들면 다음과 같다. 가로 연결은 계열체이고, 세로항은 연쇄체다.

氣(기)		
1. 맑고 가벼운	무겁고 탁한	(계열체)
2. 하늘	땅	
3. 양	음	
4. 뜨거운	차가운	
5. 불	물	
6. 해	달	
7. 위로 오르다	내려가다	
(연쇄체)		

이 표를 이용하여 각각의 접합 지점에서 같은 연관을 가진 대구

를 몇 개 만들어 보면 다음과 같다.

1과 2: 맑음은 하늘이 되고 탁함은 땅이 된다.
3과 5: 양은 불을 만들고 음은 물을 만든다.
5와 6: 해는 불의 기운이며 달은 물의 기운이다.
5와 7: 불은 위로 오르고 물은 아래로 내려간다.

이와 같은 대구처럼 관련된 것들을 연결해서 보면 상관적 사유가 어떻게 구체적으로 드러나는지 알 수 있다. 이러한 체계구성의 가장 흥미로운 점은 아직 드러나지 않은 채 숨겨져 있는 관련된 것들을 표면으로 연결시키는 시도를 가능하게 한다는 것이다. 그 결과 매우 단순하면서도 정합적인 도식이 나타난다. 이런 관계론에 의하면 왜 새들이 날아오르고 물고기는 물속 깊이 헤엄치는지 그 이유를 설명할 수 있다. 그러나 이 설명은 고립된 음과 양의 이론을 적용하는 것이 아니라 전 체계를 통한 유사와 대조로서 이루어지므로, 이러한 목적을 위해 음과 양은 연관되는 어떤 것을 가진 연속들과 대조되는 성원을 가진 반대의 연속들을 나타내게 된다.

그러므로 이러한 정식화에 갇히게 되면 상관적인 사유는 정교한 것을 차별화한다든지 동일시할 수 있는 능력을 상실한다. 예를 들어 네모난 것과 둥근 것이 각각 달과 해에 연관된다면 왜 해가 둥근 것에 대해 달이 네모나지 않은가 하는 질문이 가능하다. 앞서 제시한 『회남자』의 관계론에 입각해 이 질문에 답한다면 해가 하늘(둥근 것)과 연관되듯이 달은 물과 흙의 땅(네모난 것)과 연관되어 있다고 말할 수 있다. 이렇게 되면 모든 설명이 관계론의 사슬에서 가장 높은 곳에 있는 것이 낮은 것들을 근본이라는 원리로서 제한할 수 있는 동시에, 불분명한 연관을 패턴의 어느 곳이든 간에 변형시켜 적용할 수 있게 된다.

『회남자』의 이원론적 관계론의 확산이 대구의 짝을 형성하면서 뻗어 나갈 때, 『회남자』 안에 '그러므로'(故, 是故, 是以)로 시작되는 문장들은 바로 이러한 불완전한 설명의 빈 구멍들을 광범위한 대립의 짝들 속에 위치시키려는 거대한 의도 속에서 독해된다. 즉 대립적인 도식은 다른 연관들과의 유사 혹은 대조에 의해서만 설명되는 것이다. 이러한 관계론적인 체계는 중국의 사상가들로 하여금 상관적인 사유에서 분석적이거나 인과적인 사유로 향하는 것을 계속 방해해 왔다. 현상을 음이나 양과 같은 단일한 사슬 위에서 꿰어지는 이항적인 대립으로 통합하려는 시도는 결국 어떤 현상 A와 B의 대조적인 차이와 유사점을 다루는 것을 의미하는데, 그 효과는 대조를 더욱 빈틈없이 만들어 내지만 연관성을 희미하게 하는 면도 있다. 예를 들어 대조되는 점은 불은 빛을 내고 물은 어둡다는 식의 은유적인 전환으로 서술되며, 연관성은 불이 위로 오르듯이 새는 위로 날아오른다는 식의 환유적인 동일성으로 혼합되어 버린다. 이러한 대조와 유사를 통한 연관이 무한 연쇄적으로 확산되어 모든 현상을 설명하려고 한다. 이러한 이론의 난점은 인과적인 정확한 설명을 보여 주지 않아서 신뢰를 잃게 되고 구조적인 대구 형식이 주는 인상이 환상적인 것으로 전락해 버린다는 데 있다.

그러나 이러한 관계론과 근대과학적인 인과론을 다시 한번 생각해 보자. 일상적인 삶의 양태는 너무나 복잡하고 무상하기 때문에 분석만으로는 해명될 수 없다. 대체로 우리는 일상사에서 패턴에 대한 즉각적인 지각에서 나오는 예측을 신뢰하는 편이다. 그런데 한쪽에서는 분석적인 사유에 의해 제공된 여러 가지 정보 지식의 홍수 속에서 항로를 찾지 못하고 현실의 삶을 운용할 수 있는 확실성과 유연성을 상실하고 있으며, 또 다른 한쪽에서는 패턴화에 의해 질서가 잡힌 거대한 조화의 세계가 방향을 제시하면서도 턱없이 부족한 정보의 빈곤을 구조에 의해서만 설명하려고 하고 있다. 혹시 일상의 사건에 대한 분석적인 정보를 제공해 줄 수 있는 서양의 근대과학과, 무상한 일상의 변화 속에서도 삶의 항로를 제시해 주려는 동양의 관계론이 만날 수 있는 길은 없을까?

IV

문文이 주도하는 문자론

중국 문자의 상형성(象形性)과 표음성(表音性)

중국 문자에 대한 이해는 크게 두 가지 축을 놓고 왕복해 왔다. 하나는 상형성을 강조하는 관점이고 또 하나는 표음성을 부각시키는 관점이다. 그 어떤 관점도 상형문자나 표음문자로만 설명되지 않는 중국 문자의 다면성을 올바로 설명하지 못하고 있다. 문자 발생의 초기 단계에서부터 중국 문자 체계는 상형성을 기반으로 한 표의성과 표음성 사이의 긴장을 안은 채 발전해 왔다.

중국 문자에서 의미의 생성은 온전히 의미와 연관된 상형적 문자 표기에만 기댄 것도 아니고 말하기에 의존한 음성적 표기에만 근거한 것도 아니다. 일반적으로 말을 기록한 것만을 쓰기의 기능이라고 간주한다면 문자 표기를 통해 생성되는 의미를 너무 단편적으로 제한하는 셈이다. 특히 말한 것 그대로의 기록과는 거리가 있는 중국 문자에 있어서는 더더욱 그러하다. 그런 의미에서 중국 문자의 역사와 그에 대한 해석에서 보이는 다면성에 주목할 필요가 있다. 중국 문자가 표음과 표의 두 축의 긴장 관계를 유지하며 변화해 왔다는 사실을 분명하게 이해하고 그런 긴장 관계야말로 중국 문자가 가진 생명력, 창조력, 적응력의 원천이 될 수 있었음을 새롭게 해석해야 한다.

상형에 대한 오해

중국 문자에 관한 편면적인 이해로서 대표적인 것은 그것을 상형문자(ideograph)[1]로 간주하는 것이다. 이런 견해는 모든 문자 표기 유형이 상형적(ideographic)이거나[2] 아니면 표음적(phonographic)이라는 이분법에 근거한다. 이 이분법에 의하면 중국 문자는 표음 성분이 없어도 의미를 전달할 수 있는 상징적 체계로 이루어진다고 해석된다.[3]

중국 문자를 최초로 상형문자로 간주한 서구인은 포르투갈인 가스파르 다 크루즈(Gaspar da Cruz, 1520~1570)였다. 그는 다음과 같이 설명하였다. 중국 사람들은 고정된 철자(letter)를 사용하여 쓰지 않는다. 그들은 문자(character)를 사용하며 그것으로 단어를 만든다. 따라서 매우 많은 수의 문자 부호를 가지고 있는데 하나의 부호로 하나의 물건을 상징한다. 예를 들어 오직 하나의 부호로 하늘을 뜻하고 또 다른 부호로 땅을 의미하며 또 다른 부호로 사람을 의미하는 것과 같은 것이다.[4] 이처럼 중국 문자에 대하여 유럽인들은 중국의 문자 체계가 이집트의 성각문자(hieroglyphs)와 유사한 것이라고 이해하였고, 그런

1 여기에서 사용하는 '상형문자'라는 용어는 ideogram 혹은 ideograph의 번역어다. 이 용어는 넓은 의미에서 그림문자(pictograph)를 포함한다. 역사적으로 상형문자(ideograph)는 그림문자(pictograph)로부터 발달된 형태로 알려져 있다. 그런 의미에서 필자는 두 가지의 용어를 분리하여 사용하지 않으며 중국의 문자 체계에서는 상형문자가 주요한 역할을 담당해 왔으므로 일반적으로 '상형문자'라고 지칭하겠다.

2 1822년 영어의 'ideographic'이라는 말은 이집트의 문자를 설명하기 위하여 처음 사용되었다. 같은 연도에 불어의 'idéographique'가 출현하였다. 이는 Rosseta stone에 새겨진 이집트의 문자를 해독했던 프랑스 학자 Champollion이 영어의 'ideographic'을 불어로 번안한 용어였다.

3 DeFrancis(1984)는 그것은 명백한 신화이며 중국 문자는 결코 상형적인 문자가 아니라고 주장한다.

4 중국 문자에 대하여 유사한 해석을 했던 사람은 Matteo Ricci(1552~1610)였다. 그는 상형적인 문자는 생각이나 의미를 곧바로 표현한다고 여겼다.

유형의 문자는 단어나 소리보다 생각이나 의미를 곧바로 표현한다고 여겼다. 예를 들어 보면 다음의 문자들이 그런 특성을 보여 준다는 것이다. 사람의 머리를 특히 강조해서 그린 '天(천)' 자는 '하늘'을 의미하고, 땅에 무엇인가 세워진 기념비 등을 그린 '土(토)' 자는 '땅'을 의미하며, 옆으로 서 있는 사람의 모양을 그린 '人(인)' 자는 '사람'을 의미한다(그림 4-1). 실제로 갑골문 등 고문 자형을 살펴보면, 의미하려는 실물을 그렸음을 알 수 있다.

[그림 4-1] 하늘과 땅과 사람, 상형자

중국의 상형문자는 이집트의 문자와 유사한 형태로서 간주되었는데 심지어 유럽인들은 상형성을 간직한 보편 문자로서 중국 문자의 가능성을 이야기하기도 했다.[5] 프랑스의 선교사 시보(P. M. Cibot, 1727~1780)는 다음과 같이 말하였다.[6] "그들이 사용하는 상징과 이

5 유럽인들은 자신들이 생각한 'ideogram'의 개념을 중국 문자에 부과하였다. 미국의 역사가이자 언어학자였던 Peter Stephan Du Ponceau는 1838년 다음과 같이 말하였다. "The literati of China should … consider speech as an altogether secondary and subordinate mode of communication."

6 Mémoires(1776: 24) Essai sur l'antiquité des Chinios: "These symbols and images (Chinese characters) not having any sound, can be read in all languages, and form a sort of intellectual painting, a metaphysical and ideal algebra, which conveys thoughts by analogy, by relation, by convention, and so on."

미지는 어떤 소리도 포함하지 않으므로 모든 언어에서 읽힐 수 있다. 이성적인 도안이나 형이상학적이고 이상적인 대수(代數)를 만들 수도 있다. 그것들은 유추나 관계, 관습 등을 통해 생각을 전달한다."

16세기 이후 17~18세기를 걸쳐 형성되었던 중국 문자에 대한 신비함은 근대 이후의 서구인들에 의해서는 반대 방향에서 다시 한번 굴절되었다. 구어(spoken word)에 기초한 서구의 언어학은 쓰기나 문자에 대해서는 그다지 깊은 관심을 기울이지 않았다. 그 때문에 서구의 학자들이 언어에 관해 관심을 기울이기 시작했을 때 쓰기(writing)는 언어 사용의 부차적인 요소로 간주되었다.[7] 예컨대 블룸필드(Bloomfield, 1933)는 "쓰기는 언어가 아니다. 눈에 보이는 표지로 언어를 기록한 방법에 불과하다."라고 말하였다.[8] 그로부터 40여 년이 지나 겔브(I. J. Gelb, 1963)[9] 등이 쓰기에 관한 새로운 과학적 기초를 세운다는 목적 아래 보편적으로 쓰기 체계를 분류하고 체계적인 유형화의 이론을 제시하였을 때, 이들은 진화론적인 관점에 의해 원시적인 것과 발전된 형태의 쓰기를 이원화하고 그 정점에 서구의 알파벳 체계를 두게 되었다. 이들 일군의 서구의 '쓰기' 연구 학자들이 기초한 언어진화론의 관점

---

7 Hannas(1991 Review).

8 Leonard Bloomfield(1933: 21): "Writing is not language, but merely a way of recording language by visible marks." 소쉬르(Saussure, 1922)의 '쓰기'에 대한 관점 또한 "언어를 기록한 것(a document de langue)"이라는 말로 집약되는데 이는 블룸필드의 견해와 정확히 맥을 같이하는 것이었다. 이러한 관점은 최근에 와서 DeFrancis(1989)까지도 계승하고 있다. 그의 논지는 "All writing is visible speech."로 요약된다. 그는 "쓰기의 기능은 발음을 눈에 보이게 만든 것이다(The function of writing is making sound visible)."라고 결론지었다.

9 I. J. Gelb, *A study of writing*. University of Chicago Press, 1963.

에서 중국 문자를 바라본다면 말소리를 기록하는 데 전혀 효율적이지 못한 상형성은 중국 문자의 발전을 저해하는 주요 요소가 되었다. 중국 문자의 상형성은 의미를 전달하는 데 특별한 이점을 주지도 않으며, 개별적인 의미를 표상하는 수만큼 많은 문자에 대하여 쓰기를 익히고 발음을 따로 외워야 하기에 세상에서 가장 배우기 어려운 언어로 각인되었다.

중국 문자의 표음성

진화론적 발전관에 입각하여 '쓰기' 체계들을 분류하고 평가하게 되자 원시적인 상형성을 담보한 중국의 문자는 표음문자 체계에 훨씬 뒤떨어지는 쓰기 체계로 평가되었다. 그러나 1950~60년대를 지나면서 중국과 중국 언어에 대한 이해의 지평이 조금씩 달라지면서 중국 문자가 상형의 신화 때문에 열등한 언어표기수단으로 전락한 것에 반발하는 연구가 최근 수십여 년 동안 진행되었다. 예컨대 드프란시스(DeFrancis, 1984), 웅거(Unger, 1987) 등은 중국 문자가 다른 언어의 쓰기 체계와 과연 얼마나 다른가 하는 문제를 두고 이론적인 수준에서 해결하기 위한 노력을 보여 주었다. 특히 드프란시스(1989)는 평생에 걸쳐 그 문제에 천착하였으며 중국 문자가 결코 상형문자가 아니라고 주장하였다. 그에 의하면 중국 문자는 표음화의 이상을 실현하기 위한 단계를 밟아 가고 있으며 언어의 보편적 발전 양상에서 결코 예외일 수 없다.

드프란시스에게 모든 문자 표기의 다양함은 소리가 어느 정도에서 반영되고 있는가에 달려 있다. 그는 중국 문자도 예외 없이 소리를 반영하는 쓰기 발달의 경로를 겪는다고 전제한다. 예컨대 중국 문자는 상형에서 시작했지만 단음절어를 표상하는 것으로 바뀌어 2,500년 동안 상징부호와 소리의 대응으로 변화하였다.[10] 고대 수메르의 그림문자나 마야, 이집트의 문자가 상형문자에서 발음의 표상으로 바뀐 것처럼 중국 문자도 그런 경로를 밟아 왔다는 것이다. 이러한 양상은 중국 문자에서 가차(假借)로 활용되는 문자가 그 전형을 보여 주고 있다.

중국 문자의 자형이 지시하는 의미와 상관없이 그 문자의 발음소리만으로 의미를 나타내는 가차의 방법은 이미 은대(殷代) 갑골문(甲骨文)에서부터 분명하게 활용되고 있었다. 예를 들어 '來(래)'[11] 자는 원래 농작물인 보리의 모양을 본뜬 글자다. 뿌리와 줄기, 양쪽으로 늘어진 잎, 그리고 고개를 숙인 이삭의 모양을 전체적으로 그린 글자다. 이 글자는 '오고가다'의 '오다'의 뜻으로 쓰이면서 '보리'라는 원래 자형이 보여 주는 의미와 무관해졌다. 이것은 '래[lái]'라는 발음의 기호로 '來'를 사용한 대표적인 예다. 또한 문장의 기능을 나타내는 시간사, 방위사, 지시대사, 부정사, 개사 등이 가차된 글자로 사용된 예를 분명하게 볼 수 있다.[12] 예를 들어 '隹(추)' 자는 원래 새의 모양을 나타낸 글자다. 그런데 문장 속에서 어조사(語助詞)의 역할을 하게 되면서 원래의 '새'라는 의미와 상관없이 사용되었다(그림 4-2).[13]

10 DeFrancis(1989, 114): "Chinese spelling as represented by its phonetic elements is erratic, inefficient, and difficult to master. But the same has been said about English spelling. Chinese writing deserves these opprobrious labels even more than does English, but this should not obscure the fact that phoneticity, deficient though it has become, far surpasses iconicity, which actually approaches zero."

11 이하 발음 표기를 위하여 우리말 한자 독음 외에도 한어 병음을 활용하겠다.

12 楊逢彬, 『殷墟甲骨刻辭詞類研究』, 花城出版社, 2003.

 (갑골문)  (갑골문) 농작물, 보리 → 오다, 來

 (갑골문)  (갑골문) 새 → 문장의 어조사, 隹

[그림 4-2] 발음만으로 의미를 표현한 문자, 가차자

상형으로부터 만들어진 문자라 해도 만약 약속된 발음을 가지게 되고 그것을 공유하는 사람들이 많아지면, 의미 요소로도 발음 요소로도 활용할 수 있게 된다.[14] 이때부터 순수하게 원래 문자의 의미와 관련 없이 어떤 문자의 발음만을 가차하여 표현하고자 하는 의미를 나타낼 수 있다. 또한 발음으로만 사용하는 문자를 다른 문자의 일부분에 포함시켜 전체 글자의 발음을 제시하는 방법을 활용할 수도 있다. 상형의 자형을 약속된 발음 부호로 활용하여 다른 문자의 구성 부분으로 편입시키는 것, 이것이 중국 문자에서 성부(聲符)가 가진 역할이었다.

예를 들어 '方'이라고 하는 문자를 [방, fāng]이라는 발음기호로 활용하여 '防[fáng]', '訪[fǎng]', '妨[fáng, fāng]', '舫[fǎng]' 자 등에 포함시키면 이들 문자에는 발음 방법이 표상된다. '文[문, wén]' 성부를 사용하는 '汶[wèn]', '紊[wěn]', '彣[wén]', '蚊[wén]' 자의 경우, '畐[복, fù]' 성부를

13 이때의 '隹' 자는 '唯' 자와 같은 의미로 쓰인 것으로 풀이된다.

14 전통적으로 중국에서 발음을 표기하는 방법으로 활용된 것은 직음(直音)이다. 이것은 발음을 모르는 문자에 대하여 이미 잘 알려진 같은 발음의 글자로 그 문자의 발음임을 알려 주는 것이다. 그 예 가운데 하나가 "屮, 讀若徹[屮 자는 徹(철) 자와 같이 발음한다]."(『說文解字』 제1편 下 '屮'부)의 형식이다. 그다음에 사용된 발음법의 표기는 반절(反切)법으로 두 개의 문자를 활용하여 하나의 문자의 발음을 확정해 주는 것이다. "屮, 丑列切[屮 자의 발음은 丑과 列의 반절이다]."(『說文解字』 제1편 下 '屮'부 徐鉉本 注)의 형식이다.

사용하는 '福[fú]', '蝠[fú]', '輻[fú]', '葍[fú]' 자의 경우 또한 마찬가지의 예다(그림 4-3).[15]

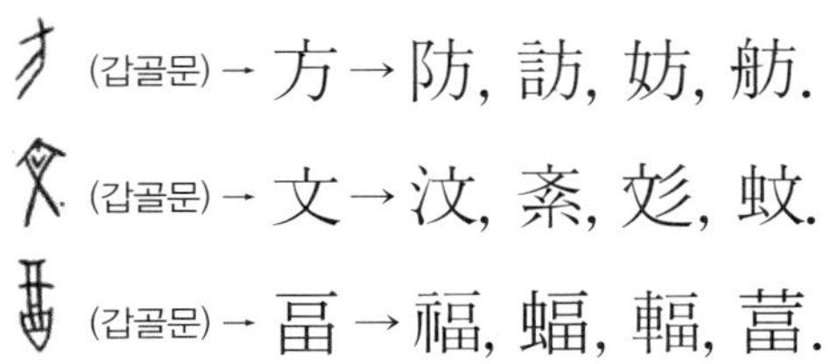

[그림 4-3] 발음 부분의 추가, 형성자

가차자의 활용과 성부의 발달로 인해 중국 문자는 더 이상 순수 상형문자로 간주될 수 없었다. 성부의 활용은 중국 문자 전체 글자 수의 변화에 결정적인 영향을 미쳤다. 성부가 문자의 중요한 요소로 발전하면서 의미부와 발음부를 합성하여 기하급수적으로 많은 문자를 생성할 수 있었다. 그래서 청대 말까지 만들어진 전체 한자에서 형성자의 비율은 97%를 차지한다.

이러한 사실로부터 살펴보면 중국 문자가 오히려 표음문자라는

15 성부는 원칙적으로는 의미와 관계없이 발음을 나타내기 위해서 포함된 성분이었지만 중국 사람들은 발음의 연관성을 의미 해석까지 확대시켰다. 예를 들어 '蝠(복)' 자와 '福(복)'은 발음이 같다는 것 이외에 의미상 아무런 상관관계가 없다. 하지만 박쥐를 뜻하는 '蝠(복)' 자가 행복을 의미하는 '福(복)'을 연상시키기 때문에 많은 복을 누리라는 기원을 담을 때에는 박쥐를 그려서 선물했다. 특히 한대에는 소리가 가지고 있었던 신비한 능력(magical power)을 문자의미 해석에 적극 활용하였다. 이것을 성훈(聲訓)이라고 부르는데 성훈은 중국의 문자와 언어에 뿌리 깊은 역사를 내리고 있다. Handerson(1984: 19-20)은 다음과 같이 말하였다. "한대의 주석가들은 그들의 훈고학에 관계적인 사고를 적용하였다. 특히 의미가 모호한 문자를 설명하면서 발음 소리의 유추 관계를 자주 이용했는데 이것은 음성적인 일치가 의미론적인 관계를 지시한다고 믿었기 때문이었다."

드프란시스의 주장은 설득력을 가진다. 그러나 앞에서 언급했듯이 중국 문자의 표음성은 다음 문제들을 제기한다. 첫째 성부가 정확하게 소리를 표상해 주고 있는가? 성부의 발음과 전체 글자의 발음이 반드시 일치하는 것이 아니기 때문이다. 예컨대 '白', '柏', '泊'은 모두 '白[백, bái]'을 성부로 하고 있지만 각 글자의 발음은 [bái], [bǎi], [bō]로 일치하지 않는다. 이들 글자는 성모(聲母)라도 일치하지만 그것조차 일치하지 않는 경우도 있다. 예를 들어 '干', '汗'은 모두 '干[간, gān]'을 성부로 사용하지만 각 발음은 [gān], [hàn]으로 성모와 성조가 일치하지 않고 운모(韻母)만이 일치한다. 드프란시스의 통계표를 보면, 사용빈도 상위 500자를 조사해 보니, 394자의 형성자 중 97자는 성부와 일치하지만 67자는 성조가 다르고 92자는 발음의 부분적인 유사성만을 보인다. 그렇게 되면 500자 중에 51%가 성부를 문자 안에 표상하고 있거나 발음의 부분적인 힌트를 주고 있을 뿐이다.[16] 이렇게 부정확한 발음 체계로 표음의 기능을 다할 수 있는가.

둘째 중국 문자가 전적으로 발음에만 근거하여 의미 구별을 할 수 있게 해 주는가? 중국 문자에서 하나의 문자는 원칙적으로 하나의 음절로 발음되므로 같거나 유사한 발음에 해당되는 글자가 너무 많다. 그들 사이에 어떻게 의미를 구별할 수 있는지의 문제가 제기된다. 중국 상고 시기 발음 가능한 음절의 개수를 계산해 보면 전체 약 613개였다.[17] 허신의 『설문해자』에 실린 문자 총수는 9,353자였으니[18] 그 당시에 한 음절이 감당해야 할 평균 글자 수는 약 15자 정도가 된

16 〈Table 5〉 Occurrence of Phonetics in Chinese Characters(DeFrancis, 1984: 107) 참조.

다.[19] 예를 들어 앞서 보았던 '方(방)' 성부의 글자들을 나열해 보면 方, 舫, 枋, 牥, 魴, 房, 坊, 昉, 芳, 紡, 仿, 訪, 放, 妨 등 열 개 글자가 넘는다. 같거나 유사한 발음을 가진 이 글자들의 의미 구별은 어떻게 가능한가? 이는 중국 문자가 발음 요소를 포함하고 있다는 것만으로 의미 변별의 문제가 해결되는 것이 아니며, 발음 방법의 문제가 해결되는 것도 아님을 보여 준다.

소리와 자형의 관계 속에서

이때 우리는 중국 문자의 상형적 특성에 다시 주목해야 할 필요를 느낀다.[20] 중국 문자는 갑골문으로부터 변화하여 소전(小篆) 단계에 오면 표음 성분을 포함한 글자가 80~90%를 넘게 된다. 하지만 발음부호가 포함되어 있다는 것으로도 여전히 이들의 의미를 구별하는 것이 어렵다면 과연 그 일을 할 수 있는 장치는 무엇인가? 그것은 상형적 의미의 활용이다. 중국 문자는 표음적 기능이 분명하게 활용되는 단계에서도 상형적인 의미부가 중추적인 역할을 담당하도록 설

---

17 이재돈, 『中國語音韻學』, 學古房, 2007.

18 許愼, 『說文解字』 제15편 下: "敍曰, 此十四篇, 五百四十部, 九千三百五十三文."

19 실제로는 고르게 배분되지 않았고 한 음절 안에 수십 자 이상을 감당해야 하는 경우도 많았다. 韻書에 배분된 글자들을 살펴보면 이 사정은 바로 드러난다.

20 DeFrancis(1984, 1989)는 현대 중국 문자에서 상형적 요소의 역할은 거의 하찮거나 존재하지 않는 것으로 보고 있다. 그러나 그렇다고 해서 중국 문자에서의 상형의 중요성과 의미론적 원칙을 쉽게 무시할 수는 없다. 예컨대 상대(商代)의 갑골문자 977개의 구조를 분류한 표[DeFrancis(1989: 99)]에서 상형은 227개로 전체 23%를 차지하고 회의는 396개로 41%를 차지한다고 하였다. 그렇다면 의미가 기초를 이루는 문자가 갑골에서는 이미 60%를 넘었다. 중국 문자의 이런 특성은 현재 중국어에 포함된 소수의 상형성의 글자에 국한되지 않는다. Shun-chiu Yau, "Temporal order in the composition of archaic Chinese ideograms", *Journal of Chinese Linguistics*, *11*, 1984, 186-213.

계되어 있다. 이것이 단음절로 단어를 만드는 중국 문자가 표음의 한계를 극복해 왔던 방법이다. 각종 글자의 의미부는 결코 자의적이거나 우연한 선택이 아니었다. 보는 사람들에게 그 의미를 최대한 간명하고 신속하게 알려 주기 위한 것이다.[21] 다시 한번 '方' 성부의 글자를 분석해 보자. '方', '舫', '枋', '牥', '魴', '房', '坊', '昉', '芳', '紡', '仿', '訪', '放', '妨'의 문자는 모두 '方'을 포함하면서 方 자 이외의 다른 성분으로 의미 변별을 하고 있다. 方(방향, 네모난 것), 舫(옆으로 묶어 놓은 배), 枋(다목, 나무의 일종), 牥(건장한 소), 魴(방어, 물고기의 일종), 房(집), 坊(장소), 昉(동이 트다, 나타나다), 芳(향기롭다), 紡(실을 잣다, 실을 뽑다), 放(느슨하게 하다, 풀어 주다, 몰아내다) 등에서 성부를 제외한 이들은 무엇인가. 이들 의미성분은 전체 글자의 의미 확정에 큰 영향을 미친다. [표 4-1]을 보자.

성부의 활용으로 늘어난 중국의 문자 수는 2천여 년 전에 이미 만여 자가 넘었다. 상형, 가차, 형성 등 이런저런 경로를 통해 만들어진 글자들을 어떻게 분류할 것인가 하는 문제는 이런 문자들을 어떤 축을 중심으로 이해할 것인가의 문제와 직결되어 있다. 분류의 두 축을 찾는다면 다음의 두 가지로 요약될 것이다. 하나는 소리를 중심으로 분류하는 것이고[22] 또 하나는 의미를 중심으로 분류하는 것이다.

21 DeFrancis의 결론에 의하면, 중국 문자를 의미론적 단위로 간주하는 것을 거부하고 기본적으로 발음 표기의 단위로서 간주해야 한다. 그러나 말하기의 기능과 쓰기의 기능은 독자의 영역을 가진 것이다. 말하는 것을 받아서 적은 것만을 '쓰기'라고 한다면 중국의 문자는 전혀 쓰기의 기능을 발현하지 못하는 문자다. 중국의 문자가 발음 요소를 포함하면서 상형성의 한계를 극복하였듯이 어떻게 다시 표음성의 한계를 극복하려고 하였는가는, 그의 '쓰기' 정의에 의해서는 설명되지 않는다.

[표 4-1] '方' 성부로 이루어진 문자들의 발음과 의미의 관계

문자	성부	발음	전체 글자의 의미	상형	상형부의 의미
'舫'	舫 - 方	fǎng[23]	옆으로 묶어 놓은 배	舟	배
'枋'	枋 - 方	fāng	다목, 나무의 일종	木	나무
'牥'	牥 - 方	fāng	건장한 소	牛	소
'魴'	魴 - 方	fáng	방어, 물고기의 일종	魚	물고기
'房'	房 - 方	fáng	집	戶	집
'坊'	坊 - 方	fāng, fáng	장소	土	땅
'昉'	昉 - 方	fǎng	동이 트다, 나타나다	日	해
'芳'	芳 - 方	fāng	향기롭다	艸	풀
'紡'	紡 - 方	fǎng	실을 잣다, 실을 뽑다	糸	실
'放'	放 - 方	fàng	풀어 주다, 몰아내다	攴, 攵	손으로 잡고 때림

그러나 이 두 가지는 상호 배타적인 분류 기준이 아니다.

『설문해자』를 살펴보면 허신이 선택한 방법도 발음과 의미의 관계를 활용한 것임을 알 수 있다.[24] 허신이 한 작업의 첫 번째는 자형

22 위진(魏晉)대 이후 『절운(切韻)』 등의 운서(韻書)가 이 길을 선택했다.

23 이 책에서는 현재 중국의 표준 발음 표기 체계인 拼音[pīnyīn]을 사용한다.

24 허신이 한 선택의 역사적 맥락에 대해서는 논의를 필요로 한다. 허신 시대의 역사적 담론을 연구하기 위하여, 예컨대 당시 문자가 가진 힘이나 쓰기 문화가 가진 권위라는 주제를 다루어 볼 수 있을 것이다[Lewis(1999)의 논의 참조]. 이것은 중국에서 경학의 발달이나 경전 텍스트의 정립 과정, 그리고 음양오행론과 역학의 발달 등과 깊은 관련을 가지고 있는 것으로 보인다. 조금 다른 측면에서 중국 문자의 변천과정을 살펴보면 허신의 시대에 와서 중국 문자의 자형구조가 확립되었다고도

에서 상형을 중심으로 한 의미 요소를 지정하고 그것에 발음 요소인 성부를 귀속시킨 일이다. 허신은 공통된 의미 요소를 포함하면서 각기 다른 발음소리를 가진 문자들은 그 의미 아래에 귀속시키고, 추출된 공통의 의미 요소에 대해서는 모두 다음의 명제를 적용하였다. 그것은 "일반적으로 어떤 부(部)에 속하는 글자는 모두 그 부수자의 의미를 따른다[凡某之屬皆从某]"는 규정이다.[25] 이때 "凡某之屬皆从某(범모속개종모)"의 명령이 의미하는 것은 다음과 같다. 여기서의 '속(屬)'은 부수자(部首字) 아래 속해 있는 글자를 뜻하며 부속자(部屬字)라고 불리는 것이다. 따라서 '모지속(某之屬)'이란 '어떤 부 아래 속한 글자들'로 해석할 수 있다. '종(从)'은 우선 어떤 부속자의 자형에서건 그 부수자의 자형이 포함되어 있다는 것을 뜻한다. '종(从)' 자는 의미 요소로 활용된 부수자가 전체 글자에서 차지하는 주도성을 선명하게 드러내고 있다.

예를 들어 보자. '一(일)'부에 속한 '天(천)' 자는 허신에 의해서 "从一大"라고 풀이되었는데 이 풀이는 "(天 자에) 一의 자형도 있고 大의 자형도 있다"고 해석될 수 있다. 또 다른 예를 들어 '一(일)'부에 속한 '丕(비)' 자는 허신에 의해 "从一不聲"으로 풀이되었는데 이 경우는 "(丕 자에) 一의 자형이 있고 不(불)의 자형이 있는데 그중에 不은 소리를 나타내는 자형이다"고 해석될 수 있다. "从一大"에 비교해서 "从一不聲"에 나오는 '성(聲)'을 어떻게 해석해야 하는가가 '종(从)'을 이

볼 수 있다. 예컨대 문자의 좌우·상하 편방의 고정화는 성부와 의부 사이의 관계를 보다 분명하게 밝혀 주었다(劉釗, 『古文字構形學』, 福建人民出版社, 2006 참조).

25 『說文解字』 제1편 上 '一'부 段注: "凡云凡某之屬皆某者, 自序所謂分別部居, 不相襍廁也."

해하는 데에도 연관되어 있다. 글자 전체가 나타내는 의미와의 연관성에서 보면 '성(聲)'이라고 풀이된 요소는 글자 전체의 의미와 상관관계가 떨어진다. 그러나 '종(从)'으로 풀이된 요소는 글자 전체의 의미와 긴밀하게 관련될 뿐만 아니라 때로 그것이 포함된 다른 문자에서도 주도적으로 그 문자의 의미를 확정하는데 작용한다. 따라서 '종(从)'은 전체 자형 속에 모양으로 드러날 뿐만 아니라 의미도 중요하게 보여 준다는 뜻을 가지고 있다. 반면에 '성(聲)'은 전체 자형 속에 모양으로 드러나지만 의미와는 관련이 없는 채 소리를 나타낸다는 뜻을 가진다. 그래서 앞서 잠정 풀이한 "从一大"는 더 정확하게는 "(天 자에는) 一의 자형도 있고 大의 자형도 있는데 어느 것도 소리를 나타내 주지는 않으나 (天 자의) 의미를 만들어 주는 데 깊은 관련을 가지고 있다"고 해석되어야 하며, 반면에 "从一不聲"은 "(丕 자에는) 一의 자형도 있고 不의 자형도 있으나 不가 (丕 자의) 의미 형성에 그다지 영향력 없이 소리만을 나타내 주는 데 반해 一 자는 (丕 자의) 의미를 형성하는 데 (不 자보다) 주도적인 역할을 한다"고 해석된다.[26] 결론적으로 허신은 의미 요소의 주도성을 강조하여 중국 문자의 표음성을 포섭하려고 하였다.

두 번째로 허신이 한 일은 그렇게 추출된 의미 요소 간에 문자의 외형에서, 그리고 의미에서 서로 긴밀하게 연관되도록 만든 것이

26 部首字와 部屬字, 屬과 從 등의 관계는 허신의 文과 字의 분류, 단옥재의 獨體·合體의 분류와 깊은 관련이 있다. 허신이 부수를 앞에 세운 것은 자신의 분류원리에 따른 것이었다. 원초적 형태의 글자[文]와 복잡한 형태의 글자[字] 사이의 관계가 바로 설 때에만 문자 전체, 만물, 세계의 질서가 바르게 잡힐 수 있는 것이다. 허신은 있어야 할 자리에 그 글자를 두는 방법을 모색하였다. 이 방법은 文·字의 관계로부터 從·屬의 관계, 部首字·部屬字의 관계에 이르기까지 일관된 것이었다.

다. 허신은 의미부의 영역을 대표하는 글자의 형태와 의미를 고정한 후 문자의 외형에 연계되는 의미의 관계망을 만들어 나갔다. 그는 '一'에서 시작하여 '亥(해)'로 끝나는 모두 540개의 의미부를 분류하고 그 의미부를 대표하는 문자의 자형을 지정하여 그들 사이의 연관된 의미를 중심으로 해석하였다. 따라서 그 의미부 간에 자형의 연관성과 의미의 연관성이 서로 이어지도록 배열하였다.

예를 들어 보자. [그림 4-4]는 제1편에 수록된 부수자들의 소전(小篆) 자형을 순서대로 나열한 것이다. 여기에서는 획의 유사성이 어떻게 중첩되고 서로 외형상 연관되는지 그 예가 드러난다. 자형에서 도출되는 의미의 연관성을 다음과 같이 설명하겠다.

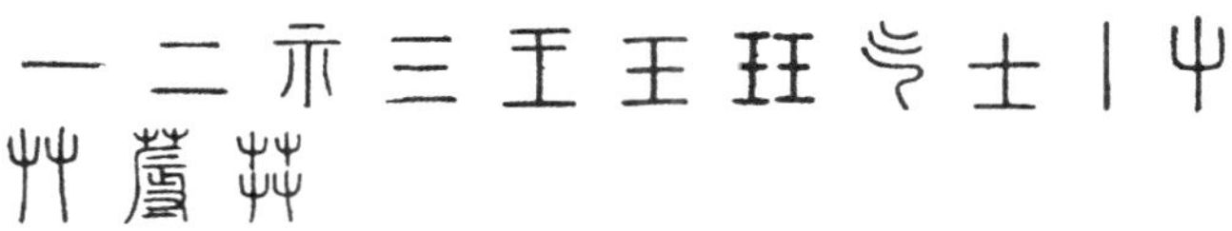

[그림 4-4] 『설문해자』 제1편 부수자의 소전 자형

一(일)의 다음에 丄(상)이 이어지는데 이것은 一 위에 짧은 획을 더한 것이다. 示(시)는 丄 다음에 오고 丄의 자형 아래에 세로로 늘어진 세 획이 있다. 三(삼)은 그래서 가로의 세 획으로 이루어진다. 王(왕)은 그다음에 오며 三의 가운데를 세로로 관통하는 획을 그은 것이다. 玉(옥)은 三과 연관되어 온다. 珏(갈)은 玉의 다음에서 玉을 두 번 겹쳐서 그린 모양이다. 气(기)는 三과 관련되어 그다음에 온다. 士(사)는 一과 연관되면서 丨(곤)의 앞에 온다. 丨은 三을 관통한 획으로 그다음에 온다. 屮(철)은 丨 다음에 온

다. 艸(초)는 屮을 두 번 겹쳐서 그린 것이다. 蓐(욕)은 艸와 관련하여 그다음에 온다. 茻(망)은 艸를 위아래로 겹쳐서 그린 것이다.

그리고 『설문해자』 제1편의 부수들을 해서로 바꾸면 一(일: 하나), 上(상: 위), 示(시: 보여 주기), 三(삼: 셋), 王(왕: 임금), 玉(옥: 구슬), 珏(각: 쌍옥), 气(기: 기운), 士(사: 선비), 丨(곤: 통하기), 屮(철: 풀), 艸(초: 풀들)·蓐(욕: 풀로 만든 자리), 茻(망: 풀이 우거짐)의 자형이 된다. 이들은 의미에서도 관통하는 맥락을 가지고 있다. 예를 들어 설명해 보겠다.

'一'은 글자의 시작이자 우주의 원리를 보여 주는 부수자다. 그 원리는 하늘로부터 시작되고 그 하늘은 위[上]에 있다. 하늘 위에 있는 천체, 즉 해, 달, 별 등은 하늘의 운용되는 원리와 세상이 돌아가는 이치를 보여 준다[示]. 그렇게 보이는 이치는 '三'이라는 숫자로도 표현되는데, 왜냐하면 이 세상은 하늘과 땅과 인간이라는 중요한 요소를 품고 있으며 그것은 셋이다. 그 셋을 관통하여 다스리는 것이 바로 '王'이고, 왕은 상징으로서 가장 중요한 장식인 '玉'을 소유한다. 하늘에서는 기운이 떠돌아다니는데[气] 인간 세상에서는 하늘과 땅의 모든 기운의 운용을 터득한 존재로서 士가 있다. 이 원리를 터득한 선비[士]는 하늘과 땅을 관통하는[丨] 중심에서 사고한다. 하늘과 땅의 기운이 통하여 땅으로부터 생명이 자라나기 시작하는데 그것을 보여 주는 처음의 글자가 바로 풀을 상형하는 '屮' 자이고 그것이 많아지면 '艸'가 된다. 풀로 만든 자리를 '蓐'이라고 하며 많은 풀로 싸인 것은 茻이라고 한다.

이러한 의미론적 연관성은 제1편에만 그치지 않는다. 그것은 『설문해자』 전체 14편을 걸쳐서 마지막 부수자인 '亥' 자까지 이어져 있다.[27] 『설문해자』의 문자 해석은 허신의 시대에 어느 정도 표음적 특성을 표상하고 있던 중국 문자에 상형적 특성의 우위성을 강조함으로써 의미 변별의 결정적 기능을 상형적 형태에 부여한 것이었다. 그 선택의 장점은 중국 문자가 발생의 초기로부터 가지고 있었던 상형과 의미의 연관 고리를 발전시켜 일관되고 체계적인 중국 문자 해석 체계를 만들어 낼 수 있었다는 점이다. 반면에 단점으로는 의미를 중심에 두고 소리를 부가적인 요소로 간주하게 되면서 표음적인 특성을 가지고 있었던 중국 문자를 상형성 안에 가둬 두는 결과를 초래하게 되었다는 점이다.[28]

27 허신 의미론의 장점은, 소리의 다양함을 가진 방언의 불안정함을 의미부 안에 포섭한다는 점과 아울러 의미부를 지정하여 전체 문자에 드러나는 의미를 보다 명료하게 강조한다는 점이었다. 반면에 단점은 그의 의미론이 중국 문자의 기원을 밝히고 본질을 천명하고 있는 것으로 이해되었으며, 그의 시대 이후에도 그 신념이 도그마로서 신봉되었다는 점이다. 이러한 근원에 대한 과도한 신념은 청대 고증학의 기초로 작용하였다.

28 이 질문은 후속되는 다음의 질문을 제기한다. 중국의 문자는 표음화의 길을 가야 하는가? 문자 표기는 소리와 상형 중 반드시 어느 한 가지로 귀납되어야 하는가? 조금 다른 초점에서 논해 보자. 문자가 소리를 어떻게 반영하고 있는가의 시각에서 본다면 중국 문자가 다른 문자에 비해 기능이 떨어지는 것은 분명하다. 그러나 알파벳 문자의 대표적인 예로서 영어도 순수하게 음성적 체계로만 이루어진 문자 체계를 가진 것은 아니다. 영어라고 해서 순수하게 소리-상징부호의 대응은 아니라는 의미다. 예컨대 [o] 발음의 경우, so, sow, sew, oh, owe, dough, doe, beau, soak, soul 등 다양한 표기 방법을 가지며, 'o'라는 문자만 해도 so, to, on, honey, horse, woman, women, borough 등에서처럼 일치된 발음을 표상하는 것도 아니다. 그런 의미에서 보면 중국 문자를 음성적 투명성에만 근거하여 판단할 수 없음은 보편적 표음문자 체계에서도 순수한 음성적 투명성을 기대할 수 없다는 반론 위에서 성립할 수 있다. 한자가 너무 많은 글자를 외워야 하므로 배우기 어렵다는 점에 대해서도 논해 보자. 자전에 있는 수만여 개의 한자가 모두 다르다고 해서 다 따로 외워야 하는 것은 아니다. 의외로 외워야 하는 기본글자는 수천여 자에 국한되며 그 안에서도 서로의 연관성을 찾아낼 수 있다. 그것들이 서로 상관되지 않으며 분석되지 않는 것처럼 가정하고 마치 전화번호부를 외우는 것과 같다고 주장하면 그것은 옳지 않은 일이다. 조금 지나친 비약이지만 모든 한자는 중국 문자를 이루는

허신이 추출해 낸 의미 요소로서 부수(部首)는 중국의 고전적인 자전(字典)의 기본 모형을 확립시켰고 중국 문자가 상형적 요소가 표상하는 의미로부터 결코 자유롭지 못하도록 한계를 분명히 하였다.[29] 허신 이후로 중국 문자의 표음성은 상형성의 주도 아래에서 종속적으로 관계를 맺는 방식으로만 이해되었다.

기본 여덟 획의 '永' 자 팔법만으로도 귀납될 수 있다. 물론 그것을 습득하는 것이 중국 문자를 읽고 쓰는 것과 같다는 말은 결코 아니다. 하지만 이는 영어도 26자모로 모든 것이 마스터되는 것이 아닌 것과 같다. 중국 문자가 알파벳보다 익히기 어려운 것은 사실이다. 그러나 성급하게 그것을 표음으로 대체해야 한다는 결론을 내릴 수는 없다.

29 허신 이후 『玉篇』으로부터 『康熙字典』, 그리고 현대의 『中文大辭典』까지 모두 部首 배열의 체제를 따르고 있다. 비록 자형 의미의 연관이 중축이었던 것으로부터, 획수의 다소에 따른 체제로의 변화가 있었으나, 허신이 추출해 놓은 部首를 완전히 포기한 적은 없었다.

상형 중심의 의미론적 연관구조

『설문해자』에 보이는 540개의 부수자는 의미 중심의 배치와 계열 및 분류의 원리를 반영하고 있다. 대표적인 예로 사계절을 나타낸 문자를 들 수 있다. 부수의 배열 순서에 주목해서 살펴보자.

春(춘): 12번째 艹(초)부 속자

夏(하): 198번째 夊(쇠)부 속자

秋(추): 253번째 禾(화)부 속자

冬(동): 421번째 冫(빙)부 속자

앞에서 보듯이 사계절을 나타내는 글자가 『설문해자』에서 정확히 순서대로 자리 잡고 있다. 이 사계절 가운데 봄과 여름은 유사한 기운으로 연결되고 가을과 겨울도 역시 같은 계열로 연결된다. 즉 양기와 음기의 발현 계절로서 두 계절씩 배분될 수가 있다. 다시 양기는 天으로, 음기는 地로 배당된다. 이러한 논의는 다시 한번 『설문해자』 체제에서 중요한 구조를 상기시키는데, 바로 天-人-地의 구도다. 위의 하늘과 아래의 땅 사이에 인간을 위치시킨 것이다. 글자 배치도 그에 따른다.

天: 1번째 一부 속자

人: 287번째 人부 속자

地: 480번째 土부 속자

이것을 사계절과 천지의 구도로 다시 종합해 보면 다음과 같다.

'봄 – 여름, 가을 – 겨울'='天, 地'

봄은 겨우내 잠자고 있던 생명들이 움트는 탄생의 계절이다. 그리고 양기가 극도로 고양되는 여름은 싹틔운 생명을 자라게 하고 열매 맺을 준비를 하게 하는 계절이다. 가을이 되면 서늘한 음기가 조금씩 발동하고 생명에서 맺힌 열매를 거두어 겨울을 준비한다. 겨울은 움츠러드는 계절, 운동의 작용이 주춤하는 계절이다. 그렇다고 그것이 영원한 정지나 죽음을 의미하는 것은 아니며 잠시 새 생명이 움틀 때까지 기다리는 계절이다. 따라서 겨울은 음기가 극한 계절이지만 동시에 생명 탄생의 원리를 감추고 있는 계절이기도 하다. 봄은 어김없이 겨울이 지나면 오게 되는 것이다. 사계절은 변화하는 다양한 양상을 반영하면서도 왜 다시 변화의 패턴이 반복되는지를 훌륭하게 보여 준다.

『설문해자』에서도 그러한 변화의 패턴을 따라서 부수의 분류와 문자 배치를 하고 있음을 살펴볼 수 있다. 봄에는 원리, 탄생, 기능의 세계를 보여 주는 글자들이, 여름에는 성장과 발전을 보여 주는 글자들이, 가을에는 수확, 저장의 세계를 보여 주는 글자들이, 겨울에는 땅 위에 존재하는 생물체들과 그 지형을 나타내는 글자들과 동물, 수

질, 지질의 세계를 보여 주는 글자들과 간지(干支) 글자 등이 해당되도록 부수자가 나열되어 있다.

허신은 이러한 원리에 근거하여 540개의 부수를 세우면서 부수자들이 상호유기적으로 '자형상으로도', '의미상으로도' 긴밀한 관계를 유지하도록 만들었다. 부수자에서 자형과 자형 간의 의미의 미끄러짐 현상이 생겨나는 것은 드러나는 형상 위에 어떻게 다른 형상이 부가되어 다른 의미와 연계되어 가는가를 보여 준다. 인간적이고 심리적인 경험과 현상, 사건들이 어떻게 형상과 연계되어 의미의 구조를 형성해 가는가를 보여 준다. 다음은 그 예로서 『설문해자』 제2편의 부수 간 의미 연계를 보여 준 것이다.

> 나누어서 작은 것 小(소) - 나누기 八(팔) - 구별하기 釆(변) - 소를 반으로 나누기 半(반) - 소 牛(우) - 검정소 犛(리) - 알려 줌 告(고) - 입 口(구) - 벌어진 입 凵(감) - 시끄러움, 두 개의 입 吅(훤) - 울다 哭(곡) - 달리다 走(주) - 발 止(지) - 발이 어긋나다 癶(발) - 발걸음 步(보) - 여기(발이 멈춘 곳) 此(차) - 바르다 正(정) - 옳다 是(시) - 천천히 걷기 辵(착) - 종종걸음 彳(척) - 긴 걸음 廴(인) - 끌며 걷다 㢟(연) - 걸음걸이 行(행) - 이빨 齒(치) - 어금니 牙(아) - 발 足(족) - 발 疋(소) - 입이 많은 것(입 3) 品(품) - 피리 龠(약) - 책 冊(책)

제2편의 시작은 상하 좌우의 관계론적인 분할의 원리에 의해 나뉜다[八]. 나뉘면 작아진다[小]. 나누려면 구별이 있어야 한다[釆]. 나누어서 가장 유용하게 쓰이는 동물은 소다[牛]. 소 가운데 검정소[犛]는 영험이 있다고 알려져 있다. 그 소는 인간에게 중요한 것들을 알

려 주는 역할을 한다[告]. 마치 사람에게 입[口]이 있는 것처럼 알려 주는 것이다. 입은 벌어진 입[凵]도 있고, 다문 입도 있으며 여러 입[吅]이 모여 시끄러워질 수도 있고 큰 소리로 우는 입도 있다[哭]. 알려 준 사실에 따라 이번에는 구체적으로 실행할 차례다. 실행한다는 것은 우선 발을 가지고 하는 일이다. 발이야말로 인간을 이동시키고 무엇인가를 할 수 있게 하는 중요한 기관이다. 발로는 달릴 수도 있고[走] 멈출 수도 있으며[止] 어긋나게 하여 말에 오를 수도 있고[癶] 저벅저벅 걸을 수도 있으며[步] 정해진 곳에서 멈추게 할 수 있다[此]. 무엇보다도 발로 인해서 가장 먼저 떠오르는 것은 세상에 필요한 정의[正]를 올바르게[是] 실천할 수 있다는 행동력이다. 그리고 발로 인해서 생기는 운동력은 속도를 가지는데 천천히 할 수도 있고[辵] 종종걸음으로 갈 수도 있으며[彳] 질질 끌며 느릿느릿 갈 수도 있다[廴, 延]. 이 모든 것이 행동과 연관된 것[行]이며 발을 가지고[足, 疋]하는 일이다. 한편, 입 안에는 이빨[齒]이 들었다. 어금니[牙]도 있다. 입이 많이 모이면 여러 가지 물건이 되기도 한다[品]. 입이란 구멍이기도 한데 구멍으로는 소리가 나고 여러 개의 구멍이 모여 조화로운 소리를 만들기도 하는데 대나무의 구멍을 여러 개 모아 바로 그런 조화로운 소리를 내는 악기[龠]를 만든다. 대나무 쪽을 여러 개 붙여서 책을 만들기도 한다[冊].

상형성에 의한 의미 해석에 관하여

중국 문자의 상형성은 의미를 전달하는 데 특별한 이점을 주지도 않으며, 개별적인 의미를 표상하는 수만큼 닮은 문자에 대하여 쓰기를 익히고 발음을 따로 외워야 하기에 세상에서 가장 배우기 어려운 언어로 각인되었다. 그럼에도 중국 문자는 여전히 상형성을 간직한 채 전승되고 있다.[30] 19세기 말 갑골문(甲骨文)을 비롯한 중국의 고문자들이 발견되고 은주 시대 이래의 청동기의 명문들이 그것과 비교하여 연구되기 시작하면서 이러한 상형성은 더 오랜 역사와 근원을 가진 것으로 부각되었으며 그것이 중국 문자만의 고유한 특성인 것으로 강조되었다. 그러나 표음성과 연계되지 않은 언어가 어떻게 그렇게 오랜 세월 살아남았고 원형적 모습을 간직한 채 전승되었는지 아직 대답이 나오지 않았다.

중국 문자는 표음성을 표상하는 방법과 상형성을 표상하는 방법 사이의 긴장에서 역사적으로 진동해 왔으며, 상형성의 우위를 인정함으로써 표음의 길을 억압해 왔다고 할 수 있다. 그 과정의 일면을 『설문해자』의 예를 통해 살펴보고 중국 문자의 상형성이 기대고 있

30 졸고「中國 文字의 象形性과 表音性」, 『中國文學』 제55집, 2008 참조.

는 의미 분류와 해석을 자세히 논해 보자.

발음기호로서의 중국 문자

고대 중국인들은 문자를 하나의 약속된 발음기호로도 통용했다. 갑골문에서 문법적 기능을 수행하던 문자들, 예를 들어 '其(기)', '勿(물)', '不(불)' 등은 출현빈도가 이미 1,000번을 넘는 발음기호들이었다.[31] 주대에 와서도 금문(金文), 혹은 『시경』이나 『서경』에 등장하는 어조사(語助詞)들은 원래 상형적인 의미를 나타내던 문자가 발음기호로 유통되어 내려온 것을 분명하게 보여 준다. 특히 그 대표적인 예는 '隹(추)' 계열의 글자들이다. 이 글자는 후대로 갈수록 '惟(유)', '唯(유)', '維(유)' 등 편방을 달리하며 표기되었지만 기본적인 기능과 의미에서 크게 차이를 보이지 않는다.[32]

그러나 중국의 문자는 알파벳처럼 음소문자로 발전하기는 어려웠다. 여러 부족과 지역을 통합하는 통일된 발음을 약속하기 어려웠기 때문이다. 하나의 자형은 하나의 음절과 연계되었으며 그 음절과 유사한 발음군을 대표하고 있었다. 중국 상고 시대에 사용되었다고 추정되는 음절은 약 613개라고 하는데,[33] 그렇다면 적어도 그 수에 부합하는 문자표기가 필요했을 것이다. 실제로 이 숫자는 의미가 있는데, 『설문해자』에 가장 많은 부속자, 즉 형성자 군을 거느리고 있

---

31 楊逢彬, 『殷虛甲骨刻辭詞類硏究』, 花城出版社, 2003, pp. 230-277 참조.

32 구체적인 용례로는 다음을 들 수 있다. 金文 「觶尊」: "隹王來征夷方.", 『尙書·洪範』: "惟十又三祀, 王訪于箕子."

33 이재돈, 『中國語音韻學』, 學古房, 2007.

는 부수는 '水'부로서 총 468자[34]가 실려 있는 것으로 보아 대략 상고 시기에 약 500여 개 정도의 음절이 활용되었다고 볼 수 있을 것이다.

음절문자로서의 한계

음절문자가 가지는 한계는 만약 하나의 문자 표상이 하나의 발음 및 의미와 결합하는 것을 전제로 한다면, 다양하고 체계적인 의미를 표현하기에 표상기호의 숫자가 절대적으로 부족하다는 점이다. 단음절어로 의미를 나타내는 태생적인 한계를 극복하기 위하여 중국 문자는 두 가지 방법을 사용하였다. 첫 번째는 단음절 문자의 자형을 '발음-의미'의 짝과 '자형-의미'의 짝으로 나누어 활용하는 것이다. 이 중에서 자형이 표상하는 의미와 관계없이 '발음-의미'의 짝으로 그 문자를 사용하는 것, 이것이 소위 '가차'의 방법이다.[35] 두 번째는 가차되어 '발음-의미'로 사용되는 문자를 다시 발음기호로 활용하여 '자형-의미'의 문자와 결합시키는 것이다. 소위 '형성'이라고 불리는 이 방법은 제한된 수의 음절문자가 하나의 자형 아래에서 더 다양한 의미 표현이 가능해지도록 만들어 줄 수 있는 가장 효과적인 방법이다. 이 방법을 사용하면 '발음-의미'에서 '발음'만을 남겨서 '자형-의미'에 '발음'을 부여해 줌으로써 기하급수적으로 문자의 수를 팽창시킬 수 있게 된다.[36]

---

34 段玉裁,『說文解字注』經韻樓藏本, 天工書局印行本 참조.

35 예를 들어 대표적인 가차자인 '來' 자의 경우 [來-보리], [來-lái]의 짝 중에서 [來-lái]를 활용하여 [lái-오다]를 표상함으로써 [來-오다]를 실현시키는 것이다.

36 예를 들어 [來-lái]를 발음기호로 활용하여 [자형-의미]의 글자들과 결합시켜 새로운 의미를 표현하는 것이다. [艸-풀]과 [來-lái]가 결합한 '萊(명아주 래, 풀이름)', [水-물]과 [來-lái]가 결합한 '淶(물이름 래)', [馬-말]과 [來-lái]가 결합한 '騋(말이름 래)', [山-산]과 [來-lái]가 결합한 '崍(산이름 래)' 자 등이 그 예들이다.

이런 특성은 중국 문자만의 독특한 구조론 혹은 발생론을 발전시켰다. 발음과 문자기호, 의미는 서로 순환하며 숨바꼭질을 하듯이 숨었다 나타나는 일을 반복하게 되었다. 한대 육서설(六書說)의 출현은 그것을 본격적으로 가시화한 연구의 결과였다. 요컨대 육서(六書) 가운데 가장 논란이 많은 '전주(轉注)'의 경우 간단하게 말해서 이미 유통되고 있는 문자를 이용하여 어떻게 의미 파생을 표상화할 것인가의 문제를 둘러싸고 있다.[37] 그것은 '발음-의미'의 짝만을 이용한 발음기호로서 '가차(假借)' 자가 의미를 발음에 직접 연계시키면서도 가차 의미와 상관없는 자형을 사용해야 한다는 한계를 극복하기 위한 방법이기도 했다. 또한 발음기호로만 유통시키기에는 문자 형상이 지배하는 의미가 너무 강력했다는 뜻이기도 하다.

의미 분류의 길을 선택하면서

허신은 이런 문제의 한가운데에 직면해 있었다. 수없이 많은 문자 형상을 정리하고 분류하는 역할이 그에게 주어졌다.[38] 아마 허신이 의미의 분류가 아니라 발음을 위주로 한 분류의 길을 걸었다면 그 이후 중국 문자는 전혀 다른 길로 발전했을지 모른다. 한대 허신의 시대에 그가 볼 수 있었던 문자의 수는 총 만여 자쯤 되었던 것으로 추정된다. 그중 80~90%가 형성자였다. 앞서 예시했던 대로 당시 유통된 음절수가 500~600개 정도라고 추정되는데, 만약 허신이 같거

37 孫雍長, 『轉注論』, 岳麓書社, 1991.

38 정확하게 말한다면 '주어졌다'고 하기보다는 '자임했다'는 표현이 옳다. 허신은 문자를 통하여 세계를 재구성하려는 야심을 가지고 있었으며, 『설문해자』의 탄생은 그 누구의 압력이나 강제에 의한 것이 아니었다.

나 유사한 단음절을 표상하던 문자들을 대표자로 만들었다면, 만여 자의 문자들을 그 대표 음절 문자 아래에 배속시키고 음절수에 해당하는 문자군들을 만들 수 있었을 것이다.

그러나 허신은 발음 위주의 분류로 나아가지 않았다. 허신은 좀 더 적극적으로 '자형-의미'에 힘을 실어 주었다. 다음은 그 몇 가지 예들이다.

'其(기)/*kĭə/'[39]자는 갑골문에서 가장 자주 사용되었던 조사(語詞)인데 갑골문에서만 약 3천 회 이상 출현한다. 이 글자는 서주 시기로부터 한대에 이르기까지 출토문헌과 전통문헌을 포함하여 가장 긴 시간 동안 지속적으로 사용되어 왔다. 많은 언어학자는 '其' 자가 가진 다-기능적인 문법표지로서의 역할을 인정하고 있다.[40] 다음의 예문을 보자.

今夕**其**雨? 今夕不雨?(合8473)[41]

오늘 저녁 비가 내릴까요? 오늘 저녁 비가 오지 않을까요?

今日**其**夕風?(合13338)

오늘 저녁에 바람이 불까요?

其自南來雨?(合12870)

남쪽으로부터 비가 올까요?

39 이 책에서의 상고음 재구는 『漢字古音手册』(郭錫良, 北京大學出版社, 1986)에 따른 것이다.

40 楊逢彬, 『殷墟甲骨刻辭詞類硏究』, 花城出版社, 2003 참조.

41 中國社會科學歷史研究所, 『甲骨文合集』의 번호 순서에 의함.

갑골문에 등장하는 이 문장들은 '其' 자의 문자 형상의 의미와는 상관없이 '其' 자가 발음기호로서 독특한 어법적 기능을 수행하고 있음을 보여 준다. 그러나 허신은 『설문해자』에서 당시 분명하게 유통되어 쓰이고 있었을 '其' 자의 어법적 기능에 대해 침묵하고 있다. 그 대신 '其' 자를 '箕(기)' 자의 주문(籒文)으로 소개하고 있을 뿐이다. 其 자를 곡식을 까부르는 기구인 키로서의 의미로 한정하고, 상형적인 의미와 연관시키기 위하여 '箕' 자의 해설 아래에 다음과 같이 첨가하였다.

> 箕 所簸者也. 从竹𠀠. 象形. 丌其下也. 凡箕之屬皆从箕. 𠀠 古文箕. [illegible] 亦古文箕. [illegible] 亦古文箕. [illegible] 籒文箕. [illegible] 籒文箕.
>
> '箕'는 키질하는 기구다. '竹(죽)'과 '𠀠[42](기)'로 구성되었다. ('𠀠'는) 상형(象形)이다. '丌(기)'는 그 아래 (받침)이다. 箕부에 속하는 한자는 모두 箕의 의미를 따른다. '𠀠'는 箕의 고문(古文)이다. '[illegible]'도 箕의 고문이다. '[illegible]'도 箕의 고문이다. '[illegible]'는 箕의 주문(籒文)이다. '[illegible]'는 箕의 주문이다.[43]

허신의 상형 의미의 집착은 부정사(不定詞)로 활용되는 문자들에서 더욱 분명하게 드러난다. 예를 들어 '勿(물)/*mĭwət/' 자는 갑골문 시대부터 이미 2천 회 이상 등장하여 부정사로 사용되던 문자다.

---

42 '𠀠' 자는 '箕' 자의 고문으로 되어 있다. 『說文解字』에 의하면 '箕' 자에는 세 개의 고문과 두 개의 주문 자형이 있다. 그렇다면 '𠀠' 자는 고문의 하나이면서 '箕'의 구성성분이 된다.

43 『說文解字』 제5편 上 참조.

丁卯卜, 𣪊貞 王勿往出?(合5111)

丁卯일에 점을 쳐서 𣪊(貞人)이 묻습니다. 왕께서 정벌에 나가면 안 될까요?[44]

그런데 '勿' 자에 대하여 『설문해자』에서는 다음과 같이 설명하고 있다.

勿, 州里所建旗, 象其柄. 有三游. 雜帛, 幅半異. 所以趣民, 故遽, 稱勿勿.

'勿'은 마을에 세운 깃발이다. 깃대의 모양을 상형하였다. 세 번의 펄럭임[三游]이 있는 모양을 본떴다. 잡색의 천(을 사용하여) 폭의 반이 다르다. 그것으로 백성을 모이게 하므로 급한 것을 '勿勿'이라고 한다.[45]

허신에 의하면 '勿' 자는 깃발의 모양을 상형한 글자인데, 여러 가지 색을 섞어서 만들었고 안쪽에 세 획으로 깃발의 펄럭임을 본뜨고 바깥을 두른 것은 깃대라는 설명이다.

현재까지도 빈번하게 사용하는 부정사 '不(불)/*pǐwə, *pǐəu, *pǐwət/' 자의 경우도 마찬가지인데 이미 갑골문의 단계부터 천 회 이상의 출현 빈도를 가지고 있다. 다음의 예문을 보자.

今夕其雨? 不夕雨?(合30104)

오늘 저녁 비가 올까요? 저녁에 비가 내리지 않을까요?

44 楊逢彬, 『殷墟甲骨刻辭詞類硏究』, 花城出版社, 2003 참조.

45 『說文解字』 제9편 下 참조.

貞今日不夕風?(合13338正)

점쳐서 묻습니다. 오늘 저녁에 바람이 불지 않을까요?[46]

하지만 『설문해자』에는 다음과 같이 설명되어 있다.

不, 鳥飛上翔不下來也. 从一, 一猶天也. 象形.

不은 새가 위로 날아올라가 아래로 내려오지 않는다는 뜻이다. '一(일)'로 구성되었다. '一'은 곧 하늘이다. 상형(象形)이다.[47]

이렇듯 허신보다도 천오백여 년 이전부터 발음기호로서 문법적 기능을 담당하던, '其' 자 '勿' 자 그리고 '不' 자에 대하여 허신은 상형에 기댄 방법으로 그들의 의미를 설명하려고 노력하였다. 당시나 그의 이전 시대에도 분명하게 사용되던 문자의 표음성을 허신이 왜 그렇게 이해하고 있었는가. 상형성을 과도하게 강조하게 되었다면 왜 그렇게 할 수밖에 없었는가.

경험적 범주화의 이론

허신의 선택과 집중을 논의하기에 앞서 참고해 볼 만한 연구들이 선행한다. 그것은 인간의 언어란 인간의 신체가 세계를 개념화하고 범주화하는 과정을 거친 소산물이며 그 개념화와 범주화의 과정이 다시 인간이 세계를 이해하고 경험하는 데 상호작용하고 있다고

46 楊逢彬, 『殷墟甲骨刻辭詞類硏究』, 花城出版社, 2003 참조.

47 『說文解字』 제12편 上 참조.

주장하는 연구들이다. 그 주장에 의하면 우리 몸의 감각을 통해 형성되는 '象-이미지'는 언어의 개념화와 범주화에 결정적인 영향을 미친다.

허신이 중국 문자의 상형성이 지배하는 의미를 강조한 것은, 인간이 신체를 통해 경험하고 개념화하고 범주화하는 방법에 중국 문자가 근원적으로 연관되어 있기 때문이었을지 모른다. 허신은 그것을 『역』의 象(상)과 음양오행(陰陽五行)에 기댄 세계관으로 이론화하고자 하였다.[48] 중국 문자의 상형성을 현대 언어 연구의 시각으로 그것을 해석할 수 있는 여지가 있다면 또 다른 이론화를 모색할 수 있다. 현대의 서구 언어학은 인간이 신체를 이용한 지각과 운동에 의해 우리의 개념 체계와 이성의 방식이 산출된다는 이론에 기초하여 언어 연구 결과들을 내놓고 있다. 이제부터 그러한 관점에 기대어 중국 문자의 상형성이 근거하고 있는 신체성에 주목해 보자.

표음적인 문자에 바탕하고 있는 서구의 언어학은 객관주의와 보편주의에 의해 지배되어 왔다.[49] 그것은 사람들의 감각에만 의존하지 않는 사물들만의 확고한 어떤 실재가 본질이었고 그 본질에 해당하는 올바른 이름이 객관적으로 존재한다고 주장하였다.[50] 이는 서

48 졸고 「漢字 形象의 의미론적 연관 구조에 관하여」, 『中語中文學』 제35집, 2004 참조.

49 서구 현대 언어학의 프레게, 논리경험주의, 프라그학파, 그리고 촘스키에 이르기까지 언어의 객관성과 보편성을 찾으려는 이들의 노력은 포기된 적이 없었다.

50 그렇게 주장하게 되면 사람의 경험과 사고작용은 언어활동에 개입되어서는 안 된다. 왜냐하면 인간은 저마다 주관적으로 생각하고 경험하기 때문에 본래부터 올바른 객관성을 유지할 수 없으며 따라서 그렇게 되면 누구에게나 올바르게 적용될 수 있는 보편성을 확보할 수 없기 때문이다. 따라서 서구 전통의 언어학은 불확실한 인간의 경험과 사고를 신뢰하지 않았다.

구 근대 철학에서 인간의 이성을 이해하는 관점과도 상통하는 것이다. 서구 근대의 중요한 축이 되었던 데카르트 철학의 이원론적 인간론은 다음과 같이 이해된다. 데카르트적인 인간형은 몸을 통한 경험에서 분리, 독립된 탈신체적이고 초월적인 이성을 모든 인간이 공유하고 그것을 스스로 반성하는 능력에 의해서 자신의 마음에 관한 모든 것을 알 수 있다고 믿었던 인간형이었다. 이것은 플라톤의 객관성과 보편성의 추구에 대한 하나의 계승이다.[51]

그러나 인간의 사고 능력, 이성은 전통적으로 주장되어 왔던 것처럼 몸에서 분리되거나 몸을 부정하는 탈신체화된 것이 아니라 인간의 두뇌, 몸, 즉 신체의 경험에서 유래한다는 주장이 대두되었다.[52]

---

51 언어학적으로 이 관점은 이성이 인간의 몸으로부터 배제된 프레게적 인간형으로 계승되었다. 프레게에 의하면 몸을 통한 경험은 언어의 의미에 아무런 역할도 하지 않고 의미는 순수하게 객관적이고 외부의 세계에 의해서 정의되며, 언어는 인간의 몸이 수행하는 중대한 역할 없이 외부 세계와 합치된다. 이것은 현대의 촘스키에게도 계승되는데, 촘스키에 의하면 언어는 모든 의미, 맥락, 지각, 감정, 기억, 행동 그리고 의사소통의 동적인 본질로부터 격리되고 독립된 순수한 형식, 즉 순수한 통사론이다.

52 이 분야는 '인지과학'이라고 불린다. 그중에 인지언어학이라는 연구 분야는 40여 년 전에 등장하여 폭넓은 기반을 가진 지적 운동으로 자리 잡았다. 인지언어학은 언어를 인간 인지(앎, 인식)의 통합적인 한 국면으로 간주한다. 또한 가능한 한 언어 구조의 특성은 인간의 사고와 관련하여 심리적 현상들, 예를 들어 기억과 지각, 범주화, 연상, 추상화, 상례화 등을 참조하여 기술된다. 인지언어학은 언어에서 자립적인 통사론이 아니라 의미에 핵심적인 지위를 부여한다. 그것을 통하여 문법 구조가 내적으로 풍부한 의미를 지니고 있음을 입증하고 있다. 이 분야와 관련해서 G. Lakoff, M. Johnson, R. Langacker, E. Rosch, C. Fillmore, L. Talmy 등의 연구가 탁월하다. 그에 의하면 인간의 이성은 인간의 논리적 추론 능력만을 뜻하는 것이 아니라, 인간이 어떻게 행동할 것인가 묻고 그 질문을 해결하고 가치 평가하고 비평하고 숙고하는 능력, 그리고 인간을 포함한 이 세계에 대해 이해할 수 있는 능력까지 포함하고 있다. 이것은 우리가 사유하기 위해서 몸을 필요로 한다는 단순한 주장이 아니라 이성 그 자체의 고유한 구조가 우리 신체화의 조건들에서 유래한다는 주장이다.

이 주장에 의하면 인간에게 지각과 운동을 가능하게 해 주는 동일한 신경적, 인지적 기제가 우리의 개념 체계와 이성의 방식을 만들어 낸다. 따라서 인간의 사고작용, 혹은 의미작용, 혹은 이성을 이해하기 위해서는 인간의 시각체계, 근육운동체계의 세부 내용과 신경체계의 일반적 기제를 이해해야 한다. 그런 의미에서 인간의 이성은 결코 몸과 분리된 초월적인 특성이 아니다. 그 대신에 이성은 우리 인간 몸의 특이성에 의해서, 우리 두뇌의 신경구조의 내용에 의해서, 그리고 우리의 일상적 기능의 세부사항에 의해서 결정적으로 형성된다. 이때의 이성은 초월적 의미로 보편성을 가지는 것이 아니라 인간의 마음이 신체화된 방식 안에 공통적으로 존재하는 능력이라는 면에서 보편적이다. 이 관점에 의하여 해석된 인간의 이성은 무의식적이며, 은유적이고 상징적이며, 감정적으로 활동한다.[53]

결국 인간이 알고 이해하는 일은 우리의 몸, 특히 우리가 지각하고, 움직이고, 조작하도록 해 주는 감각 운동 기관으로부터 시작되고, 그것에 결정적으로 의존하며, 진화와 경험에 의해 형성된 우리 두뇌의 정교한 구조에 의존하게 된다. 언어적인 관점에서 말한다면 인간의 언어는 인간의 신체가 세계를 개념화하고 범주화하는 과정을 거친 소산물이며 그 개념화와 범주화의 과정이 다시 인간이 세계를 이해하고 경험하는 데 상호작용하고 있다.[54] 생물체의 '범주화'는

---

53 이때의 이성은 데카르트적인 이성이 아니다. 인간이 신체나 감각기관을 통하여 경험하고 사고하여 무엇인가를 알게 된다는 의미의 이성이다.

54 이것은 환경이 달라지고 그에 대응하는 인간의 경험이 달라지면 다른 개념화와 범주화가 가능하다는 상대주의적 관점을 열어 준다. 이러한 상대주의는 결코 주관주의는 아니다. 왜냐하면 인간의 신체를 통한 인식의 방식이 같은 경험을 공유하는 한 공통적이라는 면에서 보편성을 유지할 수 있기 때문이다.

개념, 경험과 불가분의 관계를 가지고 있다. 우리의 범주들은 우리의 '신체화'를 통해서 형성된다. 그것이 의미하는 바는 우리가 형성하는 범주들이 우리 경험의 일부라는 것이다. 범주란 경험의 양상들을 식별 가능한 종류들로 구별해 주는 구조들이다. 범주화는 경험의 사실 뒤에 일어나는 순수하게 지적인 문제가 아니라 경험의 문제이며 우리의 몸과 두뇌가 계속해서 관여하고 있는 것의 일부다. 인간은 전혀 범주화되지 않고 개념화되지 않은 경험을 할 수가 없다.[55]

모든 살아 있는 것은 사물을 범주화한다. 지구상의 모든 생물은 범주화를 통하여 생존을 영위한다. 아메바도 자기와 마주치는 것들을 먹을 수 있는 것과 먹을 수 없는 것으로, 혹은 다가가야 할 대상과 멀어져야 할 대상으로 범주화한다. 아메바는 자신이 범주화할 수 있는가 없는가를 선택할 수 없으며 다만 범주화를 할 뿐이다. 이것은 동물계의 모든 층위에 해당된다. 예컨대 음식, 약탈자, 가능한 짝, 자신들의 종에 소속된 동물 등을 범주화한다. 동물들이 범주화하는 방식은 자신들의 감각기관과 이동능력 및 대상 조작능력에 의존한다. 따라서 범주화는 우리가 신체화되어 있는 방식의 결과다.

인간도 범주화하도록 진화되어 왔고 그렇지 않았다면 생존할 수 없었을 것이다. 일반적으로 범주화는 의식적인 사유작용의 산물이 아니다. 인간에게 두뇌와 몸이 있기 때문에 그리고 현재와 같은 방식

55 따라서 소위 '개념'은 인간에게 인간의 범주들을 정신적으로 특징짓고 그것들에 대하여 사유할 수 있도록 해 주는 신경구조다. 인간이 가지고 있는 범주들은 전형적으로 이른바 '원형(prototype)'에 의해 한 가지 이상의 방식으로 개념화된다. 각각의 원형은 우리에게 한 범주에 관해 어떤 종류의 추론적이거나 상상적인 과제를 수행하도록 해 주는 신경구조다(G. 레이코프·M. 존슨 지음, 임지룡 외 옮김, 『몸의 철학』, 박이정, 2002, 제1부 참조).

으로 이 세상과 상호작용하기 때문에 우리는 우리 밖의 사물을 현재의 방식으로 범주화한다. 또한 우리의 몸과 두뇌는 우리가 어떤 종류의 범주를 가질 것인지, 또 그 구조가 어떨 것인지도 결정한다. 인간 몸의 특성을 생각해 보자. 우리에게는 다른 어떤 방식보다 매우 적극적으로 작용하는 기관으로 눈, 귀, 입, 팔 그리고 다리가 있다. 또한 우리에게는 지형도 및 방향 민감 세포를 갖춘 시각체계가 있는데 이 체계는 공간관계를 개념화하는 우리 능력에 구조를 제공한다.

신체를 통하여 범주화된 개념들은 언어를 가지고 표상화한다. 특히 중국 문자는 인간의 신체를 기본 영상으로 채택한 범주화의 틀을 다양하게 보유하고 있다. 이것들은 개념과 개념 사이, 혹은 의미와 의미 사이가 벌어지지 않은 채로 인접해 있으며 신경망조직처럼 얽혀 있기도 하다. 이제부터 허신의 문자 해석에서 그 예를 찾아보자.

중국 문자의 신체성(身體性), 상(象)이 담고 있는 의미 영역

언어를 객관성과 보편성의 기준으로 재단하지 않고 신체화된 범주와 경험, 그에 대한 감성적인 반응을 기초로 한 소통을 전제로 이해한다면 의미가 어떻게 서로 연계되어 있고 구조화되는지 주목하게 된다. 허신은 자형을 통한 의미 해석이 그 세계를 분명하게 보여주고 있다고 판단했다. 허신은 『설문해자』를 통하여 540개의 의미군, 즉 부수(部首)의 개념화 원리를 보여 주려고 하였다. 그는 중국 문자가 발음기호로서 기능하던 측면을 과감하게 무시하고 자형과 의미의 긴밀한 연관성을 중시하였다. 『설문해자』 전체를 관통하는 허신의 해설을 살펴보면 자형에서 드러나는 의미는 그에게 무시할 수 없는 전제였음을 알게 된다.[56] 뿐만 아니라 허신은 당시 유통되던 자형을 분해하여 의미의 최소단위를 만들려고 노력하였다. 그것은 곧 각각의 범주를 형성하게 한다.

그 대표적인 예를 살펴본다면 '거리', '걷다' 등을 표상하는 '辵(착)' 자나 '彳(척)' 자를 들어 말할 수 있을 것이다. 갑골문이나 고문이나 허신 당시의 소전(小篆)에서도 이 글자들은 실제 사용례를 거의 볼 수 없다. 하지만 허신이 보기에 '발'-'걷다'-'거리'의 의미 계열 분류에 속했던 많은 글자가 이 편방을 포함하고 있기 때문에, 추출하여 독립된 글자를 만들고 부수로 명명하게 된다. 이들 글자에 대한 허신의 설명을 살펴보면 고대로부터 만들어졌던 하나의 범주나 개념이 어떻게 다시 당시 사회적, 역사적 환경과 조건에 따라 인간 경험에 대한 해석과 상호작용하는지 보여 주고 있다.

원래 '止(지)' 자는 사람의 발 모양을 상형한 글자다. 그런데 발을 본뜬 것에서 출발한 '止' 자가 실제로는 발이라는 의미가 아니라 '멈추다', '그치다'의 의미를 가지고 있다. 발을 떠올리면 먼저 '걷다', '어딘가로 가다' 등의 동작이 연상되며 상상을 더하면 '발로 차다', '발을 이용하여 춤을 추다' 등을 떠올릴 수 있다. 이런 연상들과 비교할 때 '멈추다', '그치다'의 의미는 외형상으로는 상반되어 보인다. 발이 가지는 역동성에 비해 정적인 느낌을 주고 있기 때문이다. 서로 다른 것 같아 보이는 의미가 어떤 경험에 의해 이렇게 하나의 자형과 발음

56 따라서 문법적 기능을 담당하는 문자들에 대한 허신의 해석 역시 같은 전제 위에서 움직이고 있었다고 말할 수 있다. 허신이 '其' 자, '勿' 자, '不' 자에 대해서 왜 그렇게 설명할 수밖에 없었는지 이것을 통해 알 수 있을 것이다.

안에 연계되어 있는 것일까?

'止' 자의 '멈추다', '그만두다'라는 의미에 관한 가장 유명한 역사적 용례는 아마 '지과위무(止戈爲武)'일 것이다. 이 구절은 실은 두 가지로 해석이 가능하다. 첫 번째는 '止 자와 戈 자를 합하여 武 자를 만든다'는 해석이다. 이것은 아무런 가치 판단을 하지 않은 사실 기술이다. 글자 구성이 그렇게 되어 있다는 뜻이기 때문이다. 그러나 이러한 문자 구성에 대한 설명은 '武' 자를 단순 정의하는 데 유용하다. 예를 들어 갑골문에서 '武' 자는 止와 戈로 구성되어 있고 용례를 살펴보면 정벌하여 무위를 과시한다는 뜻으로 쓰였다. 이때의 止는 발로 걸어간다는 의미이고 戈는 무기를 뜻하고 있다.[57] 금문에서는 군사, 무공, 용맹함, 무사 등의 의미로 쓰였으며[58] 혹은 王이 덧붙여진 글자가 보이는데 이것은 주무왕(周武王)을 나타내는 고유명사로 쓰인 것이다.[59] 이렇듯 소전 자형 이전의 용례들은 '止' 자를 '발', '걷다' 또는 '행군' 등의 의미로 해석하는 데 무리가 없음을 보여 준다. 두 번째는 '무기를 들고 전쟁하는 것[戈]을 멈추는 것[止]이 진정한 무위[武]다'라는 해석이다. 두 번째의 해석은 결코 간단한 논리에 의해 나온 것이 아니다. 왜냐하면 '戈'에도, '止'에도 '武'에도 글자를 통해 드러나는 단순한 이미지와 의미를 가지고는 결코 이 해석을 할 수 없기 때문이다.

원래 '武' 자는 분명히 무기를 들고 전쟁터를 향해 가는 모습이다.

57 于省吾 主編, 『甲骨文字詁林』, 中華書局, 1996 참조. 우성오는 허신이 초장왕의 설명을 가지고 斷章取義한 것이며 그것이 武 자의 본의가 아니라고 주장한다.

58 「虢季子白盤」의 용례 참조.

59 「利簋」, 「盂鼎」 등에 보임.

그런데 왜 '武' 자에 있는 '止(지)'의 모양을 '발'이라는 뜻으로 풀이하지 않고 '멈추다, 그치다'의 의미로 풀이하였을까. 혹시 '武' 자를 두고 전쟁을 하기 위해 무기를 들고 전진하는 모습이 아니라 무기를 들고 싸우는 전쟁을 그만둔다는 뜻으로 전환시키기 위하여 '止' 자가 '멈추다', '그만두다'의 뜻으로 풀이된 것이 아닐까 의심된다. 이러한 의심은 허신의 『설문해자』 속 '武' 자 설명에 의해서 증폭되는데 그 해설은 다음과 같다.[60] "武 자에 대해서 초장왕(楚莊王)은 다음과 같이 말하였다. 무릇 무력, 무위[武]는 전공을 확정하고 병기를 거두어들이는 것이다. 그래서 무기를 뜻하는 戈 자와 그만두는 것을 뜻하는 止 자가 武 자를 구성하고 있다." 허신의 武 자에 대한 설명은 『좌전(左傳)』의 기술에 근거하고 있다. 원래 이 구절이 등장하는 이야기는 『좌전』에 처음 보이기 때문이다.

('武' 자의 갑골문, 금문, 소전)

> 반당(潘黨)이 말하였다. "왕께서는 어찌하여 군영을 짓고 진(晉)나라 전사자의 시체를 모아 구경거리를 만들지 않습니까? 신이 듣기로는 적에게 이기면 반드시 그 자손들에게 보여서 무공(武功)을 잊지 않게 한다고 하였습니다." 초나라 왕[楚子]이 말하였다. "그것은 네가 알고 있는 바와 다르다. 문자에서 止와 戈를 합하면 武 자가 된다. 무왕(武王)이 상(商)을 이기고 송(頌)을 지어 말하기를 '무기를 거두어들이고 활과 화살을 주머니에 넣었도다. 내 떳떳한 덕을 구하여 지금의 중원에

60 『說文解字』 제12편 下 '戈'부: "武, 楚莊王曰, 夫武, 定功戢兵, 故止戈爲武."

널리 펴서 왕으로서 천하를 보유하리라.'라고 하셨다. … 武라는 것은 난폭한 자를 억누르고 무기를 거두어들이며 큰 나라를 보유하고 공을 세우며 백성들을 편안하게 하고 만민을 화락하게 하고 물자를 풍부하게 하는 것이다…."[61]

이것은 신체적 경험에서 출발한 하나의 개념이 어떻게 역사적 경험을 포함하여 변화, 확장된 범주, 혹은 개념으로 정착되는지를 보여 주는 예다. 반당이 알고 있던 의미가 당시 일반적으로 유행하던 武 자의 의미일 것이다. 그러나 초장왕은 그것을 뒤집었다. 원래는 무기를 들고 전쟁터로 행군하던 모습이었으나 이제는 무력을 사용하지 않고 오히려 떳떳한 덕으로 세상 사람들에게 인정을 받는 것, 그것이 武의 진정한 의미라는 설명이다. 『설문해자』에 의하면 '止' 자에 관한 이러한 개념은 '止'를 포함하고 있는 '正(정)' 자나 '是(시)' 자에도 그대로 적용된다.[62]

앞에서 든 예는 '止' 자를 두고 다분히 의도적인 의미 범주화가 가능하다는 것을 보여 주기 위한 것이다. 이것은 인간의 신체 가운데 '발'을 중심으로 한 범주에서 어떤 의미 확장이 가능한지에 관한 조금 극단적인 예다. 그러나 이런 극단의 해석은 중국 문자에서 결코 생소한 것이 아니다. 하나의 범주를 표상하는 하나의 문자가 하나의

61 『左傳·宣公』 12년: 潘黨曰, "君盍築武軍而收晉尸以爲京觀? 臣聞克敵必示子孫, 以無忘武功." 楚子曰, "非爾所知也. 夫文, 止戈爲武. 武王克商, 作頌曰, '載戢干戈, 載櫜弓矢. 我求懿德, 肆于時夏, 允王保之.' … 夫武, 禁暴, 戢兵, 保大, 定功, 安民, 和衆, 豐財者也…."

62 『說文解字』 제2편 下 '正'부, '是'부 해설 참조.

의미 안에 갇혀 있는 것이 아니기 때문에 그 범주의 전형은 의미와 확장과 파생에 초석이 될 뿐 의미 해석을 제한할 수 없다. 범주나 개념은 얼마든지 또 하나의 범주나 개념과 연계될 수 있으며 심지어 다층의 연결구조도 가능하다. '止'로 연상될 수 있는 가능한 연결 고리만 찾아온다면 의미의 세계는 조금 과장해서 말한다면 무한히 열려 있는 셈이다.

발에 대한 상상을 조금 더 진척시켜 보자. 발을 하나가 아니라 둘을 포개서 그린다면 무엇을 뜻할 수 있겠는가. 걷는다는 행위는 발을 필요로 한다. 두 발이 한자리에 가만히 있다면 그것은 서 있는 것이요, 아직 걷는 것이 아니다. 한 발 뒤로 한 발, 그 뒤로 또 한 발이 이어져야 비로소 걷는 것이다. 그래서 걸음을 뜻하는 '步(보)' 자는 앞뒤로 왼발, 오른발이 이어져 있는 모양을 본뜬 글자다.

걸어가고 있는 발에 길의 모양이 더해진다면 어떨까. 돌아다니며 물건을 파는 사람처럼 길거리를 걷고 있는 것을 나타낸 글자가 '辵(착)' 자다. 원래 이 글자는 거리의 모양과 걷고 있는 발의 모양을 합해서 만들어진 것이다. 그것이 ''의 모양으로 바뀌고 지금은 '辵(辶)'으로 바뀌었다. 사람이 거리를 걷고 있는 모양으로 연상될 수 있는 많은 의

('步' 자의 갑골문, 금문, 소전)[63]

('辵(辶)' 자의 소전)

('過' 자의 소전)

63 '步' 자의 갑골문 자형 가운데에는 ''처럼 거리[行] 안에 발[止]이 들어 있는 자형의 것도 있다.

미가 중국의 문자에는 '辶(착)'으로 표현되었다. 예를 들어 辶으로 구성되어 '지나다'라는 뜻을 가진 '過(과)' 자가 있다. 이 글자는 '길을 지나다', '시간이 지나다', '과거에 잘못한 일인데 이미 시간이 지나서 더 이상 고칠 수 없다' 등의 의미로 광범위하게 사용된다.[64]

발의 모양과 관련하여 재미있는 글자는 '違(위)' 자다. 이것은 '韋(위)'와 '辶'으로 이루어져 있다. '韋'의 갑골문 모양을 보면 어떤 지점을 가운데로 하여 발자국의 방향이 서로 다른 쪽으로 향하고 있다.[65] 그래서 '違' 자에는 '韋' 자 이외에도 거리를 걷는 발의 모양을 그린 '辶' 자가 들어 있다. 서로 뜻이 맞지 않아서 두 사람의 사이가 어그러지고 틀어졌는데 '韋' 자에는 그것이 발자국의 모양이 다른 방향을 향하고 있는 것으로 표현되어 있다. 뿐만 아니라 '辶'의 모양에는 걸어가는 길까지 그려져 있으니 완전히 방향을 달리해서 가고 있다는 것이 분명하게 드러난다. 발에 발을 더하고 그것도 모자라서 거리를 걷고 있는 발까지 더한 셈이다.

('韋' 자의 갑골문, 소전)

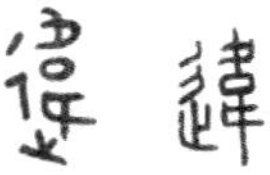
('違' 자의 갑골문, 소전)

발과 함께 연상되는 자연스러운 그

[64] 지나가 버린 시간을 '과거(過去)'라고 하고, 일이 되어 가는 과정을 '경과(經過)'라고 한다. '過(과)' 자는 '거리를 지나다', '길을 건너다' 등의 뜻에서 '잘못을 저지르다, 실수하다'의 뜻으로도 쓰이게 되었다. 예를 들어 '개과천선(改過遷善)'이라는 말은 한번 저지른 잘못을 잘 고쳐서 그다음에는 다시 나쁜 일을 저지르지 않고 선한 일을 한다는 뜻이고, 또 '불이과(不二過)'라는 말은 같은 잘못을 두 번 저지르지 않는다는 뜻이다.

[65] 두 사람이 서로 뜻이 맞지 않아서 이제부터 다른 길을 가려고 하는 것을 나타내고, 그것으로 '어긋나다'의 의미를 드러낸 것일 수 있다.

림은 거리다. 그래서 '辵' 자의 갑골문 자형 ' '을 살펴보면 네거리가 등장한다. 발 모양을 빼면 바로 거리의 모양이 된다. 길의 모양을 본뜬 글자가 '가다, 돌아다니다, 걷다' 등의 의미를 나타내는 '行(행)' 자다. 갑골문을 보면 길이 십자의 모양으로 교차해 있는 것을 볼 수 있다. 거리를 걷거나 돌아다니거나 어딘가를 가는 일은 곧 밖으로 보이는 행위를 뜻한다. 그래서 '行(행)' 자가 들어간 단어가 주로 그 의미로 쓰이는데 행동(行動), 행실(行實), 행위(行爲) 등이 그런 예다. 이 모양을 반쪽만 그리면 '彳(척)' 자다. 원래는 네거리에서 갈라지는 길의 모양을 그린 글자였는데 단독으로 사용되지는 않으며 지금은 부수로만 남아 있다.[66]

('行' 자의 갑골문)

('彳' 자의 갑골문)

발 모양으로 연상되는 새로운 개념과 의미를 나타내는 중요한 글자 가운데, 현재에는 그 모양을 잘 알아보기 힘든 것이 바로 '出(출)' 자다. 이 글자는 살고 있던 근거지에서 발걸음을 떼고 어딘가로 떠난다는 것을 나타낸다. 지금의 자형에는 '山(산)' 자처럼 보이는 모양이 포함되어 있지만 '出' 자는 산과는 아무 상관이 없다. 갑골문을 보면 아래는 ' ' 모양이고 위는 ' ' 모양으로 되어 있다. ' ' 모양은 집의 입구, 혹은 살던 동굴의 입구를 나타내고 ' ' 모양은 발을 뜻하는 것이다. 점차 글자의 모양이 변하면서 지금의 '出' 자로 바뀌었으며 '나가다', '나오다' 등의 뜻을 가진다. 외출(外出), 출생(出生), 출가(出嫁), 출

66 '彳' 자의 모양이 '人(인)' 자가 부수로 쓰일 때의 모양인 '亻' 자와 비슷하다고 해서 부수 이름도 '두인변', '중인변'으로 부르지만, 사람이라는 뜻과는 관계가 없다.

정(出征) 등의 단어에 쓰인 '出' 자가 바로 그 뜻이다.

('出' 자의 갑골문, 소전)

이상에서 살펴본 글자들은 모두 '발'이라는 형상과 의미를 중심으로, 또한 발을 그린 '止' 자를 중심으로 하나의 의미 범주를 구성하며 그것에서 확장된 다른 의미 범주들과 연관되어 있다. [그림 4-5]는 앞에서 살펴본 '止'의 의미 영역을 도식으로 그려 본 것이다.[67]

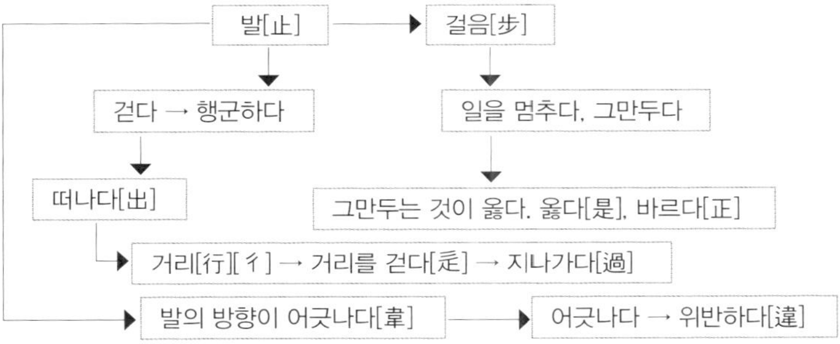

[그림 4-5] 『설문해자』의 문자 배치의 예(止)

이상으로 하나의 기본 의미 '止-발'을 둘러싸고 어떤 개념화의 과정이 진행되는지 살펴보았다. '발-거리-걷다'와 연계된 개념들은 의미와 의미 사이를 긴밀하게 연결하고 있을 뿐만 아니라 그것을 뜻하는 자형과 자형 사이에서도 연계성을 가지고 있다.

그러나 『설문해자』의 어떤 대목은 허신이 [발음-의미]와 [자형-의미] 사이에서 동요하고 고민하다가, 교묘하게 의미망을 구축

67 의미에 해당하는 문자가 있을 경우 문자를 병기하고 그 범주의 기본 문자가 확장된 의미를 담당하면 문자를 병기하지 않았다.

하게 되었다는 증거를 보여 주기도 한다. 그것은 '王(왕)' 계열의 글자들에서 보이는데, 발음과 자형과 의미를 순환하면서 '王', '㞷(왕)', '之(지)' 자가 분화, 배치되는 과정을 살펴보면 극명하게 드러난다.

'王' 자는 제1편 上에 등장하는 글자로서 『설문해자』의 설명에 의하면[68] "'王'은 천하가 귀착하는 곳이다. 동중서(董仲舒)는 '옛날에 문자를 만드는 사람이 세 번 획을 긋고 그 가운데를 이어서 '王'이라고 하였다. '세 번의 획'은 하늘, 땅, 사람을 의미하며 이 세 가지를 관통하는 것이 '王'이다.'라고 하였다. 공자(孔子)는 '하나로써 세 가지를 관통하는 것이 王이다.'라고 하였다."라고 풀이되어 있다. 이것은 [王-임금]의 [자형-의미]의 틀을 잘 유지하고 있는 해석이다. '王'을 의미 성분으로 삼고 있는 글자들로 '王'부에 귀속된 '王', '閏(윤)', '皇(황)' 자가 있다. 그런데 이와 비교하여 [王-/*ɣĭwaŋ/][69]의 [발음-의미]를 활용하고 있는 상용자가 '往(왕)' 자다. 이 글자는 『설문해자』 제2편 下 '彳'부에 귀속되어 있다. 전서의 자형은 '[篆]'으로서 "彳을 의미성분으로 하고 㞷(왕)이 발음성분이다."라고 분석되어 있으며 古文의 자형으로 실린 '𢓸' 자는 '辵을 의미성분으로 하고 㞷이 발음성분인' 글자로 분석될 수 있다. 이 글자는 [王-임금]의 뜻과는 상관이 없으며 [[王-/*ɣĭwaŋ/]-가다]의 발음의미를 활용하고 있다. 허신이 '往' 자의 성부를 '王'이 아니라 '㞷'으로 분석하고 있지만, 당시 [[王

68 『說文解字』 제1편 上 王부: "王, 天下所歸往也. 董仲舒曰, 古之造文者, 三畫而連其中謂之王. 三者, 天地人也, 而參通之者, 王也. 孔子曰, 一貫三爲王."

69 '王'을 성부로 활용하는 글자들의 상고음은 다음과 같이 재구된다. 이 책에서는 편의상 /*ɣĭwaŋ/을 대표음으로 상정하고 표기한다. /*uaŋ/[wāng]; 汪, 尫 /*ɣĭwaŋ/[wáng, wàng]; 王, 旺, 迬, 往 /*ĭwaŋ/[wăng]; 枉

-/*Yĭwaŋ/]-가다]의 발음의미가 활용되었음을 분명하게 의식하고 있었다. 제2편 下 '辵'부에 '从辵王聲'으로 분석되는 '迋'(迋) 자의 등장이 그 증거다. 역시 '가다[往也]'로 풀이하고 있으니 '往'과 '迋' 자는 서로 통용될 수 있는 글자였으며 전서의 편방이 '㞷'과 '王'으로 달라진다 해도 커다란 의미 차이를 찾아내기 힘든 글자들이었다.

이때 우리는 '㞷(왕)' 계열의 문자들에 주의해야 한다. 실제로 [㞷-가다]의 [자형-의미]의 짝을 활용한 글자들을 '往'과 '迋' 자 이외에도 『설문해자』에서 찾을 수 있기 때문이다. 예를 들면 제10편 下 '尢(왕)'부에 등장하는 '尪(왕)' 자는 '절름발이', '尢' 자의 고문이다. 해서로는 '尪' 혹은 '尫'으로 쓰일 수 있다. 그런데 제3편 下 '攴(복)'부에 '攴을 의미성분으로 하고 㞷(왕)이 발음성분이다[从攴㞷聲].'로 분석되는 '𢼄' 자는 '내어쫓다[放也]'로 풀이되는 것으로 보아 '발-걷다'로 의미 계열을 연결시켜도 무리가 없는 글자다. 『설문해자』 전체를 관통하는 중요한 예 가운데 하나는 어떤 공통의 의미 요소를 구성성분으로 삼고 있는 글자는 부수로 세울 수 있다는 것이다.[70] 그럼에도 허신은 '㞷'을 부수로 세우지 않았으며 제6편 하 '之(지)'부에 귀속시키고 다음과 같이 풀이하였다.[71] "㞷 자는 초목이 무성하게 자란다는 뜻이다. 之 자가 土(토) 위에 있는 모양으로 구성되었다. 皇(황)과 같이 발음한다."[72] 이곳에서 허신은 '㞷' 자를 초목과 연관된 의미로 해석하고 있는 것이다.

---

70 段玉裁, 『說文解字注』 제1편 下 '蓐'부 段注 참조.

71 『說文解字』 제6편 下 之부: "㞷(㞷), 艸木妄生也. 从之在土上. 讀若皇."

72 『說文解字繫傳』에는 이 해설 다음에 "㞷, 古文."이라는 세 글자가 더 있다.

('㞷' 자의 갑골문과 금문)

그런데 이 글자는 은허 갑골과 주원 갑골에서 구성이 조금씩 다르다. '止'와 '土'로 구성된 것도 있고 '止'와 '王'으로 구성된 것도 있다. 금문에서는 대부분 '止'와 '土(토)'로 구성되었는데 '土'가 '壬(정)'의 모양으로 바뀐 것도 있다. 『금문상용자전(金文常用字典)』에서는 다음과 같이 설명한다. "止와 土로 구성된 것은 복사(卜辭)에서는 대부분 '간다'의 뜻으로 사용되었으니 이 글자가 往의 초문일 것이다."73 그렇다면 '㞷' 자는 이미 오래전부터 '가다'라는 의미로 유통된 역사를 가지고 있었음이 틀림없다.

『설문해자』에 등장하는 이와 같은 서술은 다음의 몇 가지 의문을 제기한다. 첫째 '㞷' 자가 '王'으로 구성된 경우가 있다든가 '往', '迬' 등이 '王'을 성부로 삼을 수도 있었다는 것은 [王-/*ɣĭwaŋ/]의 요소를 분명히 포함한 글자들이 유통되고 있었다는 뜻인데 허신은 왜 '王'을 성부로 활용하지 않고 대부분 '㞷'을 성부로 활용하였는가?[74] 둘째 허신의 시대에 이미 往, 迬 등의 글자가 '가다'라는 의미로 유통된 것을 볼 수 있었다면 '㞷'을 부수로 세울 수 있었을 텐데 왜 그렇게 하지 않았는가? 셋째 [㞷-가다]의 분명한 의미 유통을 알고 있으면서도 '㞷' 자를 초목의 왕성함과 연계시켰는가?

73 陳初生 編, 『金文常用字典』, 陝西人民出版社, 2004.

74 『說文解字』에서 '㞷'을 성부로 활용하는 글자로는 '氵+㞷'(汪) 자 제11편 上 '水'부 "从水㞷聲", '木+㞷'(枉) 자 제6편 上 '木'부 "从木㞷聲", '日+㞷'(晇) 자 제7편 上 '日'부 "从日往聲" 등의 글자가 더 있다.

이상의 의문은 '王' 자와 '之' 자가 『설문해자』 부수의 의미구조에서 어떤 지위를 차지하고 있는가를 살펴보면 곧 해답을 알 수 있다.

첫 번째 질문의 대답은, 부수 전체의 의미 연결 구조에서 '王' 자가 차지하는 자리와 비중 때문에 함부로 그것을 성부로 사용하지 않고 같은 발음을 가진 '㞷' 자를 성부로 사용하였다는 것이다. 하늘과 땅과 사람을 모두 관통하고 주관하는 존재로서 '王'은 '皇' 자를 부속자로 거느릴 수 있을 만큼 강력한 것이었다. 따라서 선불리 성부로 활용될 수 없는 위치를 가지고 있다.

두 번째로 '㞷'을 부수로 세우지 않았던 이유는 이 글자를 '之'와 '土'로 구성된 글자로 해석하고 있기 때문에 '가다'라는 의미 계열에 넣을 수 없었다. 왜냐하면 허신이 이미 '之' 자를 초목과 연관된 글자로 배치하고 해석하였기 때문에 글자의 구성 부분에서 어디에도 '가다'와 연관된 의미부를 만들어 낼 수가 없었다.

이 대답은 세 번째 질문의 해답과도 관련되는데, 허신은 이미 '之' 자를 '木(목)' 계열의 부수 의미군 안에 포함시켰고 다시 '之'부 아래 '㞷' 자를 소속시켰기 때문에 그 의미에 따라 㞷 자를 '초목이 무성하게 자란다'는 뜻으로 해석하지 않을 수 없었다.

이와 같은 논의에 따라 '王-㞷-之' 계열의 의미망의 형성 과정을 추적해 보자.

[王-왕, 임금]의 짝은 '閏', '皇' 자 등에서 활용된다. 반면 [王-/*ɣĭwaŋ/-가다]의 짝은 '㞷', '往', '迋' 등에서 활용되고 [王-/*ɣĭwaŋ/]의 짝은 '汪', '枉' 등에서 활용된다. 하지만 이때에도 [발음-의미]의 짝은 '王'을 자형으로 사용할 수 없고 '㞷'을 자형으로 사용해야 한다. [㞷-초목의 왕성함]의 짝은 [之-(초목이 땅에서 나오다)]의 짝에 귀

속되어야 하며 독자적으로 [㞢-가다]의 의미군을 대표할 수는 없다.

위와 같은 의미망은 허신의 부수 배치로 구체화되어 있다. '王'이 어느 계열에 포함되어 있으며 제1편의 부수들이 어떻게 구성되어 있는지 살펴보면 다음과 같은 구조를 갖추고 있다.[75]

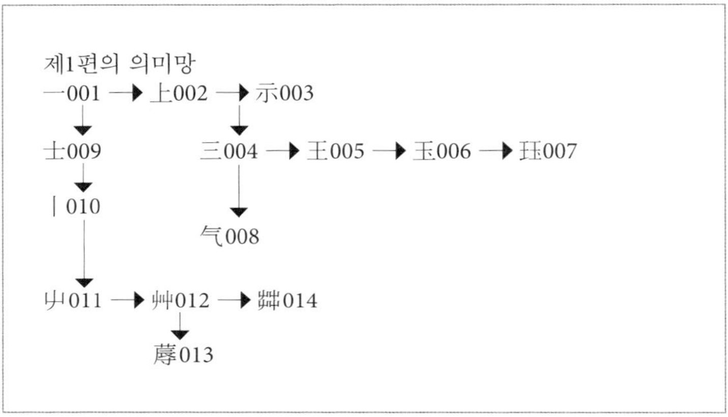

또한 '之'는 어느 계열에 포함되어 있으며 제6편의 부수들이 어떻게 구성되어 있는가 살펴보면 다음과 같다. 제1편의 '丨(곤)'과 '屮(철)'의 자형과 의미를 제6편의 '木'이 계승하고 그것을 다시 초목이 땅에서 솟아나는 모습으로 '之'가 계승하여 그 '之'부에 '㞢' 자를 귀속시켰다.

75 글자 옆의 번호는 『說文解字』의 처음 부수 '一'을 001로, 마지막 부수 '亥'를 540으로 하여 순서대로 일련번호를 붙인 것이다.

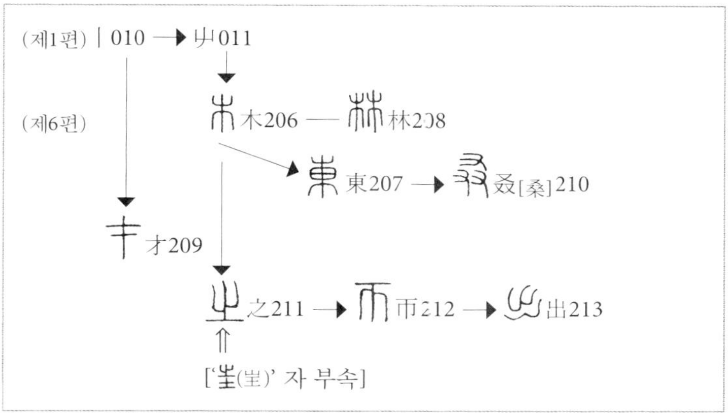

이는 허신의 문자 분류와 해석이 당시 문자들의 실제 유통의미를 벗어나 임의적 해석을 했다는 증거다. 그러나 부수를 포함하여 허신의 의미망은 신체화의 범주를 적절히 활용한 것이라 할 수 있다.

신체적 경험을 통한 범주화는 결코 보편성과 객관성을 부정하는 것이 아니다. 인간의 몸을 부여받은 이상 내가 가진 '발'의 모양은 남의 '발' 모양과 거의 유사한 모양이며 발이 거리를 걷는 데 필수적인 신체 부분임을 부정할 수 없기 때문이다. 특히 신체의 이미지를 이용하여 문자를 표상한 중국 문자의 경우에 더더욱 그렇다고 말할 수 있을 것이다.

그러나 단순한 신체의 표상을 통한 의미 범주화, 혹은 신체적 수단을 동원한 기본 행위에 대한 의미 범주화를 넘어서는 보다 복잡하고 추상적인 것들의 의미화, 개념화, 범주화에는 임의성이 동반되기 마련이다. 그것은 특정한 지역에서 특정한 시기를 공유했던 집단들의 정체성을 드러내 주기도 한다. 중국의 문자가 걸어온 길은 인간의 신체적 보편성을 공유하면서도 지역과 시기에 따른 특이성들의 충돌 혹은 통합, 또는 상호변형의 역사다.

허신은 그 과정에서 당시의 사유를 반영하는 백과전서식의 자전을 편찬하였으며 중국 문자의 의미 범주화를 시도함으로써 자형에 기댄 의미 해석에 날개를 달아 주었다. 그것은 동시에 그 이후 하나의 문자가 의미 영역을 포괄하는 문자-의미론이 활성화되는 계기를 만들어 주었다.

나오는 말

우리의 언어는 한자의 영향을 짙게 반영하고 있다. 많은 한자어가 우리 어휘의 중축을 형성한 채 상용되고 있기 때문이다. 지리적으로 인접해 있던 거대 제국 중국은 상고 시대 이래로 우리 문화의 주변과 중심에 많은 흔적을 남기며 우리와 관계를 맺어 왔다. 최근까지도 중국의 경제적, 정치적 변화는 우리의 이해관계와 직결되는 것으로 받아들여진다. 혹은 내부 비판적 관점에서 '사대주의'로 불리기도 했고, 혹은 외부 비판적 관점에서 '중화주의'로 불리기도 하는 그런 이해관계는 실로 수천 년의 역사를 가진 것으로 쉽게 극복될 수 있는 것이 아니다. 단적으로 우리의 언어는 이미 한자에 너무 많이 기대고 있다. 그런 의미에서 지나치게 비판적으로 '중화'를 바라보는 것과 '강대해지려는' 중국에 과도하게 의존하는 것 모두 각기 다른 위험성을 내재하고 있다.

고대부터 동아시아 문명권에서 중요한 역할을 담당해 왔던 중국은 현재까지 혹은 미래에도 우리의 문화와 정치, 경제 방면에서 무시할 수 없는 영향력을 행사할 것이다. 동아시아 문명권에서 중요한 자리를 차지하는 중국문명의 경우, 황하유역의 중원지역을 점거했던 주요 집단이 주변 집단과의 관계성을 차등화하면서 스스로를 중심화하는 논리를 오랜 역사 시기를 거치면서 다듬어 왔다. 그것을 우리는 '중화사상'이라고 부른다.

그 기원을 살펴보면, 중화사상은 역사적으로 새롭게 등장한 한(漢) 왕조가 다양한 혈통과 특성을 가진 여러 민족을 신민, 즉 한족으로 재생, 환생시키기 위하여 일으켰던 신화적, 역사적, 인종적, 문화적 동질성 확보의 기도라고 정의할 수 있다. 따라서 진정한 의미에서의 '중국적 세계 질서'는 한 무제 이후의 300여 년이 그 전형이라고 할 수 있다. 우리가 주목해야 할 문제는 이런 중국적 세계 질서가 한대 이후 형성되고 그 층차와 범주를 확산시켜 왔다는 것이다.

한대 이후 중원을 지배한 왕조가 이민족인 경우가 상당히 있었으니, 중심 자체가 유동적이었을 뿐만 아니라 주변을 형성했던 크고 작은 동심원들도 다시 중심과 주변의 관계로 정리되어 갔다. 이렇게 보면 중화주의를 이해하는 데 있어서 소위 중국적 세계 질서가 얼마나 역사적으로 다층적이며 다항적인 상호관계론으로 발전하였는지 면밀히 관찰해 보는 일이 선행되어야 한다.

선진 시기에도 여러 부족이 혼재했던 역사를 보여 주었거니와, 한대 이후로도 중국에서는 문화 혹은 민족 간의 접촉으로 인해서 한족이 지키려고 했던 전통적인 것들과는 이질적인 요소들이 혼재하게 된다. 특히 어휘 방면에서는 그런 흔적을 분명하게 남기고 있다. 예컨대 한대부터 당대에 걸쳐 중앙아시아, 인도 등 서역에서 들어온 수많은 외래 어휘, 불교의 영향으로 남겨진 불교 어휘, 그리고 근대화 이후 서양문화의 전래와 함께 일본에서 들어온 한자 어휘 등은 중심을 계속 지킬 수 없었던 중화의 다른 측면들을 우리에게 보여 준다.

이런 증거들을 통하여 우리는 다음과 같은 질문을 던질 수 있게 된다. 통일과 질서에 대한 담론과 동시적으로 분출되는 탈질서, 탈권력, 탈중심의 흔적은 없는가? 태생적으로 균열과 분리, 해체를 껴안고 있는 '중화'의 이념을 어떤 측면에서 조망해 보아야 하는가? 이와 같은 질문 앞에서 우리는 오랜 세월 문화의 교류와 충돌, 융화 과정에서 면면히 전통을 이어 온 중국의 문자에 주목한다. 중국 문자의 경우, B.C. 3세기부터 A.D. 1세기에 걸친 통합적 통치 질서에 대한 탐색과 실험, 토론의 결과로서 문자의 통일과 정리 작업, 그리고 재해석의 요구가 전면적으로 일어났다. 진대 이사(李斯)의 문자 통일을 기점으로 하여 중국에서 문자는 공존하던 제후국들의 다양한 자형을 하나로 통일하는 사업을 통하여 중심 질서의 확립과 보급의 중요한 수단으로 여겨지게 된다. 그리고 한대에 들어와서 보다 실질적인 문자론을 정립하게 되는데 그 주역은 바로 허신이었다. 진대의 뒤를 이어받은 한대는 진의 형식적인 통일에 이어 실질적인 통일의 토대를 공고히 한 시대다. 이러한 시대에 허신은 '文字'를 통해 세계를 이해하고 만물을 조망해 보려고 하였다.

다양성의 공존과 상호 간의 소통 및 교류를 위하여 한자가 보여주는 세계관은 독특하고 고유하다. 서구의 언어학에서 보이는 인과론적이고 직선적이며 엄밀한 위치를 규정하는 논리에 비해 고대 중국의 경우에는 분명히 다른 원리와 언어표현법을 가지고 있었다고 할 수 있다. 이때 제시될 수 있는 것은 순환 논리다. 전자의 논리에서는 시간이란 무한으로 향해 있으며 한번 지나간 것은 다시 되돌아오지 못하는 직선의 길 위에 있지만, 후자에서는 원적인 혹은 타원적인 유한의 영역 내에서 끝없이 순환 반복한다.

예를 들어 노자에게 시간은 변화를 의미한다. 바꾸어 말하면 '절단된 시간' 혹은 '절대 시간'이란 없으며 모든 변화 위에 시간이 놓여 있다. 변화는 시간을 필요로 한다. 그리고 그 변화의 움직임은 끊임없는 운동의 순환성 위에 진행된다. 『장자(莊子)』「천도(天道)」 편에 나오는 다음 구절은 유기적인 세계를 관찰함으로써 변화의 근본적인 중요성이 어떻게 인식되었는가 하는 점을 분명하게 보여 준다.

> 만물이 변화하고 성장함에 있어서 그 모든 싹과 생김새는 각기 본래의 형태를 지니고 있다. 이 안에서 각기 성숙과 쇠잔이 있고 변화의 부단한 흐름이 있다.[1]

이 문장은 한걸음 더 나아가 모든 대립자는 서로 내포적으로 통일되어 있음을 알려 준다. 싹이 처음에는 자라나고 성장해서 언젠가는 끝내 시들고 죽는 것처럼, 우리가 모순된다고 언제나 믿어 왔던 경험이나 가치가 궁극에는 동일체의 다른 양면일 수밖에 없다는 것이다. 절단된 시간 속의 절단된 공간은 실제로 존재하지 않는다. 따라서 '시간'과 '공간'은 분리될 수 있는 것이 아니다. 시공간의 표시는 단지 분별하기 위하여 나타내는 방식에 불과하다. 즉 공간과 시간의 좌표계는 관측자가 사용하는 하나의 언어적 기호에 불과하다.

변화와 전환의 세계에 있어서 모든 현상은 역동적으로 상호 연관되어 있다. 운동과 변화 속에서 시공을 이해하고 만물과 형상을 포착하려는 중국인들은 도(道)의 우주적인 유동 가운데서 연속적으로

---

1 『莊子』「天道」: "萬物化作, 萌區有狀, 盛衰之殺, 變化之流也."

형성되었다가 흩어지는 역동적인 모형을 발전시켰는데 그것이 바로 『역(易)』에 표현된 세계관이다. 고대 중국인들이 문자를 팔괘의 논리, 『역』의 논리, 음양의 논리로 설명하려 함은 우연이 아니다. 사물[物]은 형상을 가지며, 이 보이는 형상은 일시 단절된 소리의 세계 속에 놓여 있다. 공간에서 드러나는 형상은 인간의 눈에 보이는 대로 그려질 수 있다. 인간의 눈이 다른 형태로 진화하지 않고 지구 자연의 모습이 다른 형태로 변하지 않는 한, 나무는 여전히 나무 모양이고 산은 여전히 산의 모양일 것이다.

허신은 다음과 같이 설명하였다.

> 옛날 포희씨가 천하를 다스리던 시절, 위로는 하늘의 象(상)을 관찰하고, 아래로는 땅의 法(법)을 보았으며, 들짐승·날짐승의 모양과 땅의 생김새를 살폈다. 그래서 (인간에) 가깝게는 (인간의) 신체에서 얻고 멀게는 物(물)에서 얻어, 易(역)의 팔괘를 만들었다.[2]

이 문장은 인간이 우주 공간 속에서 자연을 보고 관찰한 결과 나온 것이 팔괘임을 선언하는 문장이다. 인간의 시각에 포착된 자연의 모습은 철저하게 '보이는 세계'다. 포희씨가 세상을 다스리는 왕이 되는 이유는 '인간의 시각'을 통해 세계를 표현하지만 '바라보는 인간'을 배제하지 않고 그 안에 참여시켰다는 데 있을 것이다. 그래서 사람은 다른 사람의 '몸'—신체—을 정확히 보아 내고 그려 내는 존재이며 동시에 그곳에서 '인간'을 파악하는 존재다. 포희씨 이후 문자 탄생의

2 『說文解字·敍』: "古者, 庖犧氏之王天下也. 仰則觀象於天, 俯則觀法於地. 視鳥獸之文, 與地之宜. 近取諸身, 遠取諸物, 於是作易八卦."

역사에 등장하는 인물은 창힐(倉頡)이다. 창힐은 황제(黃帝)의 사관이라고 알려진 인물인데 그는 사물이 보여 주는 직접적인 모양을 형상화해 낼 수 있는 것을 알았고 그래서 실제로 그 일을 통해 '서계(書契)'를 발명했으며 그것이 '文'의 시작이었다고 허신은 전하고 있다.

공간의 사물 형상에서 모양을 딴 '文'은 근본이자 '字'를 낳아 주는 원천이다. 字의 세계는 文에서 태어나지만 시간의 흐름 위에 서 있기 때문에 '소리'를 부여받지 않을 수 없다. '모양'과 '소리'의 더해짐이란 바로 그것을 의미한다. 그것은 그대로 '부수(部首)'와 '부속(部屬)'의 개념으로 나뉜다. 앞서도 보았듯이 文은 공간에서 보이는 모양에서 온 것이다. 보이는 모든 것을 다 그리려 한 것이 아니라 類(류)를 나누어서 특징적인 모양을 그려 낸 것이므로 文은 실은 제한된 수에도 불구하고 만물을 표상하게 된다. 변화의 양극, 음양이란 개념으로 우주만물을 표상하는 팔괘(八卦)와 文의 세계는 사실 똑같은 것이라고 허신은 생각하였다. 허신에 의하면 이렇게 탄생된 문자는 직선이 아니라 다시 되돌아오는 곡선을 그리고 있다. 그 원형의 세계, 순환의 세계는 一에서 시작하면서 그 길[道]을 따라 조금씩 변화해 간다. 그래서 부수는 변화하고 순환하는 선을 따라간다. 그 안에 변화와 다양성의 모든 것이 담겨 있다.

참고문헌

1. 고문헌

『周易』, 十三經注疏本(重刻宋本, 藝文印書館印行. 이하 十三經注疏本 同)

『論語』, 十三經注疏本

『左傳』, 十三經注疏本

『周禮』, 十三經注疏本

『禮記』, 十三經注疏本

『孟子』, 十三經注疏本

『爾雅』, 十三經注疏本

『國語』, 漢文大系本(明治 42년/1910 초판, 昭和 47년/1973 增補版 富山房 發行本. 이하 漢文大系本 同)

『荀子』, 漢文大系本

『韓非子』, 漢文大系本

『墨子』, 漢文大系本

『荀子』, 漢文大系本

『老子』, 漢文大系本

『淮南子』, 漢文大系本

『史記』, 司馬遷 撰, 楊家駱 主編, 中國學術類編, 鼎文書局印行, 1984.

『漢書』, 班固 撰, 顏師古 注, 中華書局, 1962.

2. 국문 자료

高懷民 지음, 신하령·김태완 옮김, 『兩漢易學史』, 신지서원, 1994.

그레이엄, A. C. 지음, 이창일 옮김, 『음양과 상관적 자유』, 청계, 2001.

金谷治 外 지음, 조성을 옮김, 『中國思想史』, 이론과실천, 1986.

金炯孝, 『孟子와 荀子의 哲學思想』, 三知院, 1990.

大濱 皓 지음, 김교빈·윤무학·안은수 옮김, 『중국고대의 논리』, 동녘, 1993.

들뢰즈, 질 지음, 이정우 옮김, 『의미의 논리』, 한길사, 1999.

레이코프, G.·존슨, M. 지음, 임지룡 외 옮김, 『몸의 철학』, 박이정, 2002.
보드리야르, 장 지음, 하태환 옮김, 『시뮬라시옹』, 민음사, 2001.
徐復觀 지음, 權德周 外 옮김, 『中國藝術精神』, 東文選, 1990.
슈월츠, 벤자민 지음, 나성 옮김, 『중국고대사상의 세계』, 살림, 1996.
아리스토텔레스 지음, 조대호 옮김, 『형이상학』, 길, 2017.
야마다 케이지(山田慶兒) 지음, 김석근 옮김, 『주자의 자연학』, 통나무, 1991.
呂不韋 지음, 金槿 역주, 『呂氏春秋』, 民音社, 1993.
염정삼, 「漢字 形象의 의미론적 연관 구조에 관하여」, 『中語中文學』 제35집, 2004.
염정삼, 「中國 文字의 象形性과 表音性」, 『中國文學』 제55집, 2008.
염정삼 주해, 『묵경』 1·2, 한길사, 2012.
劉蔚華·苗潤田 지음, 곽신환 옮김, 『직하철학』, 철학과현실사, 1995.
陸宗達 지음, 金槿 옮김, 『說文解字通論』, 啓明大學校出版部, 1986.
이재돈, 『中國語音韻學』, 學古房, 2007.
이정우, 『접힘과 펼쳐짐』, 거름, 2000.
라포포트, 아나톨 지음, 안동환 옮김, 『과학과 인간의 목표』, 한국문화사, 1995.
플라톤 지음, 김유석 옮김, 『티마이오스』, 아카넷, 2019.
皮錫瑞 지음, 李鴻鎭 옮김, 『中國經學史』, 同和出版公社, 1984.
Creel, H. G. 지음, 李東俊·李東仁 옮김, 『중국사상의 이해』, 經文社, 1981.
Ogden, C. K.·Richards, I. A. 지음, 金鳳柱 옮김, 『意味의 意味』, 翰信文化社, 1986.
Tsuji, Y. 편, 임지룡 외 옮김, 『인지언어학키워드사전』, 한국문화사, 2004.

3. 한문 자료

郭錫良, 『漢字古音手冊』, 北京大學出版社, 1986.
段玉裁, 『說文解字注』 經韻樓藏本, 天工書局印行, 1992.
譚戒甫 撰, 『墨辯發微』, 中華書局, 1964.
董仲舒, 『春秋繁露義證』, 蘇與 撰, 中華書局, 1988.
福田襄之介, 『中國字書史の硏究』, 明治書院, 1979.
孫雍長, 『轉注論』, 岳麓書社, 1991.
梁啓超, 『墨子學案』, 商務印書館, 1921.
楊逢彬, 『殷墟甲骨刻辭詞類硏究』, 花城出版社, 2003.
王力, 『中國語言學史』, 中國圖書刊行社, 1984.
于省吾 主編, 『甲骨文字詁林』, 中華書局, 1996.
劉釗, 『古文字構形學』, 福建人民出版社, 2006.

張光直, 『中國青銅時代』, 聯經出版事業公司, 1983.
張彦遠, 『法書要錄』, 中國書店出版社, 2014.
朱長文, 『墨池編』, 浙江人民美術出版社, 2019.
周振甫, 『中國修辭學史』, 洪葉文化事業有限公司, 1995.
中田勇次郎 編, 『中國書論大系』 第一卷, 二玄社, 1977
陳初生 編, 『金文常用字典』, 陝西人民出版社, 2004.
許愼, 『說文解字』, 徐鉉本, 中華書局, 2006.
徐鍇, 『說文解字繫傳』, 中華書局, 1987.
許愼, 『說文解字』, 孫星衍重刊本, 中華書局, 1989.

4. 영문 자료

Benjamin, I. S., *The world of thought in ancient China*, Cambridge: Harvard University Press, 1985.

Bloomfield, L., *Language*, New York: Holt, Rinehart and Winston, 1933.

DeFrancis, J., *The Chinese language: Fact and fantasy*, Honolulu: University of Hawaii Press, 1984.

DeFrancis, J., *Visible speech: The diverse oneness of writing systems*, Honolulu: University of Hawaii Press, 1989.

Gelb, I. J., *A study of writing*, Chicago: University of Chicago Press, 1963.

Graham, A. C., *Later mohist logic, ethics and science*, Hong Kong: The Chinese University Press, 1978.

Handerson, J. B., *The development and decline of Chinese cosmology*, New York: Columbia University Press, 1984.

Hannas, W. C., "Review of John DeFrancis visible speech", *Chinese Literature; Essays, Articles, Reviews (CLEAR)*, 13, Dec. 1991, 119-122.

Hannas, W. C., *Asia's orthographical dilemma*, Honolulu: University of Hawaii Press, 1997.

Hansen, C., *Language and logic in ancient China*, Ann Arbor: University of Michigan Press, 1983.

Harris, R., *Signs of writing*, New York: Routledge, 1995.

Lakoff, G., *Women, fire and dangerous things: What categories reveal about the mind*, Chicago: University of Chicago Press, 1987.

Langacker, R. W., *Concept, image and symbol: The cognitive basis of grammar*, Berlin &

New York: Mouton de Gruyter, 1990.
Lewis, M. E., *Writing and authority in early China*, Albany: State University of New York Press, 1999.
Smith, B. K., *Reflections on resemblance, ritual and religion*, New York & Oxford: Oxford University Press, 1989.
Unger, J. Marshall, *The fifth generation fallacy*, New York: Oxford University Press, 1987.
Yau, Shun-chiu, "Temporal order in the composition of archaic Chinese ideograms", *Journal of Chinese Linguistics*, 11, 1984, 186-213.

찾아보기

염정삼

서울대학교 중어중문학과를 졸업하고 동 대학원에서 중국 문자학을 전공하여 박사학위를 받았다. 현재 인하대학교 중국학연구소 학술연구교수로 재직하고 있다. 『묵경』, 『공손룡자』, 『설문해자주 부수자 역해』, 『문선(文選) 역주』(공역) 등의 저·역서, 「漢字가 보여주는 순환론적 세계관」, 「中國 文字의 象形性과 表音性」, 「先秦시기 有指와 無指의 논전: 公孫龍子 指物論을 중심으로」, 「類와 象을 통한 문자의미의 생성과 분화: 『설문해자』 '口'부를 예증으로」, 「『명리탐(名理探)』에 소개된 서구 논리학의 특성」, 「중국 예수회 선교사들의 '논리학' 요청의 배경: 그들은 왜 『범주론』을 번역했는가」 등의 논문이 있다.